Francine Rivers · Der Priester

Francine Rivers

Der Priester

Roman

Aus dem amerikanischen Englisch übersetzt
von Eva Weyandt

johannis

Reihe »Söhne der Ermutigung«
Band 1: Der Priester – Aaron

Bibliografische Information Der Deutschen Bibliothek
Die Deutsche Bibliothek verzeichnet diese Publikation in der
Deutschen Nationalbibliografie; detaillierte bibliografische Daten
sind im Internet über http://dnb.ddb.de abrufbar.

Bestell-Nr. 05 459 · ISBN 3-501-01503-8
© der deutschen Ausgabe 2004 by Verlag der
St.-Johannis-Druckerei, Lahr/Schwarzwald
Titel der amerikanischen Originalausgabe:
The Priest
© by Francine Rivers
All rights reserved
Lektorat: Dr. Thomas Baumann
Gesamtherstellung:
St.-Johannis-Druckerei, Lahr/Schwarzwald
Printed in Germany 15768/2004

www.johannis-verlag.de

*Für alle Männer des Glaubens,
die ihren Dienst im Schatten anderer tun.*

Dank

Danken möchte ich Peggy Lynch für ihr offenes Ohr. Sie hat sich meine Ideen angehört und mich angeregt, immer mehr in die Tiefe zu gehen. Danken möchte ich Scott Mendel für das Material zur jüdischen Sicht der Geschichte. Und Danielle Egan-Miller für ihren Trost beim Tod meiner Freundin und langjährigen Agentin Jane Jordan Browne. In Jane hat sie eine gute Lehrmeisterin gehabt und ich weiß, dass ich bei ihr in guten Händen bin. Danken möchte ich auch meiner Lektorin Kathy Olson für ihren Einsatz und allen Mitarbeitern von Tyndale für ihre hervorragende Arbeit. Die Entstehung eines Buches ist immer eine Teamarbeit.

Mein Dank gilt auch all denen, die im Laufe der Jahre und während dieses Projektes für mich gebetet haben. Möge der Herr dieses Buch gebrauchen, um Menschen zu Jesus, unserem geliebten Herrn und Erlöser, zu ziehen.

Einführung

Lieber Leser,

dies ist die erste von fünf Erzählungen über biblische Männer des Glaubens, die im Schatten anderer ihren Dienst getan haben. Diese Männer aus dem Osten haben in früheren Zeiten gelebt, doch ihre Geschichte hat Bedeutung für die Gegenwart und die schwierigen Probleme, vor denen wir in unserer heutigen Welt stehen. Diese Menschen gingen bis zum Äußersten. Sie hatten Mut. Sie haben Risiken nicht gescheut. Sie taten das Unerwartete. Sie zeigten Wagemut in ihrem Leben und haben manchmal auch Fehler gemacht – große Fehler. Diese Männer waren nicht perfekt und doch hat Gott in seiner unendlichen Gnade sie in seinem vollkommenen Plan, sich der Welt zu offenbaren, gebraucht.

Wir leben in einer sehr schwierigen Zeit und Millionen Menschen suchen nach Antworten. Diese Männer zeigen den Weg. Wir können von ihnen lernen, auch wenn sie schon lange tot sind.

Diese Männer haben tatsächlich gelebt. Einzelheiten über ihr Leben habe ich in der Bibel gefunden. Wenn Sie sich eingehender mit dem Leben Aarons beschäftigen wollen, lesen Sie die Bücher Exodus, Leviticus und Numeri. Ziehen Sie die Parallele zu Christus, unserem Hohenpriester, wie wir ihn im Hebräerbrief beschrieben finden.

Dieses Buch ist aber auch eine historische Fiktion. Auf der Grundlage des geschichtlichen Rahmens und der uns in der Bibel gegebenen Fakten habe ich eine Handlung, Dialoge, innere Motivationen und in einigen Fällen auch zusätzliche Charaktere erfunden, die meiner Meinung nach in den Zusammenhang des biblischen Berichts passen. Mein Bestreben war, die biblische Botschaft möglichst genau wiederzugeben und ich habe nur das hinzugefügt, was unserem Verständnis dieser Botschaft dienlich ist.

Die letzte Autorität über die Menschen aus der Bibel ist die Bibel selbst. Ich möchte Ihnen Mut machen, die Bibel zu lesen, um sie besser zu verstehen. Und ich bete, dass Sie beim Lesen die Kontinuität, die innere Übereinstimmung und die Bestätigung des Heilsplans Gottes erkennen – eines Heilsplans, der auch Sie mit einschließt.

Francine Rivers

Kapitel 1

Aaron hatte das Gefühl, dass jemand in seiner Nähe stand. Er zerbrach die Form und nahm den getrockneten Ziegel heraus. Ängstlich sah er auf. Es war niemand da. Der hebräische Vorarbeiter überwachte die Verladung der Ziegel auf einen Wagen. Sie waren für eine der Vorratsstädte des Pharaos bestimmt. Aaron wischte sich den Schweiß von der Oberlippe und wandte sich wieder seiner Arbeit zu.

Sonnenverbrannte, erschöpfte Kinder brachten Stroh zu den Frauen, die es wie eine Decke über die Lehmgrube verteilten und dann hineinstampften. Verschwitzte Männer füllten den Lehm in Eimer und gossen ihn in die Ziegelformen. Von Sonnenaufgang bis Sonnenuntergang arbeiteten sie ohne Unterbrechung. Nur ein paar Stunden in der Dämmerung blieben ihnen, um die kleinen Gartenstücke zu bearbeiten und sich um ihre Viehherden zu kümmern. Von irgendetwas mussten sie ja leben.

Wo bist du, Gott? Warum hilfst du uns nicht?

»Du da! Zurück an die Arbeit!«

Aaron zog den Kopf ein. Er unterdrückte seinen Hass und ging zur nächsten Form weiter. Seine Knie schmerzten vom Hinhocken, sein Rücken vom Ziegelheben, sein Hals von den Verbeugungen. Er stapelte die Ziegel übereinander, damit die anderen sie verladen konnten. In den Gruben und auf den Ebenen wimmelte es von Arbeitern und der Gestank nach menschlichem Elend machte ihm das Atmen beinahe unmöglich.

Manchmal erschien ihm der Tod erstrebenswerter zu sein als diese unerträgliche Existenz. Welche Hoffnung blieb ihm und seinem Volk denn? Gott hatte sie verlassen. Aaron wischte sich den Schweiß von der Stirn und holte einen weiteren getrockneten Ziegel aus der Form.

Jemand sprach zu ihm. Es war kaum mehr als ein Flüstern, aber sein Herzschlag beschleunigte sich und seine Nackenhaare stellten sich auf. Er hielt inne und lauschte angestrengt. Vorsichtig sah er sich um. Niemand beachtete ihn.

Vielleicht war es die Hitze. Bestimmt war es so. Mit jedem Jahr wurde sie schlimmer, unerträglicher. Er war dreiundachtzig Jahre alt, ein langes Leben im Elend.

Zitternd hob Aaron die Hand. Ein Junge kam mit einem Wasserschlauch angerannt. Aaron nahm einen tiefen Schluck, aber die warme Flüssigkeit konnte das innere Zittern nicht zur Ruhe bringen, das Gefühl nicht abwenden, dass jemand ihn eindringlich beobachtete und er diesen Blick förmlich spürte. Es war ein seltsames Gefühl, erschreckend in seiner Intensität. Aaron kniete nieder, sehnte sich danach, sich zu verstecken, lechzte nach Ruhe. Der Aufseher brüllte ihn an und wenn er nicht sofort wieder an die Arbeit ging, würde er die Peitsche zu spüren bekommen. Selbst alte Männer wie er mussten Tag für Tag eine hohe Quote an Ziegeln erfüllen. Und wenn sie es nicht schafften, wurden sie bestraft. Sein Vater Amram war mit dem Gesicht im Lehm gestorben, weil ein ägyptischer Fuß in seinem Nacken ihn hineingedrückt hatte.

Wo warst du damals, Herr? Wo warst du?

Er hasste die hebräischen Zuchtmeister beinahe genauso sehr wie die Ägypter. Aber das war auch gut so – Hass verlieh einem Mann Kraft. Je eher er seine Quote erfüllt hatte, desto eher konnte er sich um seine Schafe und Ziegen kümmern, desto eher konnten seine Söhne in Gosen das Stück Land bestellen, von dem sie sich ernährten. *Die Ägypter versuchen uns zu töten, aber wir machen immer weiter. Wir vermehren uns. Doch was bringt es uns? Wir leiden und leiden immer mehr.*

Aaron nahm einen weiteren Ziegel aus der Form. Schweißtropfen fielen von seiner Stirn auf den gehärteten Lehm. Hebräischer Schweiß und Blut waren in jedes Gebäude geflossen, das in Ägypten gebaut worden war. Ramses' Statuen, Ramses' Paläste, Ramses' Vorratshäuser, Ramses' Stadt – alles war blutdurchtränkt. Der Herrscher Ägyptens wollte sich Denkmäler setzen, die seinen Namen trugen. Stolz regierte auf dem Thron Ägyptens! Der alte Pharao hatte die Söhne der Hebräer im Nil ertränken wollen und jetzt versuchte Ramses, sie in den Staub zu treten! Aaron nahm den Ziegel und legte ihn auf ein Dutzend andere.

Wann wirst du uns befreien, Herr? Wann wirst du das Joch der Sklaverei von uns nehmen? Hat nicht unser Vorfahr Josef dieses böse Land vor der Hungersnot gerettet? Und sieh nur, wie wir jetzt behandelt werden! Der Pharao benutzt uns als Lasttiere beim Bau seiner Städte und Paläste! Gott, warum hast du uns verlassen? Wie lange noch, oh Herr, wann wirst du uns von denen befreien, die uns durch Arbeit töten wollen?

Aaron.

Dieses Mal war die Stimme sehr deutlich und brachte Aarons aufgewühlte Gedanken zur Ruhe. Die Gegenwart war so spürbar, dass alles andere in den Hintergrund trat. Er fühlte sich in unsichtbaren Händen geborgen. Die Stimme war unmissverständlich. Er erkannte sie ganz genau.

Geh hinaus in die Wüste zu Mose!

Die Gegenwart verschwand. Alles war wieder so wie vorher. Die Geräusche hüllten ihn wieder ein – das Schmatzen des Schlammes durch die stampfenden Füße, das Stöhnen der Männer beim Anheben der Eimer, der Ruf der Frauen nach mehr Stroh, das Knirschen des Sandes durch herannahende Schritte, ein Fluch, ein scharfer Befehl, das Zischen der Peitsche. Aaron schrie vor Schmerz auf, als die Peitsche seinen Rücken traf. Gequält sank er zu Boden und legte schützend die Hände über den Kopf, doch er fürchtete den Aufseher weniger als den Einen, der ihn beim Namen gerufen hatte. Die Peitsche zerriss sein Fleisch, aber das Wort des Herrn riss sein Herz auseinander.

»Steh auf, alter Mann!«

Wenn er Glück hatte, würde er sterben.

Noch mehr Schmerzen. Er hörte Stimmen, dann wurde es dunkel um ihn. Und er erinnerte sich ...

Wie viele Jahre waren vergangen, seit Aaron zuletzt an seinen Bruder gedacht hatte? Er hatte ihn für tot gehalten, hatte gedacht, seine Gebeine würden irgendwo in der Wüste vertrocknen. Aaron erinnerte sich an das zornige, sorgenvolle Weinen seiner Mutter, als sie den Deckel auf einen geflochtenen und mit Pech und Teer verschmierten Korb legte. »Pharao hat befohlen, unsere Söhne dem Nil zu geben, Amram, und das werde ich tun. Möge der Herr ihn erhalten! Möge der Herr sich erbarmen!«

Und Gott war gnädig gewesen. Der Korb war der Tochter des Pharaos in die Arme getrieben. Die achtjährige Miriam war ihm gefolgt, um zu sehen, was aus ihrem kleinen Bruder wurde, und dann hatte sie so viel Mut besessen, der Ägypterin eine Amme vorzuschlagen. Als sie losgeschickt wurde, um sie zu holen, kam Miriam zu ihrer Mutter.

Aaron war damals erst drei Jahre alt gewesen, aber dieser Tag hatte sich in seine Erinnerung eingebrannt. Voller Verzweiflung hatte er sich an seine Mutter geklammert, doch sie hatte ihn von sich gestoßen. »Hör auf, dich an mich zu klammern. Ich muss gehen!« Sie hatte ihn an den Schultern gepackt und zu Miriam geschoben. »Nimm ihn, Miriam.«

Aaron schrie, als seine Mutter durch die Tür verschwand. Sie wollte ihn verlassen. »Sei still, Aaron.« Miriam hielt ihn fest. »Das Weinen nützt dir auch nichts. Du weißt doch, dass Mose Mama jetzt mehr braucht als du. Du bist schon ein großer Junge. Du kannst mir helfen, den Garten zu bestellen und die Schafe zu versorgen ...«

Obwohl seine Mutter jeden Abend mit Mose nach Hause kam, galt ihre ganze Aufmerksamkeit ausschließlich dem Baby. Jeden Morgen brachte sie auf Befehl der Prinzessin das Baby in den Palast und blieb in der Nähe für den Fall, dass es etwas brauchte.

Tag um Tag verging und nur Aarons Schwester war

da, um ihn zu trösten. »Ich vermisse sie auch, weißt du.« Ungeduldig wischte sie sich die Tränen von den Wangen. »Mose braucht sie mehr als wir. Er ist noch nicht entwöhnt.«

»Ich will meine Mama.«

»Nun, wollen und bekommen sind zwei verschiedene Dinge. Hör auf zu jammern.«

»Wo geht Mama jeden Tag hin?«

»Den Fluss entlang.«

»Den Fluss entlang?«

Sie deutete in die angegebene Richtung. »Zum Palast, wo die Tochter des Pharaos lebt.«

Eines Tages schlich sich Aaron davon, als Miriam sich um ihre wenigen Schafe kümmerte. Obwohl es ihm strengstens verboten worden war, folgte er dem Nil flussaufwärts. Gefährliche Lebewesen lebten im Wasser. Böse Lebewesen. Das Schilf war hoch und scharf und er bekam kleine Schnitte an Armen und Beinen, als er sich hindurchzwängte. Er hörte Rascheln und leises Brüllen, hohe Schreie und hektisches Flügelschlagen. Im Nil gab es Krokodile. Das hatte seine Mutter ihm gesagt.

Eine Frau lachte. Er kroch weiter durch das Schilf, bis er durch die dichten grünen Stängel eine Steinterrasse sehen konnte, auf der eine Ägypterin mit einem Baby auf dem Schoß saß. Sie ließ es auf den Knien hüpfen und sprach leise mit ihm. Sie küsste seinen Hals und hob es wie ein Opfer der Sonne entgegen. Als das Baby zu weinen begann, rief die Frau nach »Jochebed«. Aaron sah seine Mutter aus dem Schatten die Treppen hinunterkommen. Lächelnd nahm sie das Baby, das, wie

Aaron wusste, sein Bruder war. Die beiden Frauen sprachen kurz miteinander, dann ging die Ägypterin hinein.

Aaron richtete sich auf, sodass Mama ihn sehen könnte, wenn sie in seine Richtung sah. Aber das tat sie nicht. Sie hatte nur Augen für das Baby in ihren Armen. Während sie Mose stillte, sang sie ihm etwas vor. Aaron stand allein und beobachtete, wie sie zärtlich Moses Kopf streichelte. Er wollte sie rufen, aber seine Kehle war wie zugeschnürt. Nachdem Mama seinen Bruder gestillt hatte, erhob sie sich und drehte sich vom Fluss weg. Zärtlich drückte sie Mose an ihre Schulter. Und dann stieg sie wieder die Stufen zum Palast hoch.

Aaron setzte sich vom Schilf verborgen in den Schlamm. Die Moskitos schwirrten um ihn herum. Frösche quakten. Andere geheimnisvolle Geräusche drangen aus dem tieferen Wasser zu ihm herüber. Wenn eine Schlange ihn erwischte oder sogar ein Krokodil, Mama wäre es egal. Sie hatte Mose. Sie liebte nur noch ihn. Ihren älteren Sohn hatte sie ganz vergessen.

Aaron fühlte sich schrecklich einsam und sein junges Herz brannte vor Hass auf den Bruder, der ihm die Mutter genommen hatte. Er wünschte, der Korb wäre gesunken. Er wünschte, ein Krokodil hätte ihn gefressen, wie die anderen kleinen Jungen gefressen worden waren. Das Schilf raschelte. Da kam jemand. Ganz schnell versuchte er sich zu verstecken.

»Aaron?« Miriam tauchte auf. »Ich habe dich überall gesucht! Wie hast du hierher gefunden?« Als er den Kopf hob, füllten sich ihre Augen mit Tränen. »Oh Aaron ...« Sehnsüchtig blickte sie zum Palast hinüber. »Hast du Mama gesehen?«

Schluchzend ließ er den Kopf hängen. Seine Schwester legte die dünnen Arme um ihn und zog ihn an sich. »Ich vermisse sie auch, Aaron«, flüsterte sie mit zitternder Stimme. Er legte den Kopf an ihre Schulter. »Aber wir müssen gehen. Wir wollen doch nicht, dass sie Ärger bekommt.«

Er war sechs, als seine Mutter eines Abends tieftraurig allein nach Hause kam. Sie sprach von nichts anderem als von Mose und der Tochter des Pharao. »Sie liebt euren Bruder. Sie wird ihm eine gute Mutter sein. Das soll mir ein Trost sein und ich muss vergessen, dass sie zu den Heiden gehört. Sie wird ihm eine Ausbildung geben. Eines Tages wird er ein großer Mann sein.« Sie drückte ihren Schal an den Mund, um ihr Schluchzen zu ersticken, und wiegte sich hin und her. »Eines Tages wird er zu uns zurückkommen.« Das sagte sie gern.

Aaron hoffte, Mose würde niemals zurückkommen. Er wollte seinen Bruder niemals wieder sehen. *Ich hasse ihn*, wollte er schreien. *Ich hasse ihn, weil er dich mir weggenommen hat!*

»Mein Sohn wird unserer Befreier sein.« Sie sprach von nichts anderem als von ihrem kostbaren Mose, dem Befreier Israels.

Der Same der Bitterkeit in Aaron wurde so groß, dass er den Namen seines Bruders nicht mehr hören konnte. »Warum bist du überhaupt zurückgekommen?«, schluchzte er eines Nachmittags zornig. »Warum bist du nicht bei ihm geblieben, wenn du ihn so sehr liebst?«

Miriam stieß ihn in die Seite. »Halt den Mund, sonst denkt Mama, ich hätte während ihrer Abwesenheit deine Erziehung vernachlässigt.«

»Du bist ihr doch genauso egal wie ich!«, schrie er seine Schwester an. Er drehte sich wieder zu seiner Mutter um. »Ich wette, du hast nicht einmal geweint, als Papa mit dem Gesicht im Lehm gestorben ist, nicht?« Und als er den Ausdruck auf dem Gesicht seiner Mutter sah, rannte er davon. Er rannte bis zu den Lehmgruben, wo er Stroh für die Arbeiter zu verteilen hatte, den sie für die Ziegel in den Lehm traten.

Wenigstens hatte sie danach weniger von Mose gesprochen. Sie hatte eigentlich kaum noch gesprochen.

Jetzt riss sich Aaron von den schmerzlichen Erinnerungen los. Die strahlende Helligkeit des Tages drang durch seine Augenlider. Ein Schatten fiel auf ihn. Jemand träufelte ein paar Tropfen kostbaren Wassers auf seine Lippen, während die Vergangenheit noch in ihm nachklang. Er war noch immer verwirrt und Vergangenheit und Gegenwart vermischten sich.

»Selbst wenn der Fluss ihn verschont, Jochebed, wer sieht, dass er beschnitten ist, wird wissen, dass er zum Sterben verurteilt ist.«

»Ich werde meinen eigenen Sohn nicht ertränken! Ich werde meine Hand nicht gegen mein eigen Fleisch und Blut erheben und du kannst das auch nicht!« Weinend legte seine Mutter den schlafenden Bruder in den Korb.

Ganz sicher hatte Gott die ägyptischen Götter an jenem Tag verspottet, denn der Nil selbst, das Lebensblut Ägyptens, hatte seinen Bruder in die Hände und das

Herz der Tochter des Pharao getragen, des Mannes, der befohlen hatte, alle neugeborenen hebräischen Jungen zu ertränken. Und auch die anderen ägyptischen Götter, die in Gestalt von Krokodilen und Nilpferden am Ufer des Nils lauerten, hatten den Erlass des Pharaos nicht ausführen können. Aber niemand lachte. Viel zu viele waren bereits gestorben und starben Tag für Tag. Aaron dachte manchmal, dass der Erlass des Pharaos nur deshalb dann schließlich aufgehoben worden war, damit der Pharao genügend Sklaven für die Herstellung seiner Ziegel, die Bearbeitung der Steine und den Bau seiner Städte hatte!

Warum hatte sein Bruder als Einziger überlebt? Sollte Mose tatsächlich Israels Befreier sein?

Miriam hatte Aarons Leben bestimmt, auch nach der Rückkehr seiner Mutter in ihre Hütte. Seine Schwester hatte über ihm gewacht wie eine Löwin über ihren Jungen. Trotz der außergewöhnlichen Umstände in Bezug auf Mose änderte sich Aarons Leben nicht. Er lernte, die Schafe zu hüten. Er trug Stroh in die Lehmgruben. Mit sechs schaufelte er Lehm in die Eimer.

Und während Aaron das Leben eines Sklaven führte, wuchs Mose in einem Palast auf. Während Aaron durch harte Arbeit und Misshandlung durch die Zuchtmeister seine Lektionen lernte, wurde Mose im Lesen und Schreiben unterrichtet und sprach und lebte wie ein Ägypter. Aaron trug Lumpen. Mose feine Kleider aus Leinen. Aaron aß flaches Brot und was immer seine Mutter und Schwester in ihrem kleinen Gartenstück mit dem kargen Boden anbauen konnten. Mose füllte sich den Bauch mit Essen, das ihm von Sklaven gereicht wurde. Aaron arbeitete bis zu den Knien im Lehm steckend in der heißen Sonne. Mose saß in kühlen Steinfluren und wurde trotz seines hebräischen Blutes wie ein ägyptischer Prinz behandelt. Mose führte ein leichtes Leben ohne Arbeit, er erlebte Freiheit und nicht Sklaverei, Überfluss und nicht Mangel. Aaron war als Sklave geboren worden und würde auch als Sklave sterben.

Falls Gott sie nicht befreite.

Ist Mose tatsächlich der eine, Herr?

Neid und Zorn hatten Aaron fast sein ganzes Leben lang gequält. Aber war es Moses Schuld, dass er seiner Familie entrissen und von Götzen anbetenden Ausländern erzogen worden war?

Aaron sah Mose erst Jahre später, als er plötzlich in der Tür ihres Hauses stand. Ihre Mutter war mit einem Aufschrei aufgesprungen und hatte ihn in die Arme geschlossen. Aaron hatte nicht gewusst, was er denken oder fühlen sollte oder was er von einem Bruder erwarten konnte, der wie ein Ägypter aussah und überhaupt kein Hebräisch sprach. Aaron hatte unermesslichen Zorn empfunden. Moses Wunsch, mit den Sklaven zusammenzusein, irritierte ihn. Mose war ein freier Mensch und konnte tun und lassen, was er wollte. Warum war er nach Gosen gekommen? Er hätte einen Wagen fahren und zusammen mit den anderen jungen Männern aus dem Haushalt des Pharaos Löwen jagen können. Was hoffte er an der Seite der Sklaven zu gewinnen?

»Du hasst mich, nicht, Aaron?«

Aaron verstand Ägyptisch, denn Mose sprach kein

Hebräisch. Die Frage hatte ihm eine Atempause verschafft. »Nein. Das ist kein Hass.« Er empfand nichts als Misstrauen. »Was willst du hier?«

»Ich gehöre hierher.«

Moses Antwort hatte Aaron erzürnt. »Haben wir alle unser Leben riskiert, damit du schließlich doch in einer Lehmgrube endest?«

»Wenn ich mein Volk befreien soll, muss ich es dann nicht vorher kennen lernen?«

»Ach, du bist ja so großmütig.«

»Ihr braucht einen Anführer.«

Ihre Mutter verteidigte Mose mit jedem Atemzug. »Habe ich euch nicht gesagt, mein Sohn würde sich eines Tages für sein eigenes Volk und gegen unsere Feinde entscheiden?«

Wäre Mose nicht im Palast von größerem Nutzen, wo er sich für die Hebräer einsetzen könnte? Glaubte er, den Respekt des Pharaos zu gewinnen, indem er an der Seite von Sklaven arbeitete? Aaron verstand Mose nicht. Ihr Lebensstil war so verschieden und Aaron war nicht sicher, ob er seinen Bruder überhaupt mochte.

Aber warum sollte er auch? Was hatte Mose eigentlich vor? War er ein Spion des Pharaos, der geschickt worden war, um herauszufinden, ob diese elenden Israeliten vorhatten, sich mit den Feinden Ägyptens zusammenzutun? Der Gedanke mochte ihnen gekommen sein, aber ihnen war klar, dass es ihnen bei den Philistern nicht besser ergehen würde.

Wo ist Gott, wenn wir ihn brauchen? Weit entfernt, blind und taub unserem Schreien nach Befreiung gegenüber!

Als angenommener Sohn von Pharaos Tochter hatte Mose vielleicht im großen Palast gelebt, aber in seinen Adern floss levitisches Blut und auch das levitische Temperament hatte er geerbt. Als er miterlebte, wie ein Ägypter einen levitischen Sklaven schlug, nahm er das Recht in die eigenen Hände. Entsetzt mussten Aaron und mehrere andere miterleben, wie Mose den Ägypter niederschlug. Seine hebräischen Mitbrüder flohen, während Mose den Leichnam im Sand verscharrte.

»Jemand muss doch für euch eintreten!«, erklärte Mose. Aaron half ihm, die Beweise für sein Verbrechen zu beseitigen. »Stell dir das doch einmal vor. Tausende Sklaven erheben sich gegen ihre Herren. Davor haben die Ägypter Angst, Aaron. Darum unterdrücken sie euch so sehr und lassen euch so hart arbeiten.«

»So ein Führer willst du also werden? Willst du die Ägypter töten, wie sie uns töten?« War das der Weg zur Befreiung? War ihr Befreier ein Krieger, der sie in die Schlacht führte? Würde er ein Schwert in ihre Hände legen? Der Zorn, der sich im Laufe der Jahre in Aaron aufgestaut hatte, brach hervor. Oh, wie leicht wäre es, ihm nachzugeben!

Die Nachricht von der Ermordung des Ägypters verbreitete sich wie feiner Sand, den der Wüstenwind davonträgt, und kam schließlich auch dem Pharao zu Ohren. Als am folgenden Tag ein Streit unter den Hebräern ausbrach, versuchte Mose zu vermitteln, aber er wurde selbst angegriffen. »Wer hat dich zu unserem Fürsten und Richter ernannt? Willst du mich genauso töten, wie du gestern den Ägypter erschlagen hast?«

Das Volk wollte Mose nicht als Befreier. Für die Sklaven war er ein Rätsel. Man konnte ihm nicht trauen.

Dieses Mal war es der Tochter des Pharaos unmöglich, Mose zu retten. Wie lange konnte ein Mann überleben, wenn er vom Pharao gehasst und verfolgt wurde, von seinen Brüdern beneidet und verachtet?

Mose verschwand in der Wüste und man hörte nichts mehr von ihm.

Ihm blieb nicht einmal die Zeit, sich von der Mutter zu verabschieden, die gehofft hatte, er würde Israel von der Sklaverei befreien. Und Mose nahm die Hoffnungen und Träume ihrer Mutter mit in die Wüste. Ein Jahr danach starb sie. Das Schicksal von Moses ägyptischer Mutter war unbekannt, aber der Pharao lebte noch lange weiter und baute seine Vorratsstädte, seine Denkmäler und vor allem sein Grab. Kaum war es fertig gestellt, da wurde der Sarkophag mit dem einbalsamierten Leichnam des Pharaos ins Tal der Könige gebracht, gefolgt von einem großen Zug von Menschen, die goldene Götzen, Gerätschaften und Vorräte für ein Nachleben mitbrachten, in dem der Pharao noch größer sein würde als in dem Leben, das er auf der Erde geführt hatte.

Jetzt trug Ramses die Schlangenkrone und schwang das Schwert über ihren Köpfen. Grausam und arrogant war er und es machte ihm Freude, seine Ferse in ihren Rücken zu bohren.

Aaron war jetzt dreiundachtzig und sehr gebrechlich, wie ein dünnes Schilfrohr. Er würde bald sterben und seine Söhne nach ihm und dann deren Söhne.

Wenn Gott sie nicht befreite.

Herr, Herr, warum hast du dein Volk verlassen?
Aus abgrundtiefer Verzweiflung flehte Aaron zu Gott. Diese Freiheit allein war ihm noch geblieben. Er konnte Gott um Hilfe anflehen. Hatte Gott nicht mit Abraham, Isaak und Jakob einen Bund geschlossen? *Herr, Herr, höre mein Gebet! Hilf uns!* Wenn Gott existierte, wo war er dann? Sah er nicht die blutigen Striemen auf ihren Rücken, den ermatteten Ausdruck in ihren Augen? Hörte er nicht die Schreie der Kinder Abrahams? Aarons Eltern hatten sich an ihren Glauben an den unsichtbaren Gott geklammert. *Wo sonst können wir Hoffnung finden, Herr? Wie lange noch, oh Gott, wann wirst du uns befreien? Hilf uns. Gott, warum hilfst du uns nicht?*

Aarons Eltern waren schon lange unter dem Sand begraben. Aaron hatte auf Wunsch seines Vaters Elischeba, eine Tochter vom Stamme Juda geheiratet. Sie hatte ihm vier Söhne geschenkt. Es gab Tage, an denen Aaron die Toten beneidete. Wenigstens hatten sie ihre Ruhe. Wenigstens waren ihre unaufhörlichen Gebete endlich verstummt und Gottes Schweigen schmerzte sie nicht mehr.

Jemand hob seinen Kopf und gab ihm Wasser. »Vater?«

Aaron öffnete die Augen. Sein Sohn Eleasar beugte sich über ihn. »Gott hat zu mir gesprochen.« Seine Stimme war kaum lauter als ein Flüstern.

Eleasar beugte sich zu ihm hinunter. »Ich habe dich nicht verstanden, Vater. Was hast du gesagt?«

Aaron weinte. Er brachte kein Wort mehr heraus.

Endlich hatte Gott gesprochen und Aaron wusste, sein Leben würde sich nun von Grund auf ändern.

Aaron rief seine vier Söhne Nadab, Abihu, Eleasar und Itamar und seine Schwester Miriam zu sich und erklärte ihnen, Gott hätte ihm aufgetragen, in die Wüste zu gehen und Mose zu treffen.

»Unser Onkel ist tot«, wandte Nadab ein. »Bestimmt hat die Sonne zu dir gesprochen.«

»Vierzig Jahre sind vergangen, Vater, ohne ein Wort.«

Aaron hob die Hand. »Mose ist am Leben.«

»Woher weißt du, dass Gott zu dir gesprochen hat, Vater?« Abihu beugte sich vor. »Du warst den ganzen Tag in der Sonne. Es wäre nicht das erste Mal, dass die Hitze dir zu schaffen macht.«

»Bist du sicher, Aaron?« Miriam legte die Hände an die Wangen. »Wir hoffen schon so lange.«

»Ja, ich bin sicher. Niemand kann sich eine solche Stimme einbilden. Ich kann es nicht erklären und ich habe auch keine Zeit, es zu versuchen. Ihr müsst mir glauben!«

Die Aufregung war groß. Alle redeten durcheinander.

»Außerhalb der Grenzen Ägyptens warten die Philister.«

»In der Wüste kannst du nicht überleben, Vater.«

»Was sollen wir den anderen Ältesten sagen, wenn sie nach dir fragen? Sie werden wissen wollen, warum wir unseren Vater nicht von einer solchen Dummheit abgehalten haben.«

»Du wirst nicht einmal die Handelsstraße erreichen. Bestimmt wirst du festgehalten.«

»Und selbst wenn du es schaffst, wie willst du überleben?«

»Wer wird dich begleiten?«

»Vater, du bist dreiundachtzig Jahre alt!«

Eleasar legte seine Hand auf Aarons Arm. »Ich werde dich begleiten, Vater.«

Miriam stapfte mit dem Fuß auf. »Genug! Lasst euren Vater sprechen.«

»Niemand wird mich begleiten. Ich gehe allein und Gott wird für mich sorgen.«

»Wie willst du Mose finden? Die Wüste ist groß. Wo willst du Wasser finden?«

»Und Nahrung? Für eine solche Reise kannst du nicht genügend Vorräte mitnehmen.«

Miriam erhob sich. »Wollt ihr eurem Vater etwa ausreden, was Gott ihm aufgetragen hat?«

»Setz dich, Miriam.« Seine Schwester steigerte die Verwirrung noch und Aaron war durchaus in der Lage, für sich selbst zu sprechen. »Gott hat mir diese Reise aufgetragen und er wird mir auch den Weg zeigen.« Hatte er nicht seit Jahren gebetet? Vielleicht wusste Mose etwas. Vielleicht würde Gott seinem Volk endlich helfen. »Ich vertraue darauf, dass der Gott Abrahams, Isaaks und Jakobs mich führt.« Er sprach mit mehr Zuversicht, als er empfand, denn ihre Fragen beunruhigten ihn. Warum zweifelten sie an seinem Wort? Er musste tun, was Gott gesagt hatte, und aufbrechen. Und zwar schnell, bevor ihn der Mut verließ.

* * *

Mit einem Wasserschlauch, sieben kleinen, ungesäuerten Broten und seinem Stab brach Aaron vor Sonnenaufgang auf. Er marschierte den ganzen Tag. Die Ägypter, an denen er vorbeikam, beachteten ihn nicht. Bei ihrem Anblick zögerte er nicht. Gott hatte ihm eine Aufgabe und neue Hoffnung gegeben. Müdigkeit und Verzweiflung drückten ihn nicht mehr nieder. Mit jedem Schritt fühlte er sich neu belebt. *Gott existiert wirklich. Gott hat gesprochen.* Gott hatte ihm einen Auftrag gegeben. Er sollte in die Wüste ziehen und Mose treffen!

Wie würde sein Bruder wohl aussehen? Hatte er wirklich vierzig Jahre in der Wüste gelebt? Ob er wohl eine Familie hatte? Wusste Mose, dass Aaron kam? Hatte Gott auch zu ihm gesprochen? Wenn nicht, was sollte er Mose sagen, wenn er ihn fand? Bestimmt hatte Gott ihn aus einem besonderen Grund auf diese Reise geschickt. Aber aus welchem?

Seine Fragen zogen andere Gedanken nach sich. Er verlangsamte den Schritt, zögerte. Sein Aufbruch war so leicht gewesen. Niemand hatte ihn aufgehalten. Er hatte seinen Stab genommen, einen Wasserschlauch und einen Brotbeutel und war dann hinaus in die Wüste gegangen. Vielleicht hätte er doch Miriam und seine Söhne mitnehmen sollen.

Nein. Nein. Er musste sich genau an das halten, was Gott ihm aufgetragen hatte.

Aaron marschierte den ganzen Tag, Tag um Tag, und schlief nachts im Freien, den Blick auf die Sterne über ihm gerichtet, allein in der Stille. Niemals war er so allein gewesen und nie hatte er sich so einsam gefühlt. Durstig saugte er an einem kleinen flachen Stein, damit sein Mund nicht austrocknete. Wie wünschte er, er könnte die Hand heben und ein Junge käme mit einem Wasserschlauch angerannt. Sein Brot war fast aufgegessen. Sein Magen knurrte, aber vor dem Nachmittag würde er keinen Bissen zu sich nehmen. Er hatte keine Ahnung, wie weit er gegangen war und ob sein Brotvorrat reichen würde. Wie er sich hier draußen in der Wüste ernähren sollte, wusste er nicht. Auf die Jagd zu gehen und Tiere zu erlegen, hatte er nicht gelernt. Der Fußmarsch war anstrengend, er war müde und hungrig und jetzt begann er auch sich zu fragen, ob er tatsächlich Gottes Stimme gehört hatte oder ob er sich das nur eingebildet hatte. Wie viele Tage noch? Wie weit? Die Sonne brannte erbarmungslos auf ihn nieder, bis er elend und erschöpft Schutz in einer Felsspalte suchte. An den Klang der Stimme Gottes konnte er sich nicht mehr erinnern.

Hatte er sich das alles doch nur eingebildet und war diese Einbildung vielleicht auf die Jahre im Elend und auf die sterbende Hoffnung zurückzuführen, ein Erlöser würde kommen und sie von der Sklaverei befreien? Vielleicht hatten seine Söhne Recht und es war die Hitze gewesen. Ganz bestimmt litt er jetzt unter der Hitze.

Nein. Er hatte Gottes Stimme gehört. Schon oft hatte er den Punkt der vollkommenen Erschöpfung erreicht und kurz vor einem Hitzschlag gestanden, aber noch nie hatte er eine Stimme wie jene gehört: »*Geh hinaus in die Wüste, um Mose zu treffen. Geh. Geh.*«

Er machte sich wieder auf den Weg, bis der Abend hereinbrach und er sich einen Lagerplatz suchte. Die unerträgliche Hitze wich der Kälte, die bis in seine Knochen drang und ihn zittern ließ. Im Schlaf träumte er von seinen Söhnen. Sie saßen mit ihm zusammen am Tisch, lachten miteinander und genossen ihre Gemeinschaft, während Miriam sie mit Brot und Fleisch, getrockneten Datteln und Wein verwöhnte. In tiefer Verzweiflung erwachte er. Das Leben in Ägypten kannte er; jeder Tag war gleich verlaufen, die Aufseher hatten sein Leben bestimmt. Schon oft war er hungrig und durstig gewesen, aber nicht so wie jetzt, ohne Ruhepause, ohne die Ermutigung von Weggefährten.

Gott, hast du mich in diese Wüste geführt, um mich zu töten? Es gibt kein Wasser, nur dieses endlose Meer von Steinen.

Aaron verlor jegliches Zeitgefühl, aber an jedem neuen Tag fand er genügend zu essen und zu trinken, sodass er weitergehen konnte. Das gab ihm Hoffnung. Er hielt sich in Richtung Norden und wendete sich dann nach Osten, nach Midian. In den wenigen Oasen erholte er sich zwar ein wenig, doch mit jedem Tag stützte er sich schwerer auf seinen Stab. Er wusste nicht, wie weit er gekommen war oder wie weit er noch gehen musste. Aber er würde lieber in der Wüste sterben, als jetzt umzukehren. Seine einzige Hoffnung war, seinen Bruder zu finden. Wie sehnte er sich danach, Mose zu sehen! Genauso sehr wie nach einem tiefen Schluck Wasser und einem Stück Brot.

Als sein Wasservorrat auf ein paar Tropfen zusammengeschmolzen und sein Brot aufgegessen war, erreichte er eine weite Ebene, die sich vor einem zerklüfteten Berg ausbreitete. Standen da hinten ein Esel und ein kleines Zelt? Aaron wischte sich den Schweiß aus den Augen und blinzelte. Ein Mann saß im Eingang. Gestützt auf seinen Stab erhob er sich und trat hinaus auf die freie Fläche, den Kopf Aaron zugewandt. Hunger und Durst waren vergessen. »Mose!« *Oh Herr, Herr, lass es meinen Bruder sein!* »Mose!«

Mit ausgestreckten Armen kam ihm der Mann entgegengerannt. »Aaron!«

Es war, als würde er die Stimme Gottes hören. Lachend kam Aaron den steinigen Abhang heruntergeeilt, mit neuer Kraft wie der eines Adlers. So schnell er konnte, rannte er auf seinen Bruder zu. Überglücklich fielen sie sich in die Arme. »Gott hat mich geschickt, Mose!« Lachend und schluchzend küsste er seinen Bruder. »Gott hat mich zu dir geschickt!«

»Aaron, mein Bruder!« Mose drückte ihn weinend an sich. »Gott hat gesagt, dass du kommen würdest.«

»Vierzig Jahre, Mose. Vierzig Jahre! Wir hielten dich für tot!«

»Du warst froh, als ich ging.«

»Vergib mir. Jetzt freue ich mich, dich zu sehen.« Aaron konnte sich an seinem jüngeren Bruder nicht satt sehen.

Mose hatte sich verändert. Er war nicht mehr wie ein Ägypter gekleidet, sondern trug das lange, dunkle Gewand und die Kopfbedeckung eines Nomaden. Dunkelhäutig, mit vom Alter faltigem Gesicht und den dunklen Bart von weißen Fäden durchzogen, wirkte er fremd und von den Jahren des Wüstenlebens gezeichnet.

Noch nie hatte sich Aaron so gefreut, jemanden zu sehen. »Oh Mose, du bist mein Bruder. Ich freue mich so, das du am Leben und gesund bist.« Aaron weinte um die verlorenen Jahre.

Moses Augen wurden feucht. Liebevoll sah er ihn an. »Gott, der Herr, hat gesagt, dass du dich freuen würdest. Komm.« Er nahm Aaron am Arm. »Du musst dich ausruhen und etwas essen und trinken. Du musst meine Söhne kennen lernen.«

Moses dunkelhäutige, ausländische Frau Zippora bewirtete sie. Moses Sohn Gerschom setzte sich zu ihnen, während Elieser blass und schweißüberströmt auf einer Matte hinten im Zelt lag.

»Dein Sohn ist krank.«

»Zippora hat ihn vor zwei Tagen beschnitten.«

Aaron zuckte zusammen. *Elieser* bedeutete »Mein Gott ist Hilfe«. Aber auf welchen Gott setzte Mose seine Hoffnung? Zippora saß mit niedergeschlagenen Augen neben ihrem Sohn und betupfte ihm mit einem feuchten Lappen die Stirn. Aaron fragte, warum Mose das nicht selbst getan hätte, als sein Sohn acht Tage alt war, wie die Juden es seit der Zeit Abrahams taten.

Mose senkte den Kopf. »Es ist leichter, sich an die Sitten eines Volkes zu halten, wenn man unter ihm wohnt, Aaron. Als ich Gerschom beschnitt, lernte ich, dass die Midianiter dieses Ritual als abstoßend empfinden und Jitro, Zipporas Vater, ist ein Priester der Midianiter.« Er sah Aaron an. »Aus Achtung ihm gegenüber habe ich Elieser nicht beschnitten. Als Gott zu mir sprach, gab mir Jitro seinen Segen und wir verließen die Zelte Midians. Ich wusste, mein Sohn musste beschnitten werden. Zippora war dagegen und ich zögerte, weil ich ihr das nicht aufzwingen wollte. Ich betrachtete es nicht als Rebellion, bis der Herr selbst mir nach dem Leben trachtete. Ich erklärte Zippora, wenn meine Söhne nicht beide das Zeichen des Bundes auf ihrem Fleisch tragen würden, würde ich sterben und Elieser würde von Gott und seinem Volk abgeschnitten sein. Erst da nahm sie selbst den Stein und beschnitt unseren Sohn.«

Betrübt betrachtete Mose den kranken Jungen. »Mein Sohn würde sich nicht einmal erinnern, wie das Zeichen auf sein Fleisch kam, wenn ich dem Herrn gehorcht hätte, anstatt mich anderen zu beugen. Jetzt leidet er wegen meines Ungehorsams.«

»Er wird wieder gesund werden, Mose.«

»Ja, aber ich werde mich daran erinnern, wie viel andere wegen meines Ungehorsams zu erdulden hatten.« Moses Blick wanderte zu den Bergen, die er durch den Zelteingang sehen konnte. Dann wandte er sich Aaron wieder zu. »Ich habe dir viel zu erzählen, wenn du nicht zu müde bist, um zuzuhören.«

»Meine Kraft kehrte in dem Augenblick zurück, als ich dich erblickte.«

Mose nahm seinen Stab und erhob sich. Aaron folgte ihm. Draußen blieb Mose stehen. »Der Gott Abrahams, Isaaks und Jakobs ist mir auf diesem Berg in einem brennenden Busch begegnet«, erklärte Mose. »Er hat das Leid Israels gesehen und wird das Volk von der Macht der Ägypter befreien, es in ein Land bringen, in dem Milch und Honig fließen. Er schickt mich zum Pharao. Ich soll mein Volk aus Ägypten führen, damit es Gott an diesem Berg anbetet.« Mose umklammerte seinen Stab und legte die Stirn an seine Hände, als er die Worte wiederholte, die Gott auf dem Berg zu ihm gesprochen hatte. Aaron spürte ihre Wahrheit in seiner

Seele und nahm sie wie Wasser in sich auf. *Der Herr schickt Mose, um uns zu befreien!*

»Ich habe den Herrn angefleht, einen anderen zu beauftragen, Aaron. Ich sagte, wer bin ich, dass ich zum Pharao gehen könnte? Ich sagte, mein eigenes Volk wird mir nicht glauben. Ich wies ihn darauf hin, dass ich noch nie besonders redegewandt gewesen bin, dass ich mich mit Worten immer schwer getan habe.« Er ließ die Luft entweichen und sah Aaron an. »Und der Herr, dessen Name ist ICH BIN, DER ICH BIN, sagte, du würdest mein Mund sein.«

Furcht durchströmte Aaron, aber sie verschwand sofort wieder, wurde vertrieben von dem Gedanken, dass ein lebenslanges Gebet erhört worden war. Gott hatte den Schrei seines Volkes erhört. Die Befreiung stand bevor. Gott hatte ihr Elend gesehen und würde ihm ein Ende setzen. Aaron war zu bewegt, um Worte zu finden.

»Verstehst du, was ich sage, Aaron? Ich habe Angst vor dem Pharao. Ich habe Angst vor meinem eigenen Volk. Und darum hat der Herr dich geschickt. Du sollst als mein Sprecher neben mir stehen.«

Die Frage hing unausgesprochen zwischen ihnen. War er bereit, an Moses Seite zu stehen?

»Ich bin dein älterer Bruder. Wer könnte besser für dich sprechen als ich?«

»Hast du keine Angst, Bruder?«

»Was zählt in Ägypten das Leben eines Sklaven, Mose? Was hat mein Leben je gezählt? Ja, ich habe Angst. Ich habe mein ganzes Leben lang Angst gehabt. Ich habe meinen Rücken vor den Zuchtmeistern gebeugt und die Peitsche gespürt, wenn ich es gewagt habe aufzusehen. In der Abgeschiedenheit meines Hauses und unter meinen Brüdern habe ich mutig alles ausgesprochen, aber es hat nichts bewirkt. Nichts ändert sich. Meine Worte sind wie der Wind und ich dachte, auch meine Gebete würden nichts bewirken. Jetzt weiß ich es besser. Dieses Mal wird es anders sein. Nicht die Worte eines Sklaven werden über meine Lippen kommen, sondern das Wort des Herrn, des Gottes Abrahams, Isaaks und Jakobs!«

»Wenn sie uns nicht glauben, hat der Herr mir Zeichen gegeben, die wir vor ihnen tun sollen.« Mose erzählte ihm, wie sein Stab zu einer Schlange und seine Hand von Lepra befallen wurde. »Und wenn das nicht reicht – wenn ich Wasser vom Nil ausgieße, wird es zu Blut werden.«

Aaron brauchte keine Demonstration. »Sie werden glauben, so wie ich glaube.«

»Du glaubst mir, weil du mein Bruder bist und weil Gott dich zu mir geschickt hat. Du glaubst, weil Gott dein Herz und deine Einstellung mir gegenüber verändert hat. Früher hast du ganz anders über mich gedacht, Aaron.«

»Ja, weil du frei warst und ich nicht.«

»Im Haus des Pharaos habe ich mich nie zu Hause gefühlt. Ich wollte unter meinem Volk leben.«

»Und wir haben dich verachtet und zurückgewiesen.« Vielleicht hatte die Tatsache, dass Mose unter zwei unterschiedlichen Völkern gelebt hatte und von keinem akzeptiert worden war, Mose so demütig gemacht. Er musste tun, was Gott ihm aufgetragen hatte, denn sonst würde es so weitergehen wie bisher. Die Hebräer würden sich in den Lehmgruben abmühen und mit dem Gesicht im Staub sterben. »Gott hat dich zu unserem Befreier erwählt, Mose. Und du wirst seinen Auftrag erfüllen. Was immer Gott dir aufträgt, werde ich weitergeben. Und wenn ich schreien muss, ich werde das Volk dazu bringen, dir zuzuhören.«

Mose sah zum Berg Gottes hinauf. »Morgen früh werden wir nach Ägypten aufbrechen. Wir werden die Ältesten Israels versammeln und ihnen berichten, was der Herr gesagt hat. Dann werden wir alle vor den Pharao treten und ihn auffordern, das Volk Gottes in die Wüste ziehen zu lassen, um dem Herrn, unserem Gott, zu opfern.« Er schloss die Augen, als hätte er Schmerzen.

»Was ist los, Mose? Was hast du?«

»Der Herr wird das Herz des Pharaos verhärten und Ägypten mit Zeichen und Wundern schlagen, damit wir, wenn wir gehen, nicht mit leeren Händen gehen, sondern mit Gold, Silber und Kleidern beschenkt.«

Aaron lachte bitter. »Und so wird Gott Ägypten plündern, wie Ägypten uns ausgeplündert hat! Nie hätte ich gedacht, dass ich noch miterleben würde, wie die Gerechtigkeit siegt. Das wird ein fröhlicher Anblick sein!«

»Sei nicht zu eifrig darauf bedacht, ihre Vernichtung zu erleben, Aaron. Die Ägypter sind ein Volk wie wir.«

»Nicht wie wir.«

»Der Pharao wird nicht nachgeben, bis sein eigener erstgeborener Sohn tot ist. Dann erst wird er uns ziehen lassen.«

Aaron hatte zu lange unter dem Joch der ägyptischen Sklaventreiber gelebt und zu oft ihre Peitsche gespürt, um Mitleid für einen Ägypter zu empfinden, aber er merkte, dass das bei Mose sehr wohl der Fall war.

Bei Tagesanbruch brachen sie auf. Zippora kümmerte sich um den Esel mit den Vorräten. Er zog eine Bahre hinter sich her. Elieser ging es zwar besser, doch noch nicht so gut, dass er mit seiner Mutter und seinem Bruder laufen könnte. Aaron und Mose schritten voneweg. Jeder hielt einen Hirtenstab in der Hand.

* * *

Sie marschierten nach Norden über die Handelsstraße zwischen Ägypten und dem südlichen Kanaan über Schur. Das war der direktere Weg, als zuerst nach Süden und Westen und dann nach Norden durch die Wüste zu gehen. Aaron wollte alles hören, was der Herr zu Mose gesagt hatte. »Wiederhole mir alles. Von Anfang an.« Wie sehr wünschte er, er wäre bei Mose gewesen und hätte den brennenden Busch mit eigenen Augen gesehen! Er wusste, was es bedeutete, die Stimme Gottes zu hören, aber in seiner Gegenwart zu stehen, das überstieg sein Vorstellungsvermögen.

Als sie Ägypten erreichten, nahm Aaron Mose, Zippora, Gerschom und Elieser in sein Haus auf. Außer sich vor Freude schloss Mose Miriam in die Arme und begrüßte Aarons Söhne.

Aaron hatte Mitleid mit Mose, denn er merkte, dass ihm die hebräische Sprache noch immer recht schwer fiel, darum sprach er für ihn. »Gott hat Mose berufen, unser Volk aus der Sklaverei zu befreien. Der Herr selbst wird große Zeichen und Wunder tun, sodass der Pharao uns ziehen lassen wird.«

»Unsere Mutter hat gebetet, du mögest der von Gott Verheißene sein.« Miriam schloss Mose erneut in die Arme. »Als die Tochter des Pharaos dich rettete, war sie sicher, dass Gott dich aus einem ganz bestimmten Grund beschützte.«

Zippora saß mit ihren beiden Söhnen in einer Ecke des Raumes und beobachtete beunruhigt und mit dunklen Augen die Geschwister.

Aarons Söhne durchzogen Gosen, die Region in Ägypten, die den Hebräern Jahrhunderte zuvor übereignet worden war und in der sie jetzt in Gefangenschaft lebten. Die Männer teilten den Ältesten Israels mit, Gott hätte ihnen einen Befreier gesandt und die Ältesten sollten zusammenkommen, um seine Botschaft von Gott zu hören.

In der Zwischenzeit unterhielt sich Aaron mit seinem Bruder. Sie beteten zusammen. Mit aller Macht musste er gegen die Angst vor dem Pharao, dem Volk und dem Ruf Gottes ankämpfen. Mose hatte kaum Appetit. Und wenn er sich morgens erhob, wirkte er viel erschöpfter als abends, wenn er sich schlafen legte. Aaron bemühte sich nach Kräften, ihm Mut zu machen. Bestimmt hatte Gott ihn deshalb Mose entgegengeschickt. Er liebte seinen Bruder. Seine Anwesenheit gab ihm Kraft und er war bereit zu dienen.

»Du sagst mir, was Gott zu dir spricht, Mose, und ich gebe es an das Volk weiter. Du wirst nicht allein vor dem Pharao stehen. Wir gehen gemeinsam. Und ganz bestimmt wird der Herr selbst bei uns sein.«

»Wie kommt es, dass du keine Angst hast?«

Keine Angst? Weniger vielleicht. Mose hatte nicht sein Leben lang körperliche Unterdrückung erlebt. Er hatte sich nicht sein Leben lang nach dem Eingreifen Gottes gesehnt. Auch war er nicht umgeben gewesen von Mitsklaven und Familienmitgliedern, die aus der Gemeinschaft Kraft bezogen, um jeden Tag zu überleben. Hatte Mose Liebe erlebt, abgesehen von diesen ersten Jahren an der Brust seiner Mutter? Hatte die Tochter des Pharaos bedauert, ihn adoptiert zu haben? Wie hatte sich ihre Rebellion auf ihr Verhältnis zum Pharao ausgewirkt und welche Rückwirkungen hatte Mose erlebt?

Aaron fiel auf, dass er sich solche Gedanken früher nie gemacht hatte, da er zu sehr gefangen gewesen war in seinen Gefühlen, in seinem Zorn und seiner kindischen Eifersucht. Im Gegensatz zu Mose war er nicht als Adoptivsohn der Tochter des Pharaos aufgewachsen unter Menschen, die ihn verachteten. Hatte Mose gelernt, sich im Hintergrund zu halten und nur wenig zu sagen, um zu überleben? Aaron war nicht gefangen gewesen zwischen zwei Welten und von keiner akzeptiert. Er hatte nicht danach gestrebt, sich seinem Volk anzuschließen, um dann festzustellen, dass auch dieses Volk ihn ablehnte. Auch hatte er nicht vor Ägyptern und Hebräern gleichermaßen davonlaufen und Zuflucht bei Ausländern suchen müssen, um sein Leben zu retten. Er hatte nicht Jahre allein in der Wüste verbracht und Schafe gehütet.

Warum waren ihm diese Dinge früher nie in den Sinn gekommen? Waren sein Herz und Geist erst jetzt frei, darüber nachzudenken, was für ein Leben Mose geführt haben mochte? Mitleid für seinen Bruder erfüllte Aaron. Er sehnte sich danach, ihm zu helfen, ihn vorwärts zu drängen zu der Aufgabe, die Gott ihm gegeben hatte. Denn der Herr selbst sollte Israels Befreier sein, sagte Mose, und Aaron wusste, dass Gott ihn gesandt hatte, um an der Seite seines Bruders zu stehen und zu tun, was Mose nicht konnte.

Herr, du hast unser Schreien gehört!

»Ach Mose, ich habe mein Leben lang Angst gehabt, ich habe vor den Aufsehern und Zuchtmeistern gebuckelt und gekratzt und trotzdem die Peitsche bekommen, wenn ich nicht schnell genug für sie gearbeitet habe. Doch zum ersten Mal in meinem Leben habe ich jetzt Hoffnung.« Tränen strömten ihm aus den Augen. »Die Hoffnung vertreibt die Angst, Bruder. Wir haben das Versprechen Gottes, dass der Tag unserer Errettung bevorsteht! Das Volk wird sich freuen, wenn es davon hört und der Pharao wird sich vor dem Herrn beugen.«

Mose blickte ihn traurig an. »Er wird nicht hören.«

»Wie kann er nicht hören, wenn er die Zeichen und Wunder sieht?«

»Ich bin mit Ramses aufgewachsen. Er ist arrogant und grausam. Und jetzt sitzt er auf dem Thron. Er hält sich für Gott. Er wird nicht hören, Aaron, und viele werden durch ihn leiden. Unser Volk wird leiden, genau wie seines.«

»Der Pharao wird die Wahrheit erkennen, Mose. Der Pharao wird erleben, dass der Herr Gott ist. Und diese Wahrheit wird uns frei machen.«

Mose weinte.

* * *

Israel versammelte sich und Aaron erzählte ihnen, was der Herr zu Mose gesagt hatte. Die Menge zweifelte, einige zeigten ihre Skepsis ganz offen, andere spotteten. »Das ist doch dein Bruder, der den Ägypter ermordet hat und dann davongelaufen ist. Und er soll uns aus Ägypten befreien? Bist du verrückt geworden? Einen solchen Mann würde Gott nicht gebrauchen!«

»Was tut er hier? Er ist mehr Ägypter als Hebräer!«
»Er ist jetzt ein Midianiter!«
Einige lachten.
Aaron wurde zornig. »Zeig es ihnen, Mose. Gib ihnen ein Zeichen!«
Mose warf seinen Stab auf die Erde. Er wurde eine große Kobra. Die Leute schrien auf und stoben auseinander. Mose packte die Schlange am Schwanz und sie verwandelte sich wieder in seinen Stab. Die Israeliten scharten sich um ihn. »Es gibt andere Zeichen! Zeige sie ihnen, Mose.« Mose steckte die Hand in sein Gewand und als er sie herauszog, war sie mit Lepra befallen. Das Volk wich erschrocken zurück. Dann steckte er seine Hand wieder in sein Gewand und als er sie herauszog, war sie wieder rein wie die eines neu geborenen Kindes. Jubelnd klatschten die Leute in die Hände.

Das dritte Wunder, den Stab über den Nil auszustrecken und das Wasser in Blut zu verwandeln, brauchte Mose nicht mehr zu tun, denn das Volk jubelte ihm zu. »Mose! Mose!«

Aaron hob die Arme und rief: »Gelobt sei Gott, der

unser Gebet um Befreiung erhört hat! Alles Lob sei dem Gott Abrahams, Isaaks und Jakobs!«

Das Volk jubelte mit ihm und fiel auf die Knie. Es beugte sich tief und betete den Herrn an.

Doch die Ältesten weigerten sich, vor den Pharao zu treten. Mose und Aaron mussten allein gehen.

* * *

In Theben, der Stadt des Pharao, angekommen, fühlte sich Aaron mit jedem Schritt kleiner und schwächer. Er hatte bisher nie einen Grund gehabt, hierher zu kommen, in dieses Gewirr von Märkten und überfüllten Straßen im Schatten der riesigen Steingebäude, in dem der Pharao, seine Ratgeber und die Götter Ägyptens wohnten. Sein Leben hatte sich in Gosen abgespielt, wo er unter den Aufsehern seine schwere Arbeit tat und wo er auf dem kleinen Landstück und mit einer kleinen Schaf- und Ziegenherde seinen kärglichen Lebensunterhalt bestritt. Wer war er, zu denken, er könnte vor dem mächtigen Pharao erscheinen und für Mose sprechen? Alle sagten, dass Ramses schon als kleiner Junge die Arroganz und Grausamkeit seiner Vorgänger an den Tag gelegt hatte. Wer wagte es, den herrschenden Gott von ganz Ägypten herauszufordern? Ein alter Mann von dreiundachtzig und sein achtzigjähriger Bruder!

Ich sende dich zum Pharao. Du wirst mein Volk, die Israeliten, aus Ägypten führen.

Herr, gib mir Mut, betete Aaron still für sich. *Du hast*

mir aufgetragen, Moses Sprecher zu sein, aber ich sehe nur die Feinde um mich herum, den Reichtum und die Macht, wo ich auch hinblicke. Oh Gott, Mose und ich sind wie zwei alte Grashüpfer, die zum Hof eines Königs kommen. Der Pharao hat die Macht, uns unter seiner Ferse zu zertreten. Wie kann ich Mose Mut geben, wo ich selbst so viel Angst habe?

Er roch Moses Schweiß. Es war der Geruch der Angst. Sein Bruder hatte vor Angst, sich vor sein eigenes Volk hinstellen zu müssen, kaum Schlaf gefunden. Und jetzt schritt er durch die Stadt mit seinen Tausenden Einwohnern, den imposanten Gebäuden und den prächtigen Statuen von Pharao und den Göttern Ägyptens. Er war gekommen, um mit dem Pharao zu sprechen!

»Weißt du, wo wir hin müssen?«

»Wir sind schon fast da.« Mose sagte keinen Ton mehr.

Aaron wollte ihm Mut machen, aber wie sollte er das, wo er gegen seine eigene überwältigende Angst anzukämpfen hatte? *Oh Gott, werde ich sprechen können, wo mein Bruder, der so viel mehr weiß als ich, neben mir zittert wie ein geknicktes Rohr? Lass nicht zu, dass jemand ihn niederdrückt, Herr. Was auch immer geschieht, bitte gib mir Atem zu sprechen und das Rückgrat, fest für ihn einzustehen.*

Er roch Weihrauch und erinnerte sich daran, dass Mose von dem Feuer gesprochen hatte, das den Busch nicht verbrannte, und der Stimme, die aus dem Feuer heraus zu ihm gesprochen hatte. Aaron dachte an die Stimme und seine Furcht nahm ab. War nicht Moses

Stab vor seinen Augen zu einer Schlange geworden und seine Hand mit Lepra befallen, um dann wieder heil zu werden? Das war die Macht Gottes! Er dachte an den Jubel seines Volkes, den Jubel des Dankes und der Freude darüber, dass der Herr ihr Elend gesehen und Mose gesandt hatte, um sie aus der Sklaverei zu befreien.

Trotzdem ...

Aaron sah an den prächtigen Gebäuden mit ihren massiven Säulen hoch und staunte über die Macht derer, die sie entworfen und gebaut hatten.

Mose blieb vor einem großen Steintor stehen. Auf jeder Seite standen in Stein gehauene Tiere – zwanzigmal so groß wie Aaron – und hielten Wache.

Oh Herr, ich bin nur ein Mensch. Ich glaube. Ja, ich glaube! Nimm mir meine Zweifel!

Aaron gab sich Mühe, sich nicht zu auffällig umzusehen, als er an Moses Seite zum Eingang des großen Gebäudes schritt, in dem der Pharao Hof hielt. Aaron sprach mit einer der Wachen und sie wurden hineingeführt. Das Gemurmel vieler Stimmen drang wie das Summen von Bienen zwischen den hohen Säulen hindurch. An den Wänden und Decken waren in bunten Szenen die Götter Ägyptens abgebildet. Die Männer starrten ihn und Mose an und wichen miteinander tuschelnd und angewidert die Stirn runzelnd zurück.

Aarons Handflächen wurden feucht. Er klammerte sich an seinen Stab. In seinem langen Gewand mit der gewebten Schärpe fühlte er sich unwohl. Der gewebte Schal auf seinem Kopf war staubig von der Reise. Zwischen diesen Männern in ihren kurzen Tuniken und den aufwändigen Perücken wirkten er und sein Bruder fehl am Platze. Die Menschen am Königshof trugen bestickte Gewänder und goldene Amulette. Ein solcher Reichtum! Solche Schönheit! Nicht einmal im Traum hätte sich Aaron so etwas vorstellen können.

Als Aaron zwischen zwei riesigen Statuen von Osiris und Isis den Pharao auf seinem Thron erblickte, starrte er den Mann fassungslos an. Eine Aura von Macht und Reichtum umgab ihn. Verächtlich sah er Aaron und Mose an und sagte etwas zu seiner Wache. Der Wächter richtete sich hoch auf und sprach. »Warum seid ihr vor dem mächtigen Pharao erschienen?«

Mose senkte den Blick und schwieg.

Aaron hörte jemanden flüstern: »Was wollen denn diese stinkenden alten hebräischen Sklaven hier?« Ihre Verachtung erfüllte ihn mit Zorn. Er nahm den Schal vom Kopf und trat vor. »Der Herr, der Gott Israels, sagt: ›Lass mein Volk gehen, denn sie müssen in die Wüste ziehen und mir zu Ehren ein religiöses Fest abhalten.‹«

Der Pharao lachte. »Ach, tatsächlich?« Andere stimmten in sein Lachen mit ein. »Seht euch diese beiden alten Sklaven an, die vor mir stehen und die Freilassung ihres Volkes fordern.« Die Beamten lachten. Der Pharao machte eine Handbewegung, als wollte er eine lästige Fliege verscheuchen. »Und wer ist der Herr, dass ich auf ihn hören und Israel ziehen lassen sollte? Euch gehen lassen? Warum sollte ich das tun? Wer würde die Arbeit übernehmen, für die ihr geboren wurdet?« Er lächelte sie kalt an. »Ich kenne den Herrn nicht und ich werde Israel nicht ziehen lassen.«

Aaron spürte, wie der Zorn in ihm hochstieg. »Der Gott der Hebräer hat zu uns gesprochen«, verkündete er. »Lass uns drei Tage in die Wüste ziehen, damit wir dem Herrn, unserem Gott, Opfer bringen. Wenn wir das nicht tun, werden wir sicherlich durch Krankheit oder das Schwert sterben.«

»Was interessiert es mich, wenn ein paar Sklaven sterben? Die Hebräer vermehren sich wie die Kaninchen. Es wird Ersatz geben für die, die durch Krankheit umkommen.« Die Ratgeber und Höflinge stimmten in den Spott des Pharaos ein.

Aarons Gesicht brannte, sein Herz klopfte zum Zerspringen.

Mit zusammengezogenen Augenbrauen starrte der Pharao Mose und Aaron an. »Ich habe von euch gehört, Aaron und Mose.« Der Herrscher Ägyptens sprach leise und drohend.

Aaron überlief ein kalter Schauer, als ihm klar wurde, dass der Pharao seinen Namen kannte.

»Für wen haltet ihr euch denn«, donnerte der Pharao, »dass ihr das Volk von seinen Aufgaben abhaltet? Geht zurück an die Arbeit! Seht, hier in Ägypten leben viele Menschen und ihr hindert sie an ihrer Arbeit.«

Die Wachen kamen näher und Aaron umklammerte fest seinen Hirtenstab. Wenn jemand versuchen würde, sich an Mose zu vergreifen, würde er seinen Stab zu spüren bekommen.

»Wir müssen gehen, Aaron«, flüsterte Mose ihm zu. Aaron gehorchte.

Als sie wieder draußen in der heißen ägyptischen Sonne standen, schüttelte Aaron den Kopf. »Ich dachte, er würde auf uns hören.«

»Ich habe dir gesagt, dass er es nicht tun würde.« Mose

ließ langsam den Atem entweichen und senkte den Kopf. »Das ist nur der Anfang unserer Leidenszeit.«

Kurz darauf gaben die Zuchtmeister bekannt, die Sklaven würden für die Herstellung der Ziegel kein Stroh mehr bekommen. Sie sollten sich das Stroh selbst beschaffen. Aber die Ziegelquote würde gleich bleiben! Der Herrscher Ägyptens habe den Eindruck, sie seien faul geworden.

»Wir hielten dich für unseren Befreier, aber vom Pharao hast du nur verlangt, uns in die Wüste ziehen und Gott ein Opfer bringen zu lassen!«

»Weg mit dir!«

»Durch dich ist unser Leben noch unerträglicher geworden!«

Die hebräischen Vorarbeiter wurden ausgepeitscht, weil sie die geforderte Anzahl an Ziegeln nicht erreicht hatten. Sie flehten den Pharao um Gerechtigkeit und Erbarmen an. Mose und Aaron gingen ihnen entgegen. Übel zugerichtet verließen sie den Palast.

»Wegen euch hält uns der Pharao für faul! Ihr habt uns nichts als Ärger gemacht! Möge der Herr euch richten, weil ihr uns beim Pharao und seinen Beamten in diese schreckliche Situation gebracht habt. Ihr habt ihnen den Vorwand geliefert, uns zu töten!«

Diese Anschuldigungen entsetzten Aaron. »Der Herr wird uns befreien!«

»Oh ja, er wird uns befreien. Direkt in die Hände des Pharao!«

Einige spuckten Mose an und marschierten davon.

Aaron war verzweifelt. Er war davon überzeugt gewesen, dass Gott zu Mose gesprochen und versprochen hatte, das Volk zu befreien. »Was sollen wir jetzt tun?« Mit Schwierigkeiten hatte er nicht gerechnet. Ein Wort vom Herrn und die Ketten der Sklaverei würden abfallen. Warum bestrafte Gott sie erneut? Waren diese ganzen Jahre in Ägypten nicht Strafe genug gewesen?

»Ich muss beten.« Mose sprach mit leiser Stimme. Er sah so alt und verwirrt aus. Aaron bekam Angst. »Ich muss den Herrn fragen, warum er mich zum Pharao gesandt hat, um in seinem Namen zu sprechen, denn er hat seinem Volk nur geschadet und es überhaupt nicht befreit.«

* * *

Das Volk, das Aaron sein ganzes Leben lang kannte, war böse auf ihn. Verärgert tuschelten die Leute miteinander, als er davonging. »Du hättest den Mund halten sollen, Aaron. Dein Bruder war viel zu lange draußen in der Wüste.«

»Mit Gott zu sprechen! Für wen hält er sich denn?«

»Er ist verrückt. Du hättest es doch besser wissen müssen, Aaron!«

Gott hatte auch zu ihm gesprochen. Aaron war sicher, die Stimme Gottes gehört zu haben. Ganz sicher. Niemand würde in ihm Zweifel daran wecken!

Aber warum hatte Mose nicht seinen Stab geworfen und dem Pharao die Zeichen und Wunder gezeigt? Er fragte Mose danach. »Der Herr wird uns kundtun, was wir sagen und tun sollen. Nichts weniger oder mehr dürfen wir tun.«

Geduldig wartete Aaron ab. Er ignorierte den Spott und schirmte Mose ab, damit er in Ruhe beten konnte.

Aaron selbst war zu erschöpft zum Beten. Das Volk machte ihm Sorgen. Wie konnte er die Leute davon überzeugen, dass Gott Mose gesandt hatte? Was konnte er sagen, damit sie zuhörten?

Mose kam zu ihm. »Der Herr hat erneut gesprochen: ›Jetzt wirst du sehen, was ich dem Pharao antun werde. Wenn er meine mächtige Hand auf sich spürt, wird er das Volk ziehen lassen. Er wird so sehr darauf bedacht sein, es los zu werden, dass er es zwingen wird, sein Land zu verlassen!‹«

Aaron rief das Volk zusammen. Die Menge war aufgebracht und wollte nicht hören. Mose wollte zu den Menschen sprechen, doch er stammelte und verstummte schließlich ganz, als er ihren Zorn spürte. Aaron brüllte das Volk an. »Der Herr wird uns befreien! Er wird einen Bund mit uns schließen, uns das Land Kanaan geben, das Land, aus dem wir gekommen sind. Haben wir darauf nicht unser ganzes Leben lang gewartet? Haben wir nicht darum gebetet, dass ein Befreier kommen möge? Der Herr hat unser Klagen gehört. Er hat sich an uns erinnert! Er ist der Herr und er wird uns von dem Joch befreien, das die Ägypter auf uns gelegt haben. Er wird uns von der Sklaverei befreien und uns erlösen mit großen Gerichten seines ausgestreckten Armes!«

»Wo ist sein ausgestreckter Arm? Ich sehe ihn nicht!«

Jemand stieß Aaron an. »Wenn du den Pharao noch weiter bedrängst, wird er uns alle töten. Doch zuvor werden wir dich töten.«

Aaron sah den Zorn in ihren Augen und Furcht stieg in ihm hoch.

»Schicke Mose dahin zurück, woher er gekommen ist!«, rief ein anderer.

»Dein Bruder hat uns nichts als Ärger gemacht, seit er hergekommen ist!«

In abgrundtiefer Verzweiflung hörte Aaron auf, sich mit ihnen auseinander zu setzen, und folgte Mose. Er blieb in seiner Nähe, lauschte eindringlich auf Gottes Stimme, doch er hörte nur Moses leise Stimme, die Gott um Antworten anflehte. Aaron bedeckte seinen Kopf und hockte sich auf die Erde, den Stab über die Knie gelegt. Wie lange es auch dauerte, er würde auf seinen Bruder warten.

Mose stand vor ihm, das Gesicht dem Himmel zugewandt. »Aaron.«

Aaron hob den Kopf und blinzelte. Es war schon fast dunkel. Er setzte sich auf, umklammerte seinen Stab und stand mühsam auf. »Der Herr hat zu dir gesprochen.«

»Wir sollen erneut zum Pharao gehen.«

Aaron lächelte grimmig. »Dieses Mal –«, er legte große Zuversicht in seine Stimme, »dieses Mal wird der Pharao auf das Wort des Herrn hören.«

»Er wird nicht hören, Aaron. Nicht bis der Herr zahlreiche Zeichen und Wunder getan hat. Gott wird seine Hand auf Ägypten legen und sein Volk durch große Gerichte herausführen.«

Aaron war beunruhigt, gab sich aber Mühe, sich nichts anmerken zu lassen. »Ich werde sagen, was du mir aufträgst, Mose, und tun, was immer du befiehlst. Ich weiß, der Herr spricht durch dich.«

Aaron wusste es, aber würde auch der Pharao das erkennen?

* * *

Als sie nach Hause zurückkehrten, teilte Aaron seiner Familie mit, sie würden erneut zum Pharao gehen.

»Das Volk wird uns steinigen!«, widersprachen Nadab und Abihu. »Du bist lange nicht mehr in der Lehmgrube gewesen, Vater. Du hast nicht miterlebt, wie sie uns behandeln. Du wirst alles nur noch schlimmer machen.«

»Beim letzten Mal hat der Pharao nicht zugehört. Wieso denkst du, er würde jetzt auf euch hören? Ihm sind doch nur die Ziegel für seine Städte wichtig. Denkst du, er würde seine Arbeiter gehen lassen?«

»Wo ist euer Glaube?«, fuhr Miriam sie zornig an. »Seit Jakob seinen Fuß in dieses Land gesetzt hat, warten wir auf diesen Tag. Wir gehören nicht nach Ägypten!«

Während sie noch miteinander argumentierten, bemerkte Aaron, wie Mose von seiner Frau zur Seite genommen wurde. Zippora redete erregt auf ihn ein. Sie schüttelte den Kopf und zog ihre Söhne an sich.

Miriam erinnerte Aarons Söhne erneut daran, wie der Herr Mose beschützt hatte, als er auf dem Nil ausgesetzt wurde. Nur durch ein Wunder hatte die Tochter des alten Pharao ihn gefunden und zu sich genommen. »Ich war dabei. Ich habe gesehen, wie die Hand des Herrn seit seiner Geburt auf ihm gewesen ist.«

Abihu war nicht überzeugt. »Und wenn der Pharao auch dieses Mal nicht hört, was denkst du, was dann mit uns geschieht?«

Nadab erhob sich ungeduldig. »Die Hälfte meiner Freunde redet schon nicht mehr mit mir.«

Aaron war der Unglaube seiner Söhne peinlich. »Der Herr hat zu Mose gesprochen.«

»Hat der Herr zu *dir* gesprochen?«

»Der Herr hat Mose gesagt, wir sollen zum Pharao gehen und deshalb müssen wir gehen!« Er ließ seine Hand über sie schweifen. »Ihr alle, raus! Geht und kümmert euch um die Schafe und Ziegen.«

Zusammen mit ihren Söhnen folgte Zippora ihnen schweigend.

Mose setzte sich zu Aaron an den Tisch und faltete die Hände. »Zippora kehrt zu ihrem Vater zurück. Sie nimmt meine Söhne mit.«

»Warum?«

»Sie sagt, hier sei nicht ihr Platz.«

Aaron errötete. Ihm war nicht entgangen, wie Miriam Zippora behandelt hatte und er hatte Miriam auch schon darauf angesprochen.

»Lass sie doch an deiner Arbeit teilhaben, Miriam.«

»Ich brauche ihre Hilfe nicht.«

»Sie braucht etwas zu tun.«

»Sie kann tun und lassen, was sie will.«

»Sie ist Moses Frau, die Mutter seiner Söhne und damit jetzt auch unsere Schwester.«

»Sie ist nicht unsere Schwester. Sie ist eine Ausländerin!«, flüsterte Miriam. »Sie ist eine Midianiterin.«

»Und was sind wir? Sklaven. Mose musste aus Ägypten und Gosen fliehen. Hast du erwartet, dass er unverheiratet bleibt und keine Kinder bekommt? Sie ist die Tochter eines Priesters.«

»Und deshalb ist sie eine passende Ehefrau für ihn? Ein Priester welchen Gottes? Nicht des Gottes Abrahams, Isaaks und Jakobs.«

»Der Gott Abrahams, Isaaks und Jakobs hat Mose hierhergerufen.«

»Zu schade, dass Mose seine Frau und seine Söhne nicht da gelassen hat, wo sie hingehören.« Sie erhob sich und wandte sich ab.

Zornig sprang Aaron auf. »Und wo gehörst du hin, Miriam – du, die du ohne Mann und Söhne bist, die für dich sorgen?«

Mit tränenfeuchten Augen drehte sie sich zu ihm um. »*Ich* habe über Mose gewacht, als er auf dem Nil trieb. *Ich* habe mit der Tochter des Pharaos gesprochen, damit unser Bruder wieder in Mutters Obhut kam, bis er entwöhnt war. Und wenn das nicht reicht, wer hat nach Elischebas Tod deinen Söhnen die Mutter ersetzt? Falls du es vergessen hast, Aaron, ich bin deine *ältere* Schwester, die Erstgeborene von Amram und Jochebed. Ich hatte viel zu tun, auch für dich zu sorgen.«

Manchmal war mit seiner Schwester einfach nicht zu reden. Sie musste die Dinge selbst durchdenken. Zu gegebener Zeit würde Miriam wenigstens Moses Söhne akzeptieren, wenn schon nicht seine Frau.

»Ich werde noch mal mit Miriam reden, Mose. Zippora ist deine Frau. Ihr Platz ist hier an deiner Seite.«

»Es geht nicht nur um Miriam, Bruder. Zippora hat Angst vor unserem Volk. Sie sagt, sie blasen sich auf und sind in ihrer Meinung schwankend wie ein Schilfrohr im Wind. Sie hat bereits erkannt, dass das Volk nicht auf mich hören wird. Auch auf dich werden sie nicht hören. Zippora weiß, dass ich tun muss, was Gott mir aufgetragen hat, aber sie hat Angst um unsere Söhne und glaubt, in den Zelten ihres Vaters sicherer zu sein als in den Häusern Israels.«

Waren ihre Frauen dazu bestimmt, Unruhe zu stiften? »Sollst du mit ihr zurückkehren?«

»Nein. Sie bittet mich nur um meine Einwilligung. Und die habe ich ihr gegeben. Sie wird meine Söhne Gerschom und Elieser nach Midian zurückbringen. Sie hat immer in der Wüste gelebt. Bei Jitro werden sie in Sicherheit sein.« Seine Augen füllten sich mit Tränen. »So Gott will, werden sie mir zurückgegeben werden, wenn Israel von Ägypten befreit ist.«

Aaron entnahm den Worten seines Bruders, dass ihnen schlimme Zeiten bevorstanden. Mose schickte Zippora nach Hause zu ihrem Volk, er brachte sie in Sicherheit. Aaron würde diesen Luxus nicht genießen können. Miriam und seine Söhne würden bleiben und alle Not mit durchstehen müssen. Die Hebräer hatten keine Alternative, als zu hoffen und zu beten, der Tag der Befreiung möge schnell anbrechen.

Kapitel 2

»Zeigt mir ein Wunder!« Der Pharao hob verächtlich grinsend die Hand. Das Gelächter in seinem Audienzsaal hallte in Aarons Kopf wider. Der selbstgefällige Stolz des Herrschers ließ darauf schließen, dass er sich durch einen unsichtbaren Gott nicht bedroht fühlte. Immerhin war Ramses das göttliche Kind von Isis und Osiris, nicht? Und tatsächlich sah Ramses in seinen feinen Gewändern auf seinem Thron aus wie ein Gott. »Beeindrucke uns mit der Macht deines unsichtbaren Gottes der Sklaven. Zeige mir, was euer Gott kann.«

»Aaron.« Moses Stimme zitterte. »W-wirf ...«

»Sprich lauter, Mose!«, spottete Ramses. »Wir können dich nicht verstehen.«

»Wirf d-deinen H-Hirtenstab.«

Das Lachen wurde lauter. Die Männer in Moses Nähe imitierten sein Gestotter.

Aaron bekam einen roten Kopf. Zornig trat er vor. *Herr, zeige diesen Spöttern, dass du allein Gott bist und es keinen anderen gibt! Zeige Israels Unterdrückern deine Macht!*

Aaron trat vor Mose, um seinen Bruder vor der höhnischen Menge abzuschirmen. Er sah dem Pharao in die Augen. Vor diesem verachtenswerten Tyrann, der Gottes gesalbten Propheten verlachte und seine Ferse in den Rücken der Hebräer bohrte, würde er sich nicht ducken!

Der Pharao zog die Augen zusammen, denn wer wagte es, dem Pharao ins Gesicht zu sehen? Aaron hielt seinem Blick stand, hob herausfordernd seinen Stab und warf ihn vor dem Herrscher Ägyptens auf den Steinboden. In dem Augenblick, wo er auf dem Boden auftraf, verwandelte er sich in eine Schlange, das Symbol der Macht, das Pharao auf seiner Krone trug.

Die Diener und Beamten wichen erschrocken zurück. Mit unheimlicher Anmut, erhobenem Kopf und aufgespanntem Hut kroch die Schlange über den Boden. Auf dem Rücken trug sie ein Zeichen, wie man es noch nie gesehen hatte. Die Schlange zischte laut. Aaron bekam eine Gänsehaut.

»Habt ihr Angst vor diesem Zaubertrick?« Der Pharao sah sich angewidert im Saal um. »Wo sind meine Magier?« Die Kobra bewegte sich auf den Pharao zu. Auf ein Handzeichen hin traten vier Wachen vor ihren Herrscher, mit gesenkten Speeren und bereit, nach der Schlange zu stoßen, sobald sie näher kam. »Genug davon! Schickt nach meinen Magiern!« Eilige Schritte näherten sich. Mehrere Männer traten in den Saal ein und verneigten sich tief vor dem Pharao. Er winkte gebieterisch mit der Hand. »Setzt dieser Farce ein Ende. Zeigt diesen Feiglingen, dass es nur ein Trick ist!«

Beschwörungsformeln vor sich hinmurmelnd näherten sich die Zauberer der Schlange. Sie warfen ihre Stäbe auf den Boden und auch ihre Stäbe verwandelten sich in Schlangen. Auf dem Boden wimmelte es jetzt von Schlangen! Aber die Schlange des Herrn stieß hart und schnell zu und verschluckte eine nach der anderen.

»Das ist ein Trick!« Der Pharao wurde blass, als die große Kobra mit ihren dunklen Augen ihn zu fixieren schien. »Ein Trick, sage ich!« Sie kam auf ihn zu.

Mose packte Aarons Arm. »Nimm sie wieder.«

Zu gern hätte Aaron miterlebt, wie die Kobra den Pharao biss, doch er gehorchte der Anweisung seines Bruders. Mit klopfendem Herzen und schwitzend trat er vor, bückte sich und packte die Schlange in der Mitte. Die kühle schuppige Haut verhärtete sich wieder zu Holz. Hoch aufgerichtet stand Aaron mit erhobenem Stab vor dem Pharao. Seine Angst war der Ehrfurcht gewichen. »Gott, der Herr, sagt: ›*Lass mein Volk ziehen!*‹«

»Bringt sie nach draußen.« Pharao winkte sie fort wie lästige Fliegen. »Für heute haben wir genug Unterhaltung gehabt.«

Die Wachen umstellten sie. Mose verneigte sich und wandte sich um. Mit knirschenden Zähnen folgte Aaron. Er hörte die geflüsterten Beleidigungen und die Gotteslästerungen der Ägypter.

»Wer hat schon von einem unsichtbaren Gott gehört?«

»Nur Sklaven können sich etwas so Lächerliches ausdenken.«

»Ein Gott? Sollen wir einen Gott fürchten? Wir haben Hunderte Götter!«

Zorn und Bitterkeit, die sich im Laufe der Jahre der Sklaverei und des Missbrauchs angestaut hatten, erfüllten Aaron. *Es ist nicht vorbei!*, wollte er ihnen zurufen. »*Viele Zeichen und Wunder*«, hatte Mose ihm gesagt. Das war erst der Anfang des Krieges, den Gott gegen Ägypten führen würde. Sein Vater Amram hatte auf diesen Tag gewartet und sein Vater vor ihm und auch dessen Vater. Auf den Tag der Befreiung!

Die Wache führte sie aus dem Palast. Aaron legte seine Hand auf Moses Schulter. Sein Bruder zitterte! »Ich kenne diese Angst, Mose. Ich habe mein ganzes Leben lang damit gelebt.« Wie oft hatte er sich unter der Peitsche eines Zuchtmeisters geduckt oder den Blick gesenkt, um denen, die Macht über ihn hatten, nicht seine wahren Gefühle zu zeigen? Aaron drückte seine Schulter, wollte ihm Trost geben. »Sie werden den Tag noch verfluchen, an dem sie den Gesalbten Gottes mit so viel Verachtung behandelt haben.«

»Sie weisen Gott zurück, Aaron. Ich bin gar nichts.«

»Du bist Gottes Prophet!«

»Sie begreifen es nicht, genauso wenig wie unser eigenes Volk.«

Es stimmte, die Hebräer behandelten Mose mit genauso viel Verachtung wie der Pharao. Er senkte den Kopf und ließ die Hand von Moses Schulter heruntergleiten. »Gott spricht durch dich. Ich *weiß*, dass es so ist. Und Gott *wird* uns befreien.« Dessen war er sicher, genauso sicher, wie er wusste, dass die Sonne am Abend untergehen und am Morgen wieder aufgehen würde. Der Herr würde Israel durch Zeichen und Wunder befreien. Er wusste nicht, wie oder wann, aber es würde geschehen, genau wie der Herr gesagt hatte.

Angesichts dieser Macht, die seinen Stab in eine Kobra verwandelt hatte, erschauerte Aaron. Sanft fuhr er mit dem Daumen über das geschnitzte Holz. Hatte er sich nur eingebildet, was gerade geschehen war? Alle in jenem großen Saal hatten miterlebt, wie die Kobra des Herrn die Schlangen der Zauberer des Pharao verschluckt hatte und trotzdem missachteten sie Gottes Macht.

Auf dem Weg nach Gosen blieb Mose stehen. Aaron bekam eine Gänsehaut. »Der Herr hat zu dir gesprochen.«

Mose sah ihn an. »Wir sollen zum Nil gehen und in der Nähe des Palastes des Pharaos warten. Morgen früh werden wir wieder mit ihm reden. Und du sollst Folgendes sagen ...«

Auf dem Weg am Flussufer entlang hörte sich Aaron Moses Anweisungen an. Er stellte seinen Bruder nicht infrage und forderte auch keine weiteren Informationen. In der Nähe des Palastes ruhte Mose sich aus. Müde hockte Aaron sich nieder und bedeckte seinen Kopf. Um diese Tageszeit war die Hitze beinahe unerträglich. Sie machte ihn lethargisch. Er beobachtete das schimmernde Licht auf der Wasseroberfläche. Auf der anderen Seite schnitten Männer Schilfrohr. Es wurde zu Matten geflochten und zu Papyrus verarbeitet. Das Schilf in der Nähe des Palastes auf dieser Seite des Flusses blieb unangetastet.

Frösche quakten. Und die Ibisse warteten reglos, mit gespreizten Füßen und gesenktem Kopf auf ihre Beute. Aaron erinnerte sich, wie seine Mutter geweint hatte, als sie Mose in den Korb gelegt hatte. Achtzig Jahre waren seit jenem Morgen vergangen und doch erinnerte sich Aaron noch so deutlich daran, als sei es erst an diesem Morgen gewesen. Das Weinen von anderen Müttern, die dem Erlass des alten Pharaos gefolgt waren und ihre kleinen Jungen ins Wasser geworfen hatten, klang in ihm nach. Das Blut der Hebräer war in den Nil, Ägyptens Lebensfluss und vom Gott Hapi beherrscht, geflossen und die Krokodile waren in jenen

Jahren dick und fett geworden. Mit tränenfeuchten Augen blickte er über das Wasser hinweg. Er bezweifelte, dass der Pharao Reue empfand über das, was den hebräischen Babys achtzig Jahre zuvor am Ufer dieses Flusses zugestoßen war. Aber vielleicht würden sich seine Geschichtsschreiber daran erinnern und es niederschreiben. Falls sie es wagten.

Gott, wo warst du, als der alte Pharao uns zwang, unsere Kinder in das braune, schlammige Wasser des Nil zu werfen? Ich wurde zwei Jahre vor dem Erlass geboren, sonst wäre auch ich tot. Ganz sicher hast du über Mose gewacht und ihn in die Hände einer Frau fallen lassen, die sich dem Pharao zu widersetzen wagte. Herr, ich verstehe nicht, warum du uns so leiden lässt. Das werde ich wohl nie verstehen. Aber ich werde tun, was du sagst. Was immer du Mose zu tun aufträgst und was er mir sagt, werde ich tun.

Mose ging am Ufer entlang. Aaron erhob sich und folgte ihm. Er wollte nicht an jene Tage des Todes denken, aber immer wieder wanderten seine Gedanken zu jener Zeit zurück. Hilfloser Zorn und unendliche Verzweiflung erfüllten ihn. Aber jetzt hatte der Herr, der Gott Abrahams, Isaaks und Jakobs, wieder mit einem Menschen gesprochen. Gott hatte Aaron zu Mose in die Wüste gesandt und er hatte Mose aufgetragen, sein Volk aus Ägypten herauszuführen. Nach Jahrhunderten des Schweigens hatte der Herr endlich das Ende des Leidens Israels versprochen.

Und mit der Freiheit würde die Rache kommen!

Hilf mir, morgen aufrecht neben meinem Bruder zu stehen, Herr. Hilf mir, meiner Furcht nicht nachzuge-

ben. Du hast gesagt, Mose ist der eine, der unser Volk befreien wird. So sei es. Aber bitte, Herr, lass ihn vor dem Pharao nicht wie ein Narr stammeln. Mose gibt weiter, was du ihm aufgetragen hast. Gib ihm Mut, Herr. Lass ihn nicht zittern, dass alle es sehen. Bitte gib ihm Kraft und Mut, allen zu zeigen, dass er dein Prophet ist, dass er der eine ist, den du erwählt hast, dein Volk aus der Knechtschaft zu führen.

Aaron bedeckte sein Gesicht. Würde der Herr sein Gebet erhören?

Mose wandte sich zu ihm um. »Hier werden wir heute Nacht schlafen.« Sie befanden sich ganz in der Nähe des Palastes des Pharaos am Fluss, in Rufweite von dem Steg, an dem die Barke anlegen und von wo aus der Herrscher Ägyptens zu einer Reise über den Nil aufbrechen würde, um die Tempel der niedrigeren Götter zu besuchen. »Wenn der Pharao morgen beim ersten Tageslicht herauskommt, um dem Nil seine Opfer zu bringen, wirst du erneut zu ihm sprechen.« Mose wiederholte die Worte, die der Herr ihm für Aaron gegeben hatte.

Hin- und hergerissen zwischen Furcht und Eifer schlief Aaron in dieser Nacht nur sehr wenig. Er lauschte auf die Heuschrecken, die Frösche und das Rascheln des Schilfes. Als er endlich einschlief, hörte er die dunklen Stimmen der Flussgötter, die flüsternd wüste Drohungen ausstießen.

Mose rüttelte ihn wach. »Die Sonne wird gleich aufgehen.«

Aaron streckte seine schmerzenden Knochen und erhob sich. »Bist du die ganze Nacht wach gewesen?«

»Ich konnte nicht schlafen.«

Sie sahen sich an und gingen dann hinunter zum Fluss, um zu trinken. An der Seite seines Bruders begab sich Aaron zu dem Landesteg am Ufer. Mond und Sterne standen am Himmel, doch am Horizont zeigten sich bereits helle Streifen. Bevor die ersten goldenen Strahlen der Sonne den Himmel erhellten, trat der Pharao aus dem Palast, umgeben von seinen Priestern und Dienern. Alle waren bereit, Ra, den Vater der Könige Ägyptens willkommen zu heißen, dessen Wagen über den Himmel fuhr und das Sonnenlicht brachte.

Bei ihrem Anblick blieb der Pharao stehen. »Warum betrübt ihr euer Volk, Mose und Aaron?« Der Pharao sah sie mit vor der Brust verschränkten Armen an. »Warum gebt ihr ihm falsche Hoffnung? Ihr müsst ihnen sagen, sie sollen wieder an die Arbeit gehen.«

Ohne seinen goldenen, mit Juwelen bestickten Umhang und der doppelten Krone Ägyptens wirkte der Pharao kleiner, einem Menschen ähnlicher. Vielleicht weil er im Freien stand und nicht in diesem riesigen Saal mit den massiven Säulen und den pulsierenden Gemälden saß, umgeben von seinen elegant gekleideten Dienern und Höflingen.

Aarons Furcht verschwand. »Der Herr, der Gott der Hebräer, hat mich zu dir geschickt und lässt dir sagen: ›Lass mein Volk ziehen, damit sie mich in der Wüste anbeten.‹ Bisher hast du dich geweigert, auf ihn zu hören. Jetzt sagt der Herr: ›Du wirst erfahren, dass ich der Herr bin.‹ Sieh! Ich werde das Wasser des Nils mit diesem Stab schlagen und der Fluss wird zu Blut werden. Die Fische darin werden sterben und der Gestank des

Flusses wird unerträglich sein. Die Ägypter werden das Wasser des Nils nicht mehr trinken können.«

Aaron schlug das Wasser mit seinem Stab und der Nil wurde rot und roch nach Blut.

»Das ist wieder so ein Trick, großer Pharao!« Ein Magier drängte sich vor. »Ich werde es dir zeigen.« Er trug seinem Diener auf, eine Schale mit Wasser zu bringen. Beschwörungsformeln vor sich hinmurmelnd streute der Magier ein Pulver hinein und verwandelte das Wasser in Blut. Aaron schüttelte den Kopf. Eine Schale mit Wasser war nicht der Nil, ein ganzer Fluss! Aber der Pharao hatte sich bereits entschieden. Er wandte sich von ihnen ab, stieg die Stufen hoch und zog sich in seinen Palast zurück. Dieses Problem überließ er seinen Magier und Zauberern.

»Wir werden nach Gosen zurückkehren.« Mose drehte sich um.

Aaron hörte, wie die Priester Hapi, den Gott des Nils, anflehten, das Blut wieder in Wasser zu verwandeln. Doch das Wasser des Flusses blieb Blut und allmählich stiegen die toten Fische an die Oberfläche.

Jedes Wassergefäß aus Stein oder Holz war mit Blut gefüllt! Die Ägypter litten. Selbst die Hebräer mussten in der Nähe des Nils Gruben graben auf der Suche nach Trinkwasser. Tag um Tag riefen Pharaos Priester Hapi und schließlich Khnum, den Geber des Nils, um Hilfe an. Sie beteten zu Sothis, dem Gott des Flutwassers des Nils, das Blut wegzuwaschen und gegen den unsichtbaren Gott der Hebräer anzukämpfen, der ihre Autorität herausgefordert hatte. Die Priester brachten Gaben und Opfer, aber das Land stank nach Blut und verwesenden Fischen.

Aaron hatte nicht damit gerechnet, zusammen mit den Ägyptern leiden zu müssen. Auch früher schon hatte er Durst gelitten, aber noch nie in diesem Maße. *Warum, Gott? Warum müssen wir zusammen mit unseren Unterdrückern leiden?*

»Die Ägypter sollen erkennen, dass der Herr Gott ist«, sagte Mose.

»Aber wir wissen das doch bereits!« Miriam war sehr niedergeschlagen. »Warum müssen wir noch mehr leiden als bisher?«

Nur Mose blieb ruhig. »Wir müssen uns selbst erforschen. Gibt es Menschen unter uns, die sich anderen Göttern zugewandt haben? Wir müssen die Götzen aus unserer Mitte wegtun und uns bereit machen für den Herrn, unseren Gott.«

Aaron spürte, wie ihm heiß wurde. Götzen! Überall waren Götzen. Nach vier Jahrhunderten in Ägypten hatten sie den Weg auch in die hebräischen Haushalte gefunden!

Der Blutgestank bereitete Aaron Übelkeit. Die Zunge klebte ihm am Gaumen, als er an der Grube stand, die seine Söhne zusammen mit anderen gegraben hatten. Langsam tröpfelte Feuchtigkeit in Becher. Das Wasser schmeckte nach Schlamm und Sand, es knirschte zwischen den Zähnen. Sein einziger Trost war das Wissen, dass die ägyptischen Zuchtmeister und Aufseher nun denselben Durst litten, den er jeden Tag bei der Arbeit in den Lehmgruben und auf den Ziegelfeldern hatte leiden müssen.

Die Israeliten jammerten. »Wie lange, Mose? Wie lange wird diese Plage dauern?«

»Bis der Herr seine Hand wegnimmt.«

Am siebten Tag war der Nil wieder klar.

Aber selbst Aarons Nachbarn überlegten, welcher Gott oder welche Götter das Wasser wohl wieder trinkbar gemacht hatten. Wenn nicht Hapi, dann vielleicht Sothis, der Gott der Überflutung. Vielleicht hatten sich auch die Götter verschiedener Dörfer zusammengetan!

»Wir sollen wieder zum Pharao gehen.«

»*Zeichen und Wunder*«, hatte Mose gesagt. Wie viele Zeichen? Wie viele Wunder? Und würden die Hebräer alles erleiden müssen, was die Ägypter durchmachen mussten? Wo blieb da die Gerechtigkeit?

Dieses Mal kam eine Froschplage, Dutzende, Hunderte, Tausende Frösche.

Den Pharao ließ das kalt. Auch seine Zauberer, die sehr schnell darauf hinwiesen: »Es ist keine große Sache, die Frösche aus dem Nil kommen zu lassen.«

Aaron hätte am liebsten gerufen: »Ja, aber könnt ihr sie aufhalten?« Während die Barke auf den Nil hinausfuhr, blieben die Magier und Zauberer am Ufer stehen, sprachen Zaubersprüche und flehten Heket, die Froschgöttin an, die Froschplage aufzuheben. Doch unbeirrt kamen die Frösche an Land, bis es am Ufer des Nils schließlich von den grünen und braunen Tieren nur so wimmelte. Sie hüpften in die Höfe, die Häuser und auf die Felder. Sie kamen aus den Flüssen und den Teichen, in denen vorher keine Frösche gewesen waren. Sie sprangen in die Knetschüsseln und Backöfen, verteilten sich in allen Häusern.

Auch im Land Gosen.

Aaron konnte sich nicht auf seiner Matte ausstrecken, ohne zuerst die Frösche entfernen zu müssen! Das Quaken und Rascheln war schier unerträglich. Er betete genauso inbrünstig wie jeder Ägypter um Erleichterung von dieser Plage, aber die Frösche blieben.

Miriam warf einen Frosch zur Tür hinaus. »Warum hat Gott diese Frösche in unser Haus kommen lassen?«

»Keine Ahnung.« Aaron blickte bedeutungsvoll zu ihrer Nachbarin hinüber, die schreiend mit der Statue der Göttin Heket die Frösche totschlug.

* * *

Flankiert von Soldaten wurden Aaron und Mose dieses Mal respektvoll zum Palast geleitet. Aaron hört den Pharao, bevor er ihn sah. Fluchend warf er einen Frosch von seinem Thron. Der große Saal war erfüllt vom Krächzen und Quaken der Tiere. Aaron lächelte schwach. Heket hatte es anscheinend nicht geschafft, ihre Frösche wieder in das Wasser des Nils zu rufen.

Pharao funkelte sie an. »Bittet den Herrn, die Frösche von mir und meinem Volk zu nehmen. Ich werde das Volk ziehen lassen, damit ihr dem Herrn opfern könnt.«

Triumphierend blickte Aaron Mose an und wartete, was er sagen sollte. Doch zum ersten Mal ergriff Mose das Wort, ruhig und mit großer Würde. »Du bestimmst den Zeitpunkt!«, erwiderte Mose. »Sag mir, wann ich für dich, deine Beamten und dein Volk beten soll. Ich werde bitten, dass du und deine Häuser wieder frei von Fröschen sein werden.«

»Morgen!« Der Pharao lehnte sich auf seinem Thron

zurück, doch er fuhr sofort wieder vor, schnappte sich einen Frosch und schleuderte ihn gegen die Wand.

Vielleicht hatte der Herrscher noch immer die Hoffnung, seine Priester hätten endlich Erfolg, doch allen Anwesenden war klar, dass die Zahl der Frösche exponentiell anstieg.

»Also gut«, erwiderte Mose, »wie du gesagt hast. Dann wirst du wissen, dass niemand so mächtig ist wie der Herr, unser Gott.«

Der Herr erhörte Moses Gebet. Es kamen keine Frösche mehr. Aber sie kehrten auch nicht in das Wasser zurück, aus dem sie gekommen waren. Sie starben auf den Feldern, auf den Straßen, in den Häusern, in den Knetschüsseln von Ägyptern und Hebräern gleichermaßen. Die Menschen sammelten die toten Frösche zu Haufen zusammen. Der Gestank verwesender Frösche lag wie eine Wolke über dem Land.

Der Geruch machte Aaron nichts aus. In ein paar Tagen, so dachte er, wären sie draußen in der Wüste, atmeten frische Luft und beteten den Herrn an.

Mose saß reglos da, seinen Gebetsschal über den Kopf gelegt.

Miriam nähte Säcke, in denen sie Korn mitnehmen wollten. »Warum bist du so niedergeschlagen, Mose? Der Pharao will uns doch gehen lassen.«

Am folgenden Morgen kamen die Soldaten des Pharaos und trieben das Volk wieder an die Arbeit.

Sehr schnell verwandelte sich die Freude in Zorn und Verzweiflung. Das Volk warf Mose und Aaron vor, dem Pharao einen Vorwand geliefert zu haben, ihnen das Leben noch unerträglicher zu machen.

Geht zurück ...

Aaron und Mose gehorchten dem Herrn.

Selbstgefällig saß der Pharao auf seinem Thron. »Warum sollte ich euch ziehen lassen? Heket hat die Froschplage abgewendet, nicht euer Gott. Wer ist euer Gott, dass ich die Sklaven frei lassen sollte? Es gibt Arbeit und die hebräischen Sklaven werden sie tun!«

Aaron merkte, wie die Gelassenheit seines Bruders ins Wanken geriet. »Strecke deinen Stab aus, Aaron, und schlage den Staub der Erde!«

Aaron gehorchte und Schwärme von Stechmücken erhoben sich so zahlreich wie die Staubkörner, die er aufgewühlt hatte. Sie drangen in das Fleisch und die Kleidung derer ein, die zusahen. Auch der Pharao blieb nicht verschont.

Aaron und Mose verließen den Palast.

In ihrer Verzweiflung strömten die Menschen zu den Schreinen von Geb und Aker, den Göttern über die Erde, und brachten Gaben, um Erleichterung zu erflehen.

Doch es kam keine Erleichterung.

Aaron und Mose saßen abwartend in der Nähe des Palastes. Wie lange würde es dauern, bis der böse Mann nachgab?

Eines Nachmittags kam ein Gesandter des Pharaos. »Die Magier des großen Pharaos haben versucht, Stechmücken hervorzubringen, schafften es aber nicht. Pharaos Zauberer sagen, der Finger eures Gottes habe dies über uns gebracht.« Erschaudernd kratzte er sich unter seiner Perücke am Kopf. Sein Hals zeigte böse Schwellungen. »Der Pharao hört nicht auf sie. Er hat von ihnen gefordert, den Göttern weiter Opfer zu bringen.« Frustriert stöhnte er auf und kratzte sich an der Brust.

Aaron legte den Kopf zur Seite. »Wenn dies nur der Finger Gottes ist, dann überlege doch mal, was die Hand Gottes tun kann.«

Der Mann floh.

»Wir sollen früh am Morgen aufstehen«, erklärte Mose, »und vor dem Pharao erscheinen, bevor er hinunter zum Fluss geht.«

Aaron war zwischen Furcht und Aufregung hin- und hergerissen. »Dieses Mal wird der Pharao uns ziehen lassen, Mose. Der Pharao und seine Ratgeber werden erkennen, dass sie und alle Götter Ägyptens es mit dem Gott unseres Volkes nicht aufnehmen können.«

»Ramses wird uns nicht gehen lassen, Aaron. Noch nicht! Aber dieses Mal wird nur Ägypten leiden. Der Herr wird einen Unterschied machen zwischen Ägypten und Israel.«

»Gott sei Dank, Mose. Jetzt wird unser Volk zuhören. Die Israeliten werden sehen, dass der Herr dich gesandt hat, um uns zu befreien. Sie werden auf uns hören und tun, was du sagst, denn du wirst wie Gott für sie sein.«

»Ich möchte nicht wie Gott für sie sein! Nie wäre ich auf den Gedanken gekommen, ein Volk zu führen. Ich habe den Herrn angefleht, einen anderen zu erwählen, einen anderen sprechen zu lassen. Du hast gesehen, wie ich vor Ramses zittere. Ich habe mehr Angst, vor Menschen zu sprechen, als mit einem Löwen oder Bären in der Wüste zu kämpfen. Als ich dich auf dem Berg stehen sah, wusste ich, dass es kein Zurück mehr geben würde. Aber das Volk muss sein Vertrauen auf den Herrn setzen, nicht auf mich. Der Herr ist unser Befreier!«

Aaron wusste, warum Gott ihn zu seinem Bruder geschickt hatte. Nicht nur, um sein Sprecher zu sein, sondern auch, um ihn zu ermutigen. »Ja, Mose, aber du bist derjenige, zu dem der Herr spricht. Der Herr hat mir aufgetragen, dir in der Wüste entgegenzugehen, und das habe ich getan. Wenn er jetzt zu mir spricht, dann nur, um das Wort zu bestätigen, das er dir gegeben hat. Du bist derjenige, der uns aus diesem Land des Elends in das Land führen wird, das Gott Jakob versprochen hat. Jakob ist in Kanaan begraben, in dem Land, das Gott ihm gegeben hat. Und wenn wir von hier weggehen, werden wir die Gebeine seines Sohnes Josef mitnehmen. Das hat er sich ausbedungen, weil er davon überzeugt war, dass der Herr uns nicht für immer hier lassen würde. Er wusste, der Tag würde kommen, wo auch unser Volk nach Kanaan zurückkehren würde.«

Aaron lachte voller Freude. »Ich habe nie damit gerechnet, das noch zu erleben, Bruder, aber ich glaube daran. Wie viele Plagen auch nötig sein werden, Gott wird uns von der Knechtschaft befreien und nach Hause bringen.« Tränen liefen ihm über die Wangen. »Wir gehen nach Hause, Mose. In unser richtiges Zuhause, das Heim, das Gott für uns bereiten wird!«

* * *

Und wieder stand Aaron mit Mose vor dem Pharao.

Die Stille im Thronsaal war greifbar. Die einen empfanden Unbehagen, die anderen Furcht. Noch beunruhigender war der Hass in den dunklen, funkelnden Augen des Pharaos, während er ihnen zuhörte. In der Hand hielt er sein Zepter.

»Der Herr sagt Folgendes: ›Lass mein Volk ziehen, damit sie mich anbeten können. Wenn du dich weigerst, werde ich Schwärme von Stechfliegen schicken, die ganz Ägypten plagen werden. Sie werden in eure Häuser kommen und der Boden wird von ihnen bedeckt sein.‹«

Erschrecktes Gemurmel erhob sich im Saal. Aaron sprach unbeirrt weiter. Er sah den Pharao an. »»Aber das Land Gosen, wo die Israeliten wohnen, wird verschont bleiben. Dort wird keine Fliege zu finden sein. Dann wirst du erkennen, dass ich der Herr bin und dass ich sogar in deinem Land die Macht habe!‹«

Der Pharao hörte nicht und das Land wurde von Armeen von Fliegen überfallen. Sie schwirrten durch die Luft und über das Land. Sie stiegen vom Nil auf und suchten warmes Menschenblut; sie bedeckten den Boden mit Dung und infizierten den Marktplatz und die Häuser. Überall waren sie und die Ägypter konnten der Plage nicht entkommen.

Aaron empfand wenig Mitleid für die Ägypter. Immerhin hatten sie auch kein Mitleid für die Hebräer gehabt. Während Tausende Geb, den Gott der Erde, oder ihre Dorfgötter anflehten, sie zu retten, wandten sich nur wenige an ihn und Mose. Die Fliegen schwärmten weiter aus, stachen, bissen und saugten Blut.

Und schließlich kamen die ägyptischen Wachen, um Aaron und Mose zum Palast des Pharaos zu bringen.

In der großen Halle drängten sich Ratgeber, Magier und Zauberer, während der Pharao mit grimmigem Gesicht und funkelnden Augen auf dem Podest einherschritt. Er blieb stehen und starrte erst Mose, dann Aaron an. »Also gut! Geht nur und bringt eurem Gott Opfer«, sagte er. »Aber tut es hier in diesem Land. Zieht nicht in die Wüste.«

»Nein«, antwortete Mose. Aaron spürte, wie sein Herz vor Stolz anschwoll. Sein Bruder vertrat mutig seinen Standpunkt vor dem Mann, der ihn früher zum Zittern gebracht hatte. »Das wird nicht gehen! Die Opfer, die wir dem Herrn, unserem Gott, darbringen, würden bei den Ägyptern Anstoß erregen. Wenn wir sie hier darbringen, wo sie uns sehen können, werden sie uns sicher steinigen. Wir müssen drei Tage in die Wüste reisen und dem Herrn, unserem Gott, dort Opfer darbringen, genau wie er es uns aufgetragen hat.«

Pharaos Gesicht verdüsterte sich. Seine Kiefermuskeln spannten sich. »Also gut, zieht hin. Ich werde euch erlauben, dem Herrn, eurem Gott, in der Wüste Opfer darzubringen. Aber geht nicht zu weit.« Er hob die Hand. »Und jetzt beeilt euch und betet für mich.«

Aaron sah die bewaffneten Wachen näher kommen und erkannte, dass sie in Gefahr waren. Wenn Mose jetzt betete, würden sie sterben, sobald er geendet hatte. Anscheinend war der Pharao der Meinung, der Tod dieser beiden alten Männer würde den Gott des Universums daran hindern, seinen Willen für sein Volk durchzusetzen. Aber Aaron wollte nicht sterben. »Mose ...«

Mose wandte sich nicht zu ihm um, sondern sprach

wieder zum Pharao. »Sobald ich gehe, werde ich den Herrn bitten, die Fliegenschwärme von dir und deinem Volk zu nehmen. *Morgen.*«

Aaron atmete erleichtert auf. Sein Bruder hatte sich nicht täuschen lassen.

Mit zusammengepressten Lippen heuchelte der Pharao Zustimmung.

Mose sah von den Wachen zum Pharao. »Aber ich warne dich, ändere nicht wieder deine Meinung und verweigere meinem Volk nicht, in die Wüste zu ziehen, um dem Herrn, unserem Gott, Opfer zu bringen.«

Als sie sicher draußen standen, schlug Aaron Mose auf den Rücken. »Sie rückten schon näher.« Neue Hoffnung machte sich in ihm breit. »Wenn wir erst mal drei Tagereisen in der Wüste sind, können wir einfach weiterziehen.«

»Du hast nicht zugehört, Aaron. Erinnerst du dich, was ich dir gesagt habe, als wir uns am Berg Gottes getroffen haben?«

Die Reaktion seines Bruders verwirrte ihn und Aaron gab eine ungeduldige Erwiderung. »Natürlich habe ich zugehört. Zeichen und Wunder würden geschehen. Und so war es. Ich erinnere mich.«

»Ramses' Herz ist hart, Aaron.«

»Dann bete nicht für ihn. Lass die Plagen weitergehen.«

»Dann bin ich nicht besser als der Pharao, der ein Versprechen gibt, um es dann zu brechen.« Mose schüttelte den Kopf. »Der Herr ist anders als der Mensch, Aaron. Er hält sein Wort. So wie ich meines halten muss.«

Beschämt beobachtete Aaron, wie Mose allein davonging, um zu beten. In angemessener Entfernung folgte er ihm. Warum sollten sie einem Menschen gegenüber ihr Wort halten, der seines bei jeder Gelegenheit brach? Ihn ärgerte, dass sein Bruder um Hilfe für die Ägypter betete. Generationen von ihnen hatten die Hebräer missbraucht und verfolgt! Sollten sie nicht leiden? Sollten sie nicht selbst erleben, was Israel von ihrer Hand hatte erdulden müssen?

Eine Gruppe von hebräischen Ältesten kam auf sie zu. Aaron erhob sich und begrüßte sie. »Wir wollen mit Mose reden.«

»Nicht jetzt. Er betet.«

»Betet er für uns oder für den Pharao?«

Aaron hörte seine eigenen Gedanken in Worte gefasst. Er errötete. Wer war er, dass er den Gesalbten des Herrn infrage stellte? Mose hatte den Auftrag des Herrn nicht begeistert angenommen und die Aufgabe des Führers lag schwer auf seinen Schultern. Als derjenige, dessen Aufgabe es war, Mose Mut zuzusprechen, musste er zuhören und lernen, anstatt sich am Gebot Gottes zu reiben.

»Aaron!« Die Ältesten forderten seine Aufmerksamkeit.

Er hob den Kopf und sah sie an. »Keinem von uns steht es an, den Mann infrage zu stellen, den Gott gesandt hat, um uns zu befreien.«

»Wir sind nach wie vor Sklaven, Aaron! Und du sagst, Mose würde uns befreien! Wann?«

»Bin ich Gott? Nicht einmal Mose weiß die Stunde oder den Tag! Lasst ihn beten! Vielleicht wird Gott reden. Morgen wissen wir bestimmt mehr! Geht zurück in eure Häuser! Wenn der Herr zu Mose spricht, wird er uns sagen, was der Herr gesagt hat.«

»Und was sollen wir in der Zwischenzeit tun?«

»Packt für eine lange Reise.«

»Welchen Besitz sollte ein Sklave zusammenpacken?« Murrend entfernten sie sich.

Seufzend setzte sich Aaron hin und beobachtete, wie sein Bruder mit ausgestreckten Armen lang auf dem Boden lag.

* * *

Nachdem Gott die Fliegen weggenommen hatte, schickte der Pharao Soldaten nach Gosen, die die Hebräer wieder an die Arbeit treiben sollten. Die Ägypter ahnten, dass der Erlass des Pharaos ihnen weiteres Leid bescheren würde. Sie begannen den Gott der Hebräer zu fürchten. Respektvoll neigten sie die Köpfe, wenn Aaron und Mose vorbeigingen. Und niemand wagte es, die Sklaven zu misshandeln. Die Leute aus den Dörfern brachten Geschenke nach Gosen und baten die Hebräer, um Gnade für sie zu beten.

Und trotzdem ließ der Pharao die Hebräer nicht ziehen.

Jeder Wunsch, die Ägypter wegen des Starrsinns des Pharaos leiden zu sehen, war in Aaron erloschen. Er wollte einfach nur noch frei sein! »Was kommt als Nächstes?«, fragte er seinen Bruder

»Gott schickt eine Plage für ihr Vieh.«

Aaron spürte die Furcht unter seinen Landsleuten.

Einige meinten, er hätte seinen Bruder in Midian lassen sollen. Frustriert und verängstigt forderten sie Antworten, wo es keine Antworten gab. Mose betete viel, darum blieb es Aaron überlassen, die Ältesten zu besänftigen und sie zum Volk zu schicken, um dort für Ruhe zu sorgen. »Was werden wir opfern, wenn wir in die Wüste ziehen, um den Herrn anzubeten?« Würde die Plage auch sie treffen? War ihr mangelnder Glaube an Gott weniger sündig, als sich vor Götzen zu verneigen?

Aber Mose beruhigte sie. »Kein Stück Vieh der Söhne Israels wird sterben, Aaron. Der Herr hat eine Zeit festgesetzt, wann die Plage beginnen wird. Der Pharao und seine Ratgeber werden wissen, dass die Plage vom Herrn, unserem Gott, kommt.«

* * *

Bussarde kreisten über den Dörfern und stießen herab, um das aufgedunsene Fleisch toter Schafe, Kühe, Kamele und Ziegen zu zerreißen, das in der heißen Sonne verfaulte. In Gosen blieben die Kühe, Schafe und Ziegen und die Kamele, Esel und Maultiere gesund.

Aaron hörte die Stimme erneut und neigte den Kopf zur Erde. Als der Herr aufhörte zu sprechen, eilte er zu Mose. Mose bestätigte die Worte und sie gingen in die Stadt, nahmen Asche aus einem Ofen und warfen sie vor dem Thron des Pharao in die Luft. Die Aschewolke wuchs und breitete sich wie graue Finger über das Land aus. Überall, wo sie hinkam, bekamen die Ägypter Beulen. Auch die Tiere blieben nicht verschont. Innerhalb weniger Tage gab es in den Straßen keine Kaufleute und keine Händler mehr. Alle waren krank, vom niedrigsten Diener bis zum höchsten Beamten.

Keine Nachricht vom Pharao. Keine Soldaten kamen, um die Hebräer an die Arbeit zu schicken.

Der Herr sprach von neuem zu Mose. »Morgen früh gehen wir erneut zum Pharao.«

* * *

In prächtige Gewänder gehüllt erschien der Pharao, gestützt von zwei Dienern. Die wenigen Ratgeber und Magier im Thronsaal waren blass und ihre Gesichter schmerzverzerrt. Bei dem Versuch, sich hinzusetzen, stöhnte und fluchte Ramses. Zwei Diener kamen schnell mit Kissen angerannt. Ramses umklammerte die Lehnen seines Thrones und ließ sich vorsichtig darauf nieder. »Was willst du schon wieder, Mose?«

»Der Herr, der Gott der Hebräer, sagt: ›Lass mein Volk ziehen, damit sie mich anbeten. Wenn du es nicht tust, werde ich eine Plage senden, die zu dir, deinen Beamten und dem ganzen ägyptischen Volk reden wird. Ich werde dir zeigen, dass es keinen anderen Gott wie mich auf der ganzen Erde gibt. Ich hätte euch alle inzwischen töten können. Ich hätte dich mit einer Plage strafen können, die dich vom Angesicht der Erde weggefegt hätte. Aber ich habe dich aus dem folgenden Grund am Leben gelassen – dass du meine Macht siehst und dass mein Ruhm über die ganze Erde ausgebreitet wird. Aber du herrschst noch immer über mein Volk und du weigerst dich, es ziehen zu lassen. Darum werde ich morgen um diese Zeit einen Hagelsturm senden, der schlimmer ist, als Ägypten es je erlebt hat. Schnell! Rufe deine Diener und dein Vieh von den Feldern. Jeder Mensch und jedes Tier, das draußen bleibt, wird durch den Hagel umkommen.‹«

Die Anwesenden tuschelten alarmiert miteinander.

Der Pharao lachte verbittert. »Hagel? Was ist Hagel? Du hast den Verstand verloren, Mose. Du redest Blödsinn.«

Mose wandte sich ab und Aaron folgte ihm. Er sah die Angst in den Gesichtern der Männer. Der Pharao hatte vielleicht keine Angst vor dem Gott der Hebräer, aber die anderen wussten es besser. Einige wichen hinter die Säulen zurück und liefen zu den Türen. Sie wollten schleunigst ihr Vieh und ihren Besitz in Sicherheit bringen.

Mose hob seinen Stab zum Himmel. Dunkle, zornige Wolken zogen auf über den Himmel, von Gosen her. Ein kalter Wind begann zu wehen. Eine seltsame Schwere machte sich in Aarons Brust breit. Es begann zu donnern. Blitze zuckten über den Himmel und schlugen das Land westlich von Gosen. Shu, der ägyptische Gott der Luft, der Himmel und Erde voneinander trennte, war machtlos gegen den Gott Israels.

Den ganzen Tag und die ganze Nacht saß Aaron draußen und beobachtete in der Ferne Hagel und Feuer. Die Macht Gottes erfüllte ihn mit Ehrfurcht. Nie hatte er etwas Ähnliches erlebt. Bestimmt würde der Pharao jetzt nachgeben!

Und wieder kamen Wachen. Auf dem Weg zum Palast sah Aaron die abgebrannten Felder. Der Hafer lag platt auf dem Boden. Das Land war ruiniert, die Ernte zerstört.

Der Pharao, ein Nachfahre von Isis und Osiris, ja Horus selbst in Menschengestalt, wirkte eingeschüchtert und in die Enge getrieben. Stille hing in dem Saal, während alle nur eine Frage quälte: Wenn der Pharao tatsächlich der oberste Gott Ägyptens war, warum konnte er sein Reich nicht vor dem unsichtbaren Gott der hebräischen *Sklaven* beschützen? Wie konnte es sein, dass alle großen und herrlichen Götter Ägyptens es mit der unsichtbaren Hand eines unsichtbaren Gottes nicht aufnehmen konnten?

»Ich sehe meinen Fehler ein.« Pharao warf seinen Ratgebern in der Nähe seines Thrones einen flüchtigen Blick zu. »Der Herr hat Recht und mein Volk und ich sind im Unrecht. Bittet den Herrn, dieses schreckliche Gewitter und den Hagel zu beenden. Ich werde euch sofort ziehen lassen.«

Aaron empfand keinen Triumph. Diese Worte Pharaos kamen nicht von Herzen. Zweifellos hatte er sich dem Druck seiner Ratgeber gebeugt. Sie begriffen noch immer nicht, dass Gott selbst Krieg gegen sie führte.

Mose ergriff das Wort. »Sobald ich die Stadt verlasse, werde ich meine Hände heben und zum Herrn beten. Dann werden Donner und Hagel verstummen. Das wird dir zeigen, dass die Erde dem Herrn gehört. Aber was dich und deine Beamten betrifft, ich weiß, dass ihr den Herrn, unseren Gott, noch immer nicht so fürchtet, wie ihr solltet.«

Die Augen des Pharaos funkelten. »Mose, mein Freund, wie kannst du so zu einem sprechen, den du früher kleiner Cousin genannt hast? Wie kannst du der Frau, die dich aus dem Fluss gerettet und dich als Sohn

Ägyptens großgezogen hat, solches Herzeleid bescheren?«

»Gott kennt dich besser als ich, Ramses.« Moses Stimme war leise, aber fest. »Und es ist der Herr, der mir gesagt hat, dass du dein Herz gegen ihn verhärten würdest. *Du* bist es, der Gericht über Ägypten bringt. *Du* bist es, der dein Volk leiden lässt!«

Mutige Worte, die ein Todesurteil nach sich ziehen könnten. Aaron trat näher an Mose heran, bereit, ihn zu beschützen, falls ihm jemand zu nahe kommen sollte. Alle wichen zurück. Einige senkten den Kopf, um Mose ihren Respekt zu zeigen. Das ärgerte den Pharao.

Mose betete und der Herr nahm seine Hand von dem Land. Donner, Hagel und Feuer hörten auf, aber die nachfolgende Stille war noch schrecklicher als der brüllende Sturm. Nichts änderte sich. Der Pharao wollte seine Ziegel und die hebräischen Sklaven sollten sie ihm liefern.

Das Volk jammerte: »Das Schwert des Pharao schwebt über unseren Köpfen!«

»Habt ihr keine Augen?«, rief Aaron. »Habt ihr keine Ohren? Seht euch doch um. Könnt ihr nicht sehen, welche Angst die Ägypter haben vor dem, was der Herr als Nächstes tun wird? Immer mehr kommen täglich zu uns und bringen uns Geschenke. Sie haben großen Respekt vor Mose.«

»Und was nützt uns das, wenn wir trotzdem Sklaven sind?«

»Der Herr wird uns befreien!«, rief Mose. »Ihr müsst glauben!«

»Glauben? Das haben wir jahrelang getan. *Glauben!* Wir wollen unsere *Freiheit!*«

Aaron versuchte, die Leute von Mose fern zu halten. »Lasst ihn in Ruhe. Er muss beten.«

»Wir sind jetzt schlimmer dran als vor seinem Kommen!«

»Reinigt euch! Betet mit uns!«

»Was habt ihr bewirkt, wenn wir doch in die Lehmgruben zurückgerufen werden?«

Zornig wollte Aaron seinen Stab gegen sie erheben. Sie waren wie Schafe und blökten außer sich vor Angst. »Sind eure Gärten zu Asche geworden? Sind eure Tiere krank? Der Herr hat einen Unterschied gemacht zwischen uns und Ägypten!«

»Wann wird Gott uns von hier wegführen?«

»Wenn wir wissen, dass *der Herr einer ist und kein anderer!*« Hatten sie sich nicht vor den ägyptischen Göttern verneigt? Noch immer schwankten sie hin und her! Aaron versuchte zu beten. Er lauschte auf Gottes Stimme, aber seine Gedanken bestürmten ihn wie ein Konzil misstönender Stimmen. Beim Anblick eines Skarabäusamuletts am Hals seines Sohnes Abihu erstarrte er. »Woher hast du das?«

»Ein Ägypter hat es mir geschenkt. Es ist sehr wertvoll, Vater. Aus Gold und Lapislazuli.«

»Es ist eine Scheußlichkeit! Nimm es ab! Und sieh zu, dass keine anderen Götzen in meinem Haus sind. Verstehst du, Abihu? Kein Skarabäus, keine hölzerne Heket oder das Auge Ras! Wenn ein Ägypter dir etwas aus Gold schenkt, dann schmelze es ein!«

Gott schickte eine weitere Plage und nur durch seine Gnade und sein Erbarmen ließ er sie nicht auch über Israel kommen. Israel, das so passend hieß »Streiter gegen Gott«!

Dieses Mal waren es Heuschrecken. Trotzdem wollte der Pharao nicht hören. Als Aaron mit Mose den Thronsaal verließ, hörte er, wie die Ratgeber den Pharao anflehten.

»Wie lange willst du diese Katastrophen noch zulassen?«

»Bitte, lass die Israeliten ziehen und dem Herrn, ihrem Gott, dienen!«

»Siehst du denn nicht, dass Ägypten vernichtet daliegt?«

Aaron fuhr herum, als er eilige Schritte hinter sich hörte. Niemand würde Mose angreifen! Mit beiden Händen umklammerte er seinen Stab. Der Diener verneigte sich tief. »Bitte. Der Große Pharao möchte, dass ihr zurückkommt.«

»Der *Große* Pharao kann in den Nil springen!«

»Aaron.« Mose ging zurück.

Verärgert und frustriert folgte Aaron ihm. Würde Ramses je zuhören? Sollten sie wirklich zurückgehen und sich ein weiteres Versprechen anhören in dem Wissen, dass der Pharao es brechen würde, bevor sie Gosen noch erreicht hatten? Hatte Gott nicht bereits gesagt, er würde das Herz des Pharaos und das Herz seiner Diener verhärten?

»Also gut, geht und dient dem Herrn, eurem Gott!«

Mose wandte sich ab; Aaron ging hinter ihm her. Sie hatten die Tür noch nicht erreicht, als der Pharao rief: »Aber sagt mir, wen wollt ihr mitnehmen?«

Mose sah Aaron an und Aaron drehte sich um. »Jung und Alt. Wir alle werden gehen. Wir werden unsere Söhne und Töchter und unsere Viehherden mitnehmen. Wir alle zusammen müssen dem Herrn ein Fest feiern.«

Das Gesicht des Pharaos verdüsterte sich. »Das sage *ich* dir, Mose: Ganz bestimmt wird der Herr euch beistehen müssen, wenn ihr versucht, eure Kinder mitzunehmen! Ich durchschaue eure bösen Absichten. Niemals! Nur die *Männer* können gehen und dem Herrn dienen, denn das war eure Bitte!« Er winkte den Wachen. »Schafft sie aus meinem Palast!«

Die Diener des Pharaos kamen zu ihnen, schoben und stießen sie, schleuderten ihnen Flüche ihrer falschen Götter ins Gesicht. Aaron wollte seinen Stab schwingen, aber Mose hielt seinen Arm fest. Beide wurden nach draußen in den Staub geworfen.

* * *

Den ganzen Tag und die ganze Nacht wehte der Wind und am Morgen brachte er die Heuschrecken mit. Während die Ägypter Wadjet, die Kobragöttin, anflehten, ihr Reich zu schützen, schwärmten die Heuschrecken über das Land Ägypten aus, Tausende und Abertausende in Schlachtreihen wie eine Armee. Sie verschlangen alles, was ihnen in den Weg kam. Der Boden war schwarz von kriechenden, hüpfenden Grashüpfern. Sie fraßen jede Pflanze, jeden Baum und jeden Busch kahl, die vom Hagel verschont geblieben waren. Die Korn- und Dinkelernte wurde vernichtet. Die Dattelpalmen kahl gefressen. Das Schilf am Nil wurde bis zum Wasser abgefressen.

Als die Soldaten des Pharaos Mose und Aaron riefen, war es bereits zu spät. Jede Ernte und Nahrungsquelle außerhalb von Gosen war vernichtet.

Erschüttert begrüßte der Pharao sie. »Ich bekenne meine Sünde gegen den Herrn, euren Gott, und gegen euch. Vergebt mir nur noch dieses Mal meine Sünde und bittet den Herrn, euren Gott, dass er diese schreckliche Plage von uns nimmt.«

Mose betete zu Gott und der Wind änderte die Richtung nach Westen und trieb die Heuschrecken zum Roten Meer.

Das Land und alles darauf war still und stumm. Die Ägypter kauerten in ihren Häusern und fürchteten sich vor der nächsten Katastrophe, die über sie hereinbrechen würde, wenn der Pharao die Sklaven nicht ziehen ließ. Weitere Geschenke wurden zu den Hebräern gebracht. Goldamulette, Juwelen, kostbare Steine, Weihrauch, schöne Gewänder, Gefäße aus Silber und Bronze. »Betet für uns in der Stunde unserer Not. Tretet für uns ein.«

»Sie begreifen es noch immer nicht!« Mose schlug sich an den Kopf. »Sie verneigen sich vor uns, Aaron, obwohl es doch Gott ist, der die Macht hat.«

Sogar Miriam war zutiefst frustriert. »Warum tötet Gott den Pharao nicht einfach? Dann hätten wir es doch überstanden. Der Herr hat die Macht, in diesen Palast hineinzureichen und Ramses zu vernichten!«

Mose hob den Kopf. »Die ganze Welt soll erfahren, dass er Gott ist und es keinen anderen Gott gibt. Die

Götter Ägyptens sind falsche Götter. Sie haben keine Macht und können sich mit dem Herrn, unserem Gott, nicht vergleichen.«

»Das wissen wir!«

»Miriam!«, fuhr Aaron sie an. War Mose nicht genug geplagt? »Hab Geduld. Warte auf den Herrn. Er wird uns befreien.«

Als Mose erneut seine Hand ausstreckte, kam Dunkelheit über Ägypten. Die Sonne wurde von einer tintenschwarzen Dunkelheit verdeckt, die schlimmer war als die Nacht. Aaron saß vor dem Palast des Pharaos und wickelte sein Gewand um sich. Mose hockte stumm neben ihm. Sie hörten die Priester nach Ra, dem Sonnengott, dem Vater der Könige Ägyptens, schreien; er möge mit seinem goldenen Wagen über den Himmel fahren und ihnen wieder Licht bringen. Aaron lachte verächtlich. Diese eigensinnigen Narren sollten ruhig nach ihrem falschen Gott rufen. Die Sonne würde erst wieder scheinen, wenn Gott es wollte – und nicht früher.

Mose erhob sich abrupt. »Wir müssen die Ältesten zusammenrufen, Aaron. *Schnell!*« Sie eilten nach Gosen, wo Aaron Botschafter aussandte. Nur widerwillig kamen die Ältesten zusammen. Sie stellten Fragen über Fragen.

»Still!«, forderte Aaron. »Hört auf Mose. Er hat ein Wort des Herrn!«

»Bereitet euch darauf vor, Ägypten zu verlassen. Wir alle, Männer und Frauen gleichermaßen, sollen unsere Nachbarn um Gegenstände aus Silber und Gold bitten. Die Ägypter werden euch geben, was ihr von ihnen fordert, denn der Herr hat uns in ihren Augen Gunst verschafft. Der Herr sagt, dass dieser Monat der erste Monat des Jahres für euch sein soll. Am zehnten Tag dieses Monats muss jede Familie ein Lamm oder eine junge Ziege als Opfer aussuchen. Umhegt dieses Tier bis zum Abend des vierzehnten Tages dieses ersten Monats. Dann soll jede Familie in der Gemeinschaft ihr Lamm schlachten ...«

Mose erzählte ihnen von der Plage, die kommen würde, und was sie tun sollten, um zu überleben. Alle kehrten schweigend nach Hause zurück. Die Furcht des Herrn war auf ihnen.

* * *

Drei Tage lang wartete Aaron mit Mose in der Nähe des Palasteingangs, bis sie den Schrei des Pharaos hörten. »*Mose!*«

Mose legte seine Hand auf Aaron und sie erhoben sich gemeinsam und betraten den Thronsaal. Aaron konnte in der Dunkelheit sehen, wohin er trat, als hätte der Herr ihm die Augen einer Eule gegeben. Moses Gesicht war ernst und von Mitleid erfüllt. Der Blick des Pharaos irrte im Saal umher, hierher und dorthin, suchend und doch blind.

»Ich bin hier, Ramses«, sagte Mose.

Der Pharao stützte den Kopf in die Hände, als könnte er hören, was er in der ihn umgebenden Dunkelheit nicht sehen konnte. »Geht und betet den Herrn an«, sagte er. »Aber lasst eure Viehherden hier. Ihr dürft sogar eure Kinder mitnehmen.«

»Nein«, widersprach Mose, »wir müssen unsere Herden mitnehmen, denn wir wollen dem Herrn, unserem Gott, Opfer und Brandopfer bringen. Unser gesamter Besitz muss mitgenommen werden; kein Huf darf zurückbleiben. Unter diesen Tieren werden wir unsere Opfer für den Herrn, unseren Gott, auswählen. Denn erst wenn wir dort sind, werden wir wissen, welche Opfer er haben möchte.«

Der Pharao verfluchte sie. »Raus hier!«, brüllte er. »Ich will euch nicht mehr sehen! An dem Tag, an dem ihr noch einmal hier erscheint, werdet ihr sterben!«

»Sehr richtig«, gab Mose zurück. »Ich werde dich nie wieder sehen!« Seine Stimme veränderte sich, wurde tiefer und klangvoller und erfüllte den Saal. »Das sagt der Herr: ›Gegen Mitternacht werde ich durch Ägypten gehen. Alle erstgeborenen Söhne in jeder Familie Ägyptens werden sterben, vom ältesten Sohn des Pharaos, der auf dem Thron sitzt, bis zum ältesten Sohn seines niedrigsten Sklaven. Sogar die Erstgeburt der Tiere wird sterben.‹«

Aarons Haut begann zu prickeln. Der Schweiß brach ihm aus.

»Mose!«, brüllte der Pharao. Er streckte die Arme aus und tastete umher, um den Weg aus dieser Dunkelheit zu finden. »Denkst du, Osiris wird mich nicht verteidigen? Die Götter werden nicht zulassen, dass du meinen Sohn anrührst!«

Mose sprach weiter. »Dann wird ein lautes Jammern im ganzen Land Ägypten zu hören sein; nie ward ein solches Jammern gehört und nie wieder wird es zu hören sein. Aber unter den Israeliten wird es so friedlich sein, dass nicht einmal ein Hund bellen wird. Dann wirst du wissen, dass der Herr einen Unterschied macht zwischen den Ägyptern und den Israeliten. Alle Beamten Ägyptens werden zu mir gerannt kommen und sich tief vor mir verneigen. ›Bitte, geh!‹, werden sie flehen. ›Beeile dich! Und nimm alle deine Anhänger mit.‹ Erst dann werde ich gehen!« Zornig drehte Mose sich um und marschierte aus dem Saal.

Aaron lief ihm nach. Noch nie hatte er seinen Bruder so zornig erlebt. Gott hatte durch ihn gesprochen. Es war *Gottes* Stimme gewesen, die Aaron im Thronsaal gehört hatte.

Mose betete inbrünstig, während er mit funkelnden Augen durch die Straßen der Stadt nach Gosen lief. Die Leute wichen zurück und flüchteten sich in ihre Häuser oder Geschäfte.

Als sie den Stadtrand erreichten, rief Mose: »*Oh Herr! Herr!*«

Bei diesem gequälten Schrei traten Aaron Tränen in die Augen. »Mose.« Seine Kehle war wie zugeschnürt.

»Oh Aaron, jetzt werden wir erleben, wie viel Zerstörung ein einzelner Mensch über ein Volk bringen kann.« Tränen liefen ihm über die Wangen. »Wir alle werden es sehen!«

Mose fiel auf die Knie und weinte.

Kapitel 3

Das Lamm wehrte sich. Aaron hielt es zwischen den Knien fest. Er schnitt ihm die Kehle durch. Das kleine Tier wurde schlaff, während sich die Schale mit seinem Blut füllte. Der Geruch bereitete Aaron Übelkeit. Das Lamm war vollkommen gewesen, ohne Makel und erst ein Jahr alt. Er zog dem Lamm das Fell ab. »Stecke einen Stock durch das Fleisch und brate es mit Kopf, Beinen und Innereien.«

Nadab nahm den Kadaver. »Ja, Vater.«

Aaron nahm die Schale, tauchte Ysopzweige hinein und bestrich den Türsturz seines Hauses damit. Immer wieder strich er mit dem Blut darüber, bis der Türsturz rot war, dann wandte er sich den beiden Türpfosten seines Hauses zu. In ganz Gosen und in der Stadt tat jede hebräische Familie dasselbe. Ägyptische Nachbarn sahen zu, verwirrt und angewidert tuschelten sie miteinander.

»Gestern haben sie alle Gärungsmittel in ihren Häusern weggeworfen.«

»Und jetzt bestreichen sie ihre Türrahmen mit Blut!«

»Was hat das alles zu bedeuten?«

Einige Ägypter waren zu Aaron gekommen und hatten gefragt, was sie tun müssten, um bei den Hebräern aufgenommen zu werden. »Beschneidet jedes männliche Wesen in eurem Haushalt, dann ist es, als wärt ihr unter uns geboren.«

Nur wenige nahmen seine Worte ernst und handelten danach. Aus Angst um ihr Leben zogen sie mit ihren Familien zu den Hebräern und hörten auf das, was Aaron und Mose dem Volk zu sagen hatten. Aaron dachte an das, was diese Nacht für das Land Ägypten bedeuten würde. Anfangs hatte er Rache gewollt. Der Gedanke, die Ägypter leiden zu sehen, hatte ihm gut getan. Jetzt empfand er Mitleid für diejenigen, die sich noch immer an ihre Götzen klammerten und sich vor ihren leeren Göttern verneigten. Er sehnte sich danach, diesem Land der Trostlosigkeit zu entkommen. Nachdem er seine Aufgabe beendet hatte, ging er ins Haus und schloss fest die Tür hinter sich.

In der Ecke lagen Gegenstände aus Gold und Silber, die Miriam und seine Söhne von ihren ägyptischen Nachbarn eingesammelt hatten. Sein ganzes Leben lang hatte Aaron nur mit Mühe den Lebensunterhalt der Familie aus dem kleinen Gartenstück und seiner kleinen Schaf- und Ziegenherde bestreiten können und jetzt besaß seine Familie so viel Gold und Silber, dass sie ganze Säcke damit füllen konnten! Gott hatte die Ägypter den Hebräern gegenüber wohlgesinnt gestimmt und sie hatten ihnen gegeben, worum auch immer sie gebeten worden waren, selbst ihren Reichtum. Fraglos hatten die Ägypter Dinge aufgegeben, die ihnen noch Tage zuvor sehr wichtig gewesen waren, in der Hoffnung, sich Gnade von dem Gott der Hebräer zu erkaufen.

Doch Gottes Gnade war nicht käuflich. Auch konnte sie nicht verdient werden.

An einem Abend wie diesem waren Gold und Silber nebensächlich, selbst für Aaron, der früher gedacht hatte, Reichtum könnte ihm Trost und Erlösung von den

Zuchtmeistern und Tyrannen bringen. Was immer er in der Vergangenheit im Namen des Herrn getan hatte, zählte an diesem Abend nicht. Selbst wenn die Ägypter ihren Göttern an diesem Abend ihren gesamten Besitz geopfert hätten, sie konnten sich das Leben ihrer erstgeborenen Söhne nicht erkaufen. Hätten sie ihre Götzen zerschmettert, es wäre nicht genug gewesen. Der Pharao hatte diese Nacht über Ägypten gebracht, sein Stolz war das Verderben seines Volkes.

Gott, der den Himmel geschaffen hatte, setzte den Preis für das Leben fest – das Blut des Lammes. Der Engel des Herrn kam und er würde an jedem Haus vorbeigehen, dessen Türpfosten mit dem Blut des Lammes bestrichen war. Das Blut war ein Zeichen dafür, dass die Bewohner des Hauses an den Gott Abrahams, Isaaks und Jakobs glaubten und dass ihr Glaube so stark war, dass sie seinem Befehl gehorchten und seinem Wort vertrauten. Nur der Glaube an den einen wahren Gott konnte sie retten.

Aarons Blick hing an seinem erstgeborenen Sohn Nadab, der zusammen mit seinen Brüdern am Tisch saß. Abihu hielt sich tief in Gedanken versunken abseits, während Itamar und Eleasar mit ihren Frauen und Kindern zusammen waren. Der kleine Pinehas drehte das Lamm am Spieß über dem Feuer. Als er müde wurde, löste ein anderer ihn ab.

»Großvater –« Pinehas setzte sich neben Aaron auf die Bank – »was bedeutet diese Nacht?«

Aaron legte den Arm um den Jungen und sah seine Söhne, ihre Frauen und die kleinen Kinder an. »Dies ist das Passaopfer für den Herrn. Der Herr wird heute um

Mitternacht kommen, das Blut des Lammes an unserer Tür sehen und an uns vorbeigehen. Wir werden verschont, doch die erstgeborenen Söhne der Ägypter wird der Herr töten. Vom Erstgeborenen des Pharaos, der auf dem Thron sitzt, bis zum Erstgeborenen des Gefangenen im Verlies und sogar das Erstgeborene aller Tiere.«

Nur das Knacken des Feuers war zu hören und das Knallen und Zischen des Fettes, das auf die heißen Kohlen tropfte. Miriam zerrieb Weizen und Hafer, um ungesäuertes Brot zu backen. Die Stunden schleppten sich dahin. Niemand sprach ein Wort. Mose erhob sich und schloss die Fensteröffnungen. Er sicherte sie, als müsste er sich vor einem Sandsturm schützen. Dann setzte er sich zur Familie und bedeckte seinen Kopf mit dem Schal.

Der Geruch des gebratenen Lammes erfüllte das Haus, zusammen mit den bitteren Kräutern, die Miriam geschnitten und auf den Tisch gestellt hatte. Aaron stach in das Lamm. »Es ist fertig.« Miriam fügte Öl zu dem gemahlenen Mehl hinzu und formte dünne Fladenbrote, die sie auf eine runde Pfanne legte und an der Seite auf einige Kohlen stellte.

Die Nacht lag schwer auf ihnen. Der Tod war nahe.

Die Männer erhoben sich, gürteten ihre Lenden und steckten ihre Umhänge in die Gürtel. Sie zogen ihre Sandalen an und stellten sich an den Tisch, den Wanderstab in der Hand. Gemeinsam als Familie verzehrten sie das Lamm, die bitteren Kräuter und das ungesäuerte Brot.

Ein Schrei zerriss die Luft. Aaron bekam eine Gänsehaut. Mit aufgerissenen Augen starrte Miriam Mose an.

Niemand sprach beim Essen. Ein weiterer Schrei war zu hören, näher dieses Mal, und dann Jammern in der Ferne. Draußen rief jemand in seiner Qual Osiris an. Aaron kniff die Augen zu, denn er wusste, Osiris war nur ein von Menschenhand geschaffener Götze, sein Mythos war durch die Fantasie der Menschen entstanden. Osiris hatte keine Substanz, keine Macht, abgesehen von der fiktiven Macht, die die Menschen ihm im Laufe der Jahrhunderte zugeschrieben hatten. In dieser Nacht würden sie erfahren, dass die Vorstellung des Menschen keine Erlösung bringen kann. Erlösung ist nur in dem Herrn, dem Gott der ganzen Schöpfung, zu finden.

Die Schreie und das Klagen wurden stärker. Die Geräusche zeigten Aaron, dass der Engel des Todes an ihrem Haus vorbeigegangen war. Er spürte eine ungeahnte Freude, eine Dankbarkeit in sich, die sein Herz anschwellen ließen. Der Herr war vertrauenswürdig! Der Herr hatte sein Volk Israel verschont! Der Herr vernichtete seine Feinde.

Jemand klopfte an die Tür. »Im Namen des Pharao, macht die Tür auf!«

Aaron sah Mose an und auf sein Nicken hin erhob er sich, um die Tür zu öffnen. Soldaten standen draußen. Sie verneigten sich tief vor Aaron und Mose. »Der Pharao hat uns geschickt. Wir sollen euch holen.« Die Soldaten nahmen sie in die Mitte.

»Der Sohn des Pharaos ist tot.« Der Soldat rechts von Mose sprach mit leiser Stimme.

Ein anderer wandte sich an Aaron. »Er ist als Erster im Palast gestorben, danach starben noch andere, viele andere.«

»Auch mein Sohn.« Ein Soldat hinter ihnen begann zu weinen. »Mein Sohn ...«

In ganz Theben waren Klageschreie zu hören, denn in jedem Haus hatte es Todesfälle gegeben.

»Schneller! Wir müssen uns beeilen, bevor ganz Ägypten stirbt.«

Sie hatten kaum die Schwelle überschritten, als Aaron den gequälten Schrei des Pharaos vernahm. »Lasst uns in Ruhe! Geht weg, ihr alle!« Zusammengesunken saß er auf seinem Thron. »Geht und dient dem Herrn, wie ihr gefordert habt. Nehmt eure Herden und Kinder und geht. Geht, aber gebt mir vorher einen Segen.«

Aaron stand im flackernden Licht der Fackeln und konnte seinen Ohren kaum trauen. War es vorbei? War es wirklich vorbei? Oder würden sie nicht weiter kommen als durch die Straßen Thebens, bis sie feststellen mussten, dass der Pharao seine Meinung schon wieder geändert hatte?

Mose wandte sich wortlos ab. »Geht!«, drängte einer der Wachen Aaron. »Geht schnell, sonst werden wir alle sterben!«

Auf dem Weg zurück nach Gosen rief Aaron: »Israel! Israel! Der Tag deiner Befreiung ist da!«

* * *

Die Ägypter eilten aus ihren Häusern und riefen den Hebräern zu: »Beeilt euch! Beeilt euch! Geht, bevor der große Pharao wieder seine Meinung ändert und wir alle umkommen!« Sie bekamen Esel und andere Geschenke. Die Ägypter halfen ihnen auch, den Besitz auf dem

Rücken der Tiere zu verstauen. Einige schenkten ihnen die wenigen Vorräte, die nach den ganzen Plagen noch übrig geblieben waren. »Nehmt, was ihr wollt, nur verschwindet aus Ägypten! Beeilt euch! Beeilt euch, bevor uns noch eine weitere Plage trifft und wir sterben!«

Aaron lachte vor Glück. Mit beflügelten Schritten eilte er weiter. Miriam und seine Söhne mit ihren Familien kamen ihm und Mose an der Spitze des Volkes entgegen. Der Lärm war ohrenbetäubend. Die Leute lobten und priesen den Herrn und Mose und Aaron. Große Herden blökender Schafe und Ziegen drängten sich durch die Menge. Die Viehherden zogen hinter ihnen her, damit die Menschen nicht in dem aufgewirbelten Staub erstickten. Bei Sonnenaufgang machten sich sechshunderttausend Mann auf den Weg nach Sukkot, zusammen mit ihren Frauen und Kindern.

Die Frauen trugen ihre Knetschüsseln auf der Schulter. Sie hatten keine Zeit mehr gehabt, Proviant für die Reise vorzubereiten. Die Kleinkinder wurden getragen, die größeren liefen nebenher. Die Mütter ermahnten ihre Kinder, in der Nähe der Familie zu bleiben.

Aaron hörte die Kakophonie der Stimmen und schmeckte den von mehr als einer Million Sklaven aufgewühlten Staub, die in aller Eile die Stadt des Pharaos verließen. Weitere schlossen sich ihnen unterwegs an. Die Stämme Ruben, Simeon, Juda, Sebulon, Issaschar, Dan, Gad, Asser, Naphtali und Benjamin folgten Mose und Aarons Stamm Levi. Vertreter der Halbstämme Ephraim und Manasse hielten sich in Moses Nähe, denn sie führten die Gebeine ihres Vorfahren Josef mit sich, der Ägypten einst vor einer Hungersnot bewahrt hatte.

Die Ältesten jedes Stammes hatten Standarten angefertigt, damit sich die Angehörigen finden konnten und gemeinsam aus Ägypten marschieren konnten. Die Männer waren zum Kampf gerüstet. Und hinter und neben ihnen liefen Ägypter, die der Trostlosigkeit ihres Landes entfliehen wollten und den Schutz des Herrn, des Gottes Israels, des wahren Gottes aller Schöpfung suchten.

Als die Sonne aufging, bemerkte Aaron die aufsteigende Wolkensäule. Der Herr selbst schirmte sie vor der sengenden Hitze ab und führte sie aus der Knechtschaft, fort von Leiden und Verzweiflung. Oh, das Leben würde gut werden! In einer Woche würden sie das verheißene Land erreichen, in dem Milch und Honig flossen. In einer Woche würden sie ihre Zelte aufstellen, sich auf ihren Matten ausstrecken und sich ihrer Freiheit erfreuen.

Männer und Frauen weinten vor Freude. »Preist den Herrn! Wir sind frei – endlich frei!«

»Keiner meiner Söhne wird jemals wieder einen Ziegel für den Pharao brennen!«

»Soll er sich seine Ziegel doch selbst brennen!«

Die Leute lachten. Die Frauen sangen vor Freude. Die Männer schrien und johlten.

»Ich hätte mehr ungesäuerte Brote machen sollen! Wir haben so wenig Korn!«

»Wie weit gehen wir heute? Die Kinder sind bereits müde.«

Mit zorngerötetem Gesicht drehte sich Aaron um, als er das Murren seiner Verwandten hörte. Wären sie lieber zurückgeblieben? »Das ist das Ende eurer Gefangenschaft! Freut euch! Wir sind erlöst worden durch das Blut des Lammes! Preist den Herrn!«

»Das tun wir doch, Vater! Das tun wir, aber die Kinder sind so müde ...«

Mose hob den Stab. »Erinnert euch an diesen Tag! Erzählt euren Söhnen und Töchtern von dem, was der Herr für euch getan hat, als er euch aus Ägypten führte! Erinnert euch, dass ihr dem Herrn jeden männlichen Erstgeborenen heiligt, den Nachkommen jedes Schoßes in Israel, ob Mann oder Tier, denn der Herr hat den Tod an uns vorübergehen lassen! Erinnert euch an diesen Tag! Vergesst nie, dass es der Herr war, der euch mit mächtiger Hand aus Ägypten geführt hat!«

»Preist den Herrn!« Aaron hob seinen Stab. Er wollte nicht auf die wenigen Unzufriedenen in seinem Volk hören. Er würde sich diesen Augenblick nicht von ihnen verderben lassen. Er würde nicht auf die hören, die wie Lots Frau über die Schulter zurücksahen. Sein ganzes Leben lang hatte er davon geträumt, wie es sein würde, als freier Mensch zu leben. Und jetzt wollte er die Freiheit aus erster Hand kennen lernen. Die Dankbarkeit trieb ihm die Tränen in die Augen. »*Preist den Herrn!*« Männer und Frauen in seiner Nähe nahmen sein Lob auf und es breitete sich unter dem Volk Israel aus und stieg in einem lauten Schrei zum Himmel auf. Die Frauen begannen zu singen.

Mose marschierte unbeirrt weiter, auch als die Sonne unterging, denn eine Feuersäule erschien, die sie nach Sukkot führte, wo sie sich ausruhen konnten, bevor sie weiterzogen. In Etam, am Rande der Wüste, schlugen sie ihr Lager auf.

Korach und eine Abordnung anderer levitischer Ältesten kam zu Mose. »Warum führst du uns nach

Süden, wo die anderen beiden Wege nach Kanaan doch kürzer sind? Wir könnten am Meer entlanggehen.«

Mose schüttelte den Kopf. »Dann müssten wir durch das Land der Philister ziehen.«

»Wir sind viele und für den Kampf gerüstet. Wie wäre es durch Schur zum südlichen Kanaan?«

Mose blieb fest. »Wir sind bewaffnet, aber nicht ausgebildet und ungeübt. Wir gehen, wohin der Engel des Herrn uns führt. Der Herr hat gesagt, wenn das Volk mit kriegerischen Auseinandersetzungen rechnen müsste, könnten die Leute ihre Meinung ändern und nach Ägypten zurückkehren.«

»Wir werden niemals nach Ägypten zurückkehren!« Korach schob das Kinn vor. »Du solltest eigentlich mehr Vertrauen in uns haben, Mose. Wir sehnen uns genauso nach Freiheit wie du. Sogar noch mehr.«

Aarons Kopf fuhr hoch. Er wusste, Korach spielte darauf an, dass Mose vierzig Jahre lang in Palästen und weitere vierzig Jahre unter den freien Männern von Midian gelebt hatte. Andere kamen und forderten Moses Aufmerksamkeit. Er erhob sich, um zu sehen, was los war. Die Probleme häuften sich bereits.

»Aaron.« Korach wandte sich an ihn. »Du verstehst uns besser als Mose. Du solltest bei der Entscheidung, welchen Weg wir wählen, ein Wort mitzureden haben.«

Aaron durchschaute ihre Schmeicheleien. »Das ist Gottes Entscheidung, Korach. Gott hat Mose zu unserem Führer bestimmt. Er steht über uns. Er geht vor uns her.« Sahen sie nicht den Mann, der vor Mose herzog und sie führte? So nah, dass sie folgen konnten, aber nicht nahe genug, dass sie sein Gesicht sehen konnten. Oder konnte das Volk ihn doch sehen?

»Ja«, stimmte Korach zu. »Wir akzeptieren Mose als Gottes Prophet. Aber Aaron, das bist du auch. Denk an die Kinder. Denk an unsere Frauen. Sprich mit deinem Bruder. Warum sollen wir den langen Weg wählen, statt des kurzen? Die Philister werden von den Plagen gehört haben. Sie werden genauso große Angst haben wie die Ägypter jetzt.«

Aaron schüttelte den Kopf. »Der Herr führt. Mose macht nicht einen Schritt ohne die Führung des Herrn. Wenn ihr das nicht versteht, dann müsst ihr nur den Blick heben und die Wolkensäule bei Tag und die Feuersäule bei Nacht ansehen.«

»Ja, aber ich bin sicher, wenn du den Herrn fragst, wird er dir zuhören. Hat er dich nicht in die Wüste gerufen, damit du Mose am Berg Sinai triffst? Der Herr hat mit dir gesprochen, bevor er zu deinem Bruder geredet hat.«

Korachs Worte beunruhigten Aaron. Wollte der Mann Zwietracht säen zwischen den Brüdern? Aaron dachte an das, was Eifersucht bei Kain und Abel, Ismael und Isaak, Esau und Jakob, Josef und seinen elf Brüdern angerichtet hatte. Nein! Er würde einem solchen Denken nicht nachgeben. Der Herr hatte ihn an Moses Seite gerufen, damit er neben ihm herging, ihn ermutigte. Und das würde er auch tun! »Der Herr spricht durch Mose, nicht durch mich, und wir werden dem Herrn folgen, wo immer er uns hinführt.«

»Du bist Amrams erstgeborener Sohn. Der Herr spricht auch zu dir.«

»Nur um zu bestätigen, was er bereits zu Mose gesagt hat!«

»Ist es falsch zu fragen, warum wir den schwierigeren Weg gehen müssen?«

Aaron erhob sich, den Stab in der Hand. Die meisten dieser Männer waren mit ihm verwandt. »Sollte Mose oder ich dem Herrn vorschreiben, welchen Weg wir nehmen sollen? Der Herr bestimmt, welchen Weg wir wählen, wie lange und wie weit wir gehen. Wenn ihr euch gegen Mose stellt, dann stellt ihr euch gegen Gott.«

Korachs Augen wurden dunkel, aber er hob ergeben die Hände. »Ich zweifle Moses oder deine Autorität nicht an, Aaron. Wir haben die Zeichen und Wunder gesehen. Ich habe nur gefragt.«

Aber selbst als sich die Männer abwandten, wusste Aaron, dass die Fragen kein Ende nehmen würden.

* * *

Aaron kletterte mit Mose auf den Berg, von dem aus sie das Land im Osten überblicken konnten. Andere waren in der Nähe, gleich unten am Berg. Sie beobachteten die Männer, respektierten aber Moses Bedürfnis nach Einsamkeit und warteten darauf, dass Aaron für ihn sprach. Mose beherrschte die hebräische Sprache zunehmend besser. »Bald wirst du mich nicht mehr brauchen, mein Bruder. Deine Worte sind klar und leicht zu verstehen.«

»Der Herr hat uns *beide* zu dieser Aufgabe berufen, Aaron. Hätte ich die Wüste durchqueren und vor dem

Pharao stehen können, wenn der Herr dich nicht zu mir gesandt hätte?«

Aaron legte die Hand auf Moses Arm. »Du hast eine zu hohe Meinung von mir.«

»Die Feinde Gottes werden alles in ihrer Macht Stehende tun, um uns auseinander zu bringen, Aaron.«

Vielleicht hatte der Herr Mose die Augen geöffnet in Bezug auf die Versuchungen, denen Aaron ausgesetzt war. »Ich möchte nicht auf den Wegen derer wandeln, die uns vorausgegangen sind.«

»Was beunruhigt dich?«

»Dass du mich eines Tages nicht mehr brauchst, dass ich nutzlos sein werde.«

Mose schwieg eine ganze Weile. Aaron dachte, dass er vielleicht gar nicht antworten wollte. Vergrößerte er noch zusätzlich Moses Last? Hatte der Herr ihn nicht berufen, um Mose zu helfen, nicht, ihn mit kleinen Sorgen zu quälen? Wie sehnte er sich danach, mit Mose so zu reden, wie sie es getan hatten, wenn sie allein gemeinsam am Flussufer entlanggegangen waren! Die Jahre der Trennung waren unwichtig geworden. Die eingebildeten Kümmernisse hatten sich aufgelöst. Sie waren mehr als Brüder. Sie waren Freunde, vereint in einer Berufung, Diener des allerhöchsten Gottes. »Es tut mir Leid, Mose. Ich werde dich allein lassen. Wir können ein anderes Mal reden.«

»Bleibe bei mir, Bruder.« Er starrte unbeirrt auf das Volk herab. »Es sind so viele.«

Erleichtert darüber, gebraucht zu werden, trat Aaron näher und stützte sich auf seinem Stab ab. Langes Schweigen hatte ihm noch nie behagt. »Alle diese Menschen sind Nachfahren von Jakobs Söhnen. Sechsundsechzig sind mit Jakob nach Ägypten gekommen und zusammen mit Josefs Familie waren sie dann siebzig. Und von den wenigen stammt diese Menge ab. Gott hat uns gesegnet.«

Tausende und Abertausende Männer, Frauen und Kinder zogen wie ein sich langsam bewegendes Meer in die Wüste. Staubwolken wurden durch ihre Füße und die Hufe ihrer Viehherden aufgewirbelt. Über ihnen hing der graue Wolkenbaldachin des Schutzes, ein Schild vor der sengenden Hitze der Sonne. Kein Wunder, dass der Pharao die Hebräer gefürchtet hatte! Wie viele es waren! Hätten sie sich mit den Feinden Ägyptens zusammengetan, hätten sie zu einer großen militärischen Bedrohung innerhalb der Grenzen Ägyptens werden können. Aber anstatt zu rebellieren, hatten sie sich dem Willen des Pharaos gebeugt und als Sklaven gedient. Sie hatten nicht versucht, die Ketten der Knechtschaft zu zerbrechen, aber sie hatten den Herrn, den Gott Abrahams, Isaaks und Jakobs angefleht, sie zu retten.

Eine Reihe Ägypter begleiteten das Volk. Die meisten hielten sich am Rand der Menge der Reisenden. Aaron wünschte, sie wären im Nildelta oder in Etam zurückgeblieben. Er traute ihnen nicht. Hatten sie sich wirklich von ihren Götzen abgewandt und beschlossen, dem Herrn zu folgen, oder waren sie nur mitgekommen, weil Ägypten in Trümmern lag?

Die Israeliten winkten. »Mose! Aaron!« Wie Kinder riefen sie nach ihnen. Noch immer wurde gejubelt. Vielleicht waren es nur Korach und seine Freunde, die die gewählte Reiseroute infrage stellten.

Mose setzte sich wieder in Bewegung. Aaron hob den Stab und deutete in die Richtung, in die er ging. Er hatte nicht gefragt, warum Mose nach Süden und dann nach Osten in das Herz Sinais zog. Am Abend verwandelte sich die graue Wolke in eine wirbelnde Feuersäule, um ihnen den Weg zu erhellen und sie in der Wüstennacht zu wärmen. Der Engel des Herrn ging ihnen voran und führte Mose und das Volk weiter in die Wüste hinein.

Warum?

War es richtig, eine solche Frage auch nur zu denken?

Mose ließ kein Lager aufschlagen, sondern zog weiter und machte nur kurze Pausen. Bei jeder Rast backten Miriam und die Frauen von Aarons Söhnen genügend Brotfladen, die sie unterwegs aßen. Beim Schlafen legten die Kinder ihren Kopf auf einen Stein als Kissen. Aaron spürte Moses Dringlichkeit – eine Dringlichkeit, die auch er empfand, aber nicht begriff. Kanaan lag im Norden, nicht im Osten. Wohin führte der Herr sie?

Vor ihnen öffnete sich eine große Schlucht. Aaron dachte, Mose würde sich nun nach Norden wenden oder Männer vorschicken, die die Schlucht auskundschaften sollten. Aber Mose zögerte nicht und wandte sich auch nicht nach rechts oder links. Er marschierte geradewegs in die Schlucht hinein. Aaron blieb an seiner Seite und er sah nur zurück, um sich davon zu überzeugen, dass Miriam, seine Söhne und ihre Frauen und Kinder ihnen folgten.

Hohe Felsen ragten drohend zu beiden Seiten auf; die Wolke blieb über ihnen. Die Schlucht wurde enger, verzweigte sich und wand sich wie eine Schlange durch die Felsen. Der Boden war flach und leicht zu bewältigen.

Nach einem langen Tag öffnete sich die Schlucht. Aaron sah ein weites Meer vor sich und roch Seeluft. Welches Wasser auch immer zur Zeit der Sintflut durch diese Schlucht geflossen war, es hatte sich weit zurückgezogen. Ein breiter Strand hatte sich gebildet, auf dem das Volk lagern konnte. Doch wie sollte es nun weitergehen? »Was machen wir jetzt, Mose?«

»Wir warten auf den Herrn.«

»Aber wir können nicht weiter!«

Mose stand vor dem Meer und ließ sich den Wind ins Gesicht wehen. »Wir sollen Baal-zephon gegenüber lagern, wie der Herr gesagt hat. Der Pharao wird uns nachjagen und der Herr selbst wird sich durch den Pharao und seine Armee verherrlichen. Dann werden die Ägypter wissen, dass der Herr Gott ist und dass kein anderer ist.«

Furcht machte sich in Aaron breit. »Sollen wir es den anderen sagen?«

»Sie werden es früh genug erfahren.«

»Sollen wir Schlachtlinien bilden? Sollen wir unsere Waffen bereit halten, um uns zu verteidigen?«

»Ich weiß es nicht, Aaron. Ich weiß nur, dass der Herr uns aus einem bestimmten Grund hierher geführt hat.«

Ein Aufschrei erhob sich unter den Israeliten. Männer auf Kamelen ritten über den Strand. Die Pferde und Wagen des Pharaos, Reiter und Truppen kamen durch die Schlucht. Hörner ertönten in der Ferne. Aaron spürte die Erschütterungen des Bodens. Eine Armee, die noch nie besiegt worden war. Die Hebräer begannen laut zu jammern. Ihre Klage übertönte sogar das Geräusch des Meeres. Wie eine aufgescheuchte Herde rannten sie zum Meer und kauerten sich auf den Boden.

Mose wandte sich zu dem tiefen Wasser um, hob den Arm und rief zum Herrn. Die Schlachthörner wurden immer lauter. Aaron rief: »Kommt her zu Mose!« Seine Söhne, ihre Familien und Miriam kamen angerannt. »Bleibt bei uns, egal was passiert!«, forderte Aaron. »Trennt euch nicht von uns!« Er nahm seinen Enkel Pinehas in die Arme. »Der Herr wird zu unserer Rettung kommen!«

»Herr, hilf uns!«, rief Mose.

Aaron schloss die Augen und betete, der Herr möge sie hören. »Was habt ihr uns angetan?«

Aaron reichte Pinehas an Eleasar weiter. Er stand, den Stab in der Hand, zwischen seinem Bruder und dem Volk.

»Warum bringst du uns hierher in die Wüste, damit wir sterben? Gab es in Ägypten nicht genügend Gräber für uns?«

»Wir hätten in Ägypten bleiben sollen!«

»Haben wir dir in Ägypten nicht gesagt, du sollst uns in Ruhe lassen?«

»Du hättest uns weiter den Ägyptern dienen lassen sollen.«

»Warum hast du uns weggeführt?«

»Unsere ägyptische Sklaverei war viel besser, als hier draußen in der Wüste zu sterben!«

Mose wandte sich zu ihnen um. »Habt keine Angst!«

»Wir sollen keine Angst haben? Die Armee des Pharao ist hinter uns her! Die Ägypter werden uns abschlachten wie Schafe!«

Aaron beschloss, Mose zu glauben. »Habt ihr vergessen, was der Herr bereits für uns getan hat? Er hat Ägypten mit seiner mächtigen Hand geschlagen! Ägypten liegt in Trümmern!«

»Um so mehr ein Grund für den Pharao, uns vernichten zu wollen!«

»Wohin können wir gehen? Vor uns ist das Meer und hinter uns sind die Ägypter.«

»Sie kommen! Sie kommen!«

Mose hob den Stab. »Bleibt stehen, wo ihr seid, und erlebt, wie der Herr euch rettet. Die Ägypter, die ihr heute seht, wird es bald nicht mehr geben. Der Herr selbst wird für euch streiten. Ihr werdet nicht einen Finger zu eurer Verteidigung krümmen müssen!«

An Moses Gesichtsausdruck merkte Aaron, dass der Herr zu ihm gesprochen hatte. Mose wandte sich ab und sah hinauf zum Himmel. Der strahlende Engel des Herrn, der sie geführt hatte, erhob sich, setzte sich hinter die Menge und blockierte somit den Eingang der großen Schlucht, die sich nach Pi-hairoth öffnete. Mose hob seinen Stab und streckte ihn über das Meer. Ein Sturm erhob sich vom Osten. Er teilte das Wasser und trieb es zurück, sodass sich die Wassermauern wie die kahlen Felsen der Schlucht zu beiden Seiten auftürmten. Ein trockener Weg führte in die Tiefe des Meeres hinab und durch das Meer hindurch zu dem Land auf der anderen Seite des *yam suph*, des Roten Meeres.

»Setzt euch in Bewegung!«, rief Mose.

Mit klopfendem Herzen nahm Aaron den Ruf auf. »Setzt euch in Bewegung!« Er hob seinen Stab, deutete zum Meer und folgte Mose zwischen den hohen Wassermauern hindurch.

Der starke Ostwind blies die ganze Nacht, während Tausende und Abertausende Israeliten zur anderen Seite liefen. Als Aaron und seine Familie die östliche Küste erreichten, stellten sie sich mit Mose auf eine Klippe und sahen zu, wie das Volk durch das Meer zog. Tief bewegt beobachtete Aaron, wie das Volk Ägypten endgültig hinter sich ließ. Undurchdringliche Dunkelheit hing über den Felsen der Schlucht, durch die sie gekommen waren, aber auf dieser Seite gab der Herr ihnen Licht, damit die Israeliten und ihre Begleiter den Weg durch das Rote Meer fanden.

Als die letzten Israeliten den Strand erreicht hatten, hob sich die Feuerwand und legte sich wie eine schimmernde Wolke über Land und Meer. Jetzt hatte der Pharao freie Bahn. Die Schlachthörner ertönten, die Wagen donnerten auf den Strand und setzten sich hintereinander. Mit der Peitsche trieben die Fahrer ihre Pferde durch das Meer.

Aaron blieb auf der Klippe stehen und lehnte sich in den Wind. Unter ihm kämpften die Israeliten gegen ihre Erschöpfung an. »Sie müssen sich beeilen! Sie müssen ...« Er spürte Moses Hand auf seiner Schulter und beugte sich dem stummen Befehl, sich zu beruhigen. »*Habt keine Angst*«, hatte Mose gesagt. »*Bleibt, wo ihr seid!*« Aber es war so schwer, wo er doch die Wagen, Reiter und Truppen herankommen sah. Es waren Tausende, bewaffnet und gut ausgebildet, in dem Bestreben, die zu töten, die zu dem Gott gehörten, der Ägypten vernichtet hatte, dem Gott, der ihre erstgeborenen Söhne getötet hatte. Der Hass trieb sie an.

Als sich die Ägypter der Küste näherten, stürzte ein Pferd und riss den Wagen, den es zog, mit sich. Der Fahrer wurde unter seinem Wagen begraben. Die Wagen dahinter versuchten abzudrehen. Die Pferde wieherten und bäumten sich auf. Einige warfen ihre Reiter ab und galoppierten zurück. Heillose Verwirrung entstand unter den Truppen. Einige Soldaten wurden von den reiterlosen Pferden zu Tode getrampelt.

Endlich hatten die letzten Israeliten das Ostufer erreicht. Beim Anblick der Ägypter schrien die Leute entsetzt auf. »Israel!«, ertönte Moses Stimme. Er hob die Hände. »Seid still und erkennt, dass der Herr Gott ist!« Er streckte seinen Stab über das Rote Meer aus. Der Ostwind verstummte. Die Wasserwand brach zusammen, das zurückfließende Wasser begrub die verschreckten Ägypter unter sich und erstickte ihre Schreie. Eine mächtige Wasserfontäne spritzte in den Himmel und kam mit großen Getöse wieder herunter.

Das Rote Meer wurde langsam ruhiger. Alle verstummten.

Aaron sank zu Boden und starrte in das blaue Wasser – nur Sekunden zuvor noch aufgewühlt, jetzt ruhig. Die Wellen schwappten gegen die Felsenküste und der Wind flüsterte sanft.

Empfanden alle wie er? Entsetzen angesichts der Macht des Herrn, mit der er die Ägypter heimgesucht hatte, und überschwängliche Freude, denn der Feind existierte nicht mehr! Unter ihm wurden unzählige ägyptische Soldaten an den Strand gespült.

Aaron sah seine Söhne und Schwiegertöchter an, seine Enkelkinder, die sich um ihn geschart hatten. »Ägypten hat sich seiner Armee und seiner Waffen gerühmt, seiner vielen Götter. Aber wir werden uns des Herrn, unseres Gottes, rühmen.« Alle Völker würden erfahren, was der Herr getan hatte. Wer würde es wagen, sich gegen das Volk zu wenden, das Gott zu seinem Eigentum erwählt hatte? Seht den Himmel an! Der Gott, der die Grundfesten der Erde gelegt und die Sterne am Himmel verteilt hatte, beschützte sie! Der Gott, der Plagen herbeirufen und das Meer teilen konnte, wachte über ihnen! »Wer wird es wagen, sich gegen einen Gott wie unseren zu wenden? Wir werden in Sicherheit leben! Wir werden in dem Land gedeihen, das Gott uns geben wird! Niemand wird sich gegen unseren Gott stellen! Wir sind frei und niemand wird uns jemals wieder versklaven!«

»Ich will dem Herrn singen, denn er hat eine herrliche Tat getan!« Moses Stimme übertönte den Wind. »Ross und Mann hat er ins Meer gestürzt.«

Miriam nahm ihr Tamburin und begann zu singen. »Ich will dem Herrn singen, denn er hat eine herrliche Tat getan.« Sie schlug das Tamburin und tanzte dazu. »Ross und Mann hat er ins Meer gestürzt!« Aarons Schwiegertöchter schlossen sich ihr an, lachten und riefen übermütig: »Preist den Herrn! Preist den Herrn ...«

Aaron lachte mit ihnen, denn seine tanzende alte Schwester war ein wundervoller Anblick!

Mose kam vom Felsen herunter. Die Leute wichen vor

ihm auseinander wie das Meer sich vor ihnen geteilt hatte. Aaron begleitete ihn. Tränen liefen ihm über die Wangen, sein Herz war übervoll. Er musste in das Lied seines Bruders einstimmen. »Der Herr ist meine Stärke und mein Lobgesang und ist mein Heil. Er ist mein Sieg geworden!« Er fühlte sich wieder jung, voller Hoffnung und Dankbarkeit. Der Herr hatte für sie gekämpft! Aaron sah zu der Wolke über ihnen auf. Licht strömte in schimmernden Farben hindurch, als würde Gott sich über ihr Lob freuen. Aaron hob die Hände und lobte und dankte laut.

Die Israeliten jubelten, streckten ihre Hände zum Himmel. Einige knieten weinend und von ihren Gefühlen überwältigt nieder. Zehn, hundert, tausend Frauen schlossen sich der tanzenden Miriam an.

»Er ist mein Gott!«, sang Mose.

»Er ist mein Gott!«, sang Aaron an der Seite seines Bruders. Seine Familie hielt sich in seiner Nähe. Andere scharten sich um sie und hoben singend die Hände.

Miriam und die Frauen tanzten und sangen. »Er ist unser Gott!«

Aarons Söhne stimmten mit geröteten Gesichtern, strahlenden Augen und erhobenen Händen in den Jubel ein. Triumphierend lachte Aaron auf. Wer konnte jetzt noch an der Macht des Herrn zweifeln? Mit seiner mächtigen Hand hatte er die Ketten ihrer Gefangenschaft zerbrochen. Der Herr hatte die Götter Ägyptens verspottet und die Armee des mächtigsten Volkes der Erde in der Tiefe des Meeres verschluckt! Alle, die damit geprahlt hatten, sie würden ihre Schwerter ziehen und Israel vernichten, waren jetzt tot. Der Mensch plante, aber Gott herrschte.

Wer unter den Göttern ist wie du, Herr? Es gibt keinen anderen, der so Ehrfurcht gebietend in Herrlichkeit ist und der Wunder wirken kann! Die Nationen werden es hören und zittern. Philisterland, Edom, Moab, Kanaan werden vor uns dahinschmelzen, weil wir den Herrn, den Gott Abrahams, Isaaks und Jakobs auf unserer Seite haben! Durch die Macht deines Armes werden sie so reglos sein wie ein Stein, bis wir vorbeiziehen. Wenn wir zu dem Land kommen, das Gott unseren Vorfahren verheißen hat, werden wir von allen Seiten Ruhe haben!

»Der Herr regiert für immer und ewig!« Mose hob den Stab und führte das Volk vom Roten Meer fort.

»In alle Ewigkeit.« *Unser Gott regiert!*

Nachdem der Jubel verstummt war, kehrten die Israeliten wieder zu ihren Stämmen zurück. Die Familien fanden sich und folgten Mose ins Land hinein. Aaron rief seine Söhne und Schwiegertöchter zu sich. »Bleibt in den Reihen der Leviten.« Die Stammesführer hielten ihre Standarten in die Höhe und die Familienmitglieder sammelten sich um sie.

Aaron ging neben Mose her. »Jetzt, wo das Schlimmste hinter uns liegt, wird es einfacher sein. Der Pharao kann uns niemanden mehr nachschicken. Seine Götter haben sich als schwach erwiesen. Wir sind jetzt in Sicherheit.«

»Wir sind durchaus nicht in Sicherheit.«

»Wir haben die Grenzen Ägyptens hinter uns gelassen. Selbst wenn der Pharao noch eine Armee aufstellen könnte, wer würde seinen Befehlen folgen und uns nachsetzen, wenn die Leute hören, was heute hier geschehen ist? Überall wird kund werden, was der Herr für uns getan hat, Mose. Niemand wird es wagen, sich gegen uns zu stellen.«

»Ja, wir haben die Grenzen Ägyptens hinter uns gelassen, Aaron, aber in den kommenden Tagen werden wir sehen, ob wir auch Ägypten hinter uns gelassen haben.«

* * *

Es dauerte nicht lange, bis Aaron verstand, was sein Bruder gemeint hatte. Das Volk folgte Mose in die Wüste Schur und nach Norden durch das karge Land zum Berg Gottes. Unterwegs verstummte ihr Jubelgesang. Sie hatten kein Wasser. Der Vorrat, den sie aus Ägypten mitgenommen hatten, war beinahe aufgebraucht und es gab keine Quellen, an denen sie ihren zunehmenden Durst stillen oder ihre Wasserschläuche auffüllen konnten. Das Volk begann zu murren. Sie murrten am zweiten Tag, als kein Wasser da war. Am dritten Tag wurde der Zorn immer größer.

»Wir brauchen Wasser, Aaron.«

Aarons Zunge klebte ihm bereits am Gaumen, aber er versuchte, die Leute zu beruhigen, die sich bei ihm beschwerten. »Der Herr führt Mose.«

»In die Wüste?«

»Habt ihr vergessen, wie der Herr das Meer geteilt hat?«

»Das war vor drei Tagen und jetzt haben wir kein Wasser mehr. Wäre es doch Süßwasser gewesen, damit wir unsere Wasserschläuche hätten füllen können! Warum führt Mose uns in die Wüste?«

»Wir gehen zurück zum Berg Gottes.«

»Wir werden verdursten, bevor wir da ankommen!«

Aaron unterdrückte seinen Zorn. »Sollte Moses eigene Verwandtschaft gegen ihn murren?« Vielleicht hatte der Durst ihn so ungeduldig gemacht. »Der Herr wird uns geben, was wir brauchen.«

»Dein Wort in Gottes Ohr!«

Sie waren wie müde, quengelige Kinder, die jammerten und sich beschwerten. »Wann werden wir da sein?« Aaron empfand Mitleid für die Kranken. Die Beulen von einigen Ägyptern in ihrer Begleitung waren noch nicht verheilt; die Mückenstiche anderer hatten sich entzündet. Sie waren müde, hungrig und durstig und litten unter der heißen Wüstensonne. Zweifel und Furcht vor dem, was an Elend noch auf sie wartete, quälten sie. »Wir brauchen Wasser!«

Dachten sie, er und Mose seien Gott und könnten Wasser aus den Felsen hervorbringen? »Wir haben kein Wasser für euch.« Ihre Schläuche waren genauso leer wie die der anderen. Sie waren genauso durstig. An diesem Morgen hatte Mose sein letztes Wasser einem von Aarons Enkeln gegeben. Aaron hatte noch ein paar Tropfen übrig, aber er hob sie auf für den Fall, dass sein Bruder einen Schwächeanfall wegen Dehydrierung erlitt. Was würden sie tun, wenn Mose sie nicht mehr führte?

Sie kamen zu einer Erhebung und Mose deutete in die Ferne. »Da!« Wie durstige Tiere stoben sie zu dem Teich und fielen auf ihre Knie, um zu trinken. Aber kaum war das Wasser über ihre Lippen gekommen, da zuckten sie zurück und spuckten es wieder aus. »Es ist bitter!«

»Trinkt nicht davon! Es ist giftig!«

»Mose! Was hast du getan? Hast du uns hierher in die Wüste geführt, damit wir verdursten?«

Die Kinder weinten, die Frauen jammerten. Männer brüllten mit zornig verzerrtem Gesicht herum. Bestimmt würden sie bald Steine nehmen und auf Mose werfen. Aaron rief ihnen in Erinnerung, was der Herr für sie getan hatte. Hatten sie so schnell vergessen? »Erst vor drei Tagen haben wir ihn gepriesen! Erst vor drei Tagen habt ihr gesagt, ihr würdet niemals vergessen, was der Herr Gutes für euch getan hat! Der Herr wird uns geben, was wir brauchen!«

»Wann? Wir brauchen das Wasser jetzt!«

Mose ging zu den Felsen. Das Volk schrie um so lauter. Aaron stand zwischen ihnen und seinem Bruder. »Lasst ihn in Ruhe! Lasst Mose den Herrn suchen! Seid still. Seid still, damit er die Stimme des Herrn hören kann.«

Herr, wir brauchen Wasser. Du weißt, wie schwach wir sind. Wir sind nicht wie du! Wir sind Staub. Der Wind bläst und wir sind tot! Hab Erbarmen mit uns! Gott, erbarme dich! »Der Herr wird Mose erhören und ihm sagen, was er tun soll. Der Herr hat meinen Bruder geschickt, damit er uns befreit und das hat er getan.«

»Er hat uns befreit, damit wir sterben.«

Zornig deutete Aaron zum Himmel. »Der Herr ist bei uns. Ihr braucht nur aufzusehen zu der Wolke über uns.«

»Wir wünschten, die Wolke würde uns Regen geben!«

Aarons Gesicht wurde rot. »Denkt ihr, der Herr würde nicht hören, wie ihr gegen ihn redet? Bestimmt hat der

Herr uns nicht aus Ägypten befreit, damit wir hier in der Wüste verdursten! Glaubt doch!« Innerlich betete Aaron inbrünstig zu Gott. *Herr, Herr, sag uns, wo wir Wasser finden. Sag uns, was wir tun sollen! Hilf uns!*

»Was sollen wir trinken?«

»Ohne Wasser werden wir sterben!«

Mose kam zurück. Er hielt ein Stück Holz in der Hand, das er ins Wasser warf. »Trinkt!«

Die Leute höhnten.

Aaron kniete nieder, schöpfte Wasser mit den Händen und trank. Lächelnd fuhr er sich mit den nassen Händen über das Gesicht. »Das Wasser ist süß!« Seine Söhne und ihre Familien knieten ebenfalls nieder und tranken.

Die Leute rannten zum Wasser, drängten sich an seinem Ufer, schoben und stießen sich herum und forderten ihren Anteil ein. Sie tranken, bis sie nichts mehr hinunter bekamen, dann füllten sie ihre Wasserschläuche.

»Hört genau zu«, rief Mose ihnen zu. »Wenn ihr auf die Stimme des Herrn, unseres Gottes, hört und tut, was richtig ist in seinen Augen, wenn ihr seinen Befehlen und Gesetzen gehorcht, dann wird er euch nicht die Plagen erdulden lassen, die er über die Ägypter gebracht hat; denn er ist der Herr, der euch heilt.«

Hatten die Leute ihn gehört? Hörten sie überhaupt zu? Alle schienen so darauf bedacht zu sein, ihre unmittelbaren Bedürfnisse zu befriedigen, dass sie kaum aufsahen. Aaron rief: »Hört auf Mose! Er hat Worte des Lebens für uns!«

Aber das Volk hörte nicht richtig zu. Es hatte keine Zeit, Gott für das Wasser zu danken.

* * *

Von Mara aus führten Mose und Aaron das Volk nach Elim. Dort schlugen sie ihr Lager auf. Sie aßen Datteln von den Palmen und tranken aus den zwölf Quellen. Nach einer Ruhepause folgten die Israeliten Mose in die Wüste Sin.

Täglich musste Aaron sich die Klagen der Leute anhören. Schließlich konnte er es kaum noch ertragen. Einen Monat und fünfzehn Tage war es her, seit sie Ägypten verlassen hatten, doch es erschien ihm bereits wie Jahre. Hungrig und durstig zogen sie durch das öde Land und schwankten zwischen dem Traum von dem Verheißenen Land und der Realität der Entbehrungen auf dem Weg dorthin hin und her.

Vor allem die Ägypter, die die Israeliten begleiteten, beschwerten sich. »Ach wären wir doch nur wieder in Ägypten!«, weinte eine Frau. »Es wäre besser, wenn der Herr uns dort getötet hätte! Wenigstens hatten wir dort genügend zu essen.«

»Erinnert ihr euch noch, wie wir an den Fleischtöpfen saßen und so viel gegessen haben, wie wir wollten?« Ihre Gefährtin riss ein Stück ungesäuertes Brot ab und steckte es angewidert in den Mund. »Dieses Zeug ist schrecklich!«

Die Männer waren offener in ihrer Rebellion. Aaron konnte nirgendwohin gehen, ohne von jemandem zu hören: »Du und dein Bruder, ihr habt uns in diese Wüste geführt, um uns verhungern zu lassen!«

Als der Herr erneut zu Mose redete, freute sich Aaron. Gemeinsam mit Mose überbrachte er dem Volk die Botschaft. »Der Herr wird Nahrung für euch vom Himmel regnen lassen! Ihr sollt jeden Tag genügend für den Tag einsammeln. Auf diese Weise wird der Herr uns prüfen, um zu sehen, ob wir seinen Anweisungen folgen. Am sechsten Tag sollt ihr doppelt so viel aufsammeln wie sonst. Am Abend werdet ihr erkennen, dass es der Herr war, der euch aus dem Land Ägypten geführt hat. Am Morgen werdet ihr die herrliche Gegenwart des Herrn sehen. Er hat euer Klagen gehört, das gegen den Herrn gerichtet ist und nicht gegen uns!«

Aaron sah hinaus in die Wüste und die Herrlichkeit des Herrn leuchtete in der Wolke. Das Volk kauerte sich ängstlich zusammen und verstummte, als Mose die Hände hob. »Der Herr wird euch abends Fleisch zu essen geben und Brot am Morgen, denn er hat euer Murren gegen ihn gehört. Ja, euer Murren ist gegen den Herrn gerichtet, nicht gegen uns!«

Und so war es auch. Als die Sonne unterging, kamen Wachteln angeflogen, Tausende und Abertausende. Lachend beobachtete Aaron, wie seine Enkel losrannten, die Vögel einfingen und ihren Müttern brachten. Noch bevor die Sterne am Himmel aufgingen, roch es überall im Lager nach gebratenem Fleisch.

Mit vollem Magen schlief Aaron in dieser Nacht besonders gut. Er träumte nicht davon, vom Volk gesteinigt zu werden oder dass in seinem Wasserschlauch nur noch Sand statt Wasser war. Stimmengewirr weckte ihn auf. »Was ist los?« Er trat vor sein Zelt und sah, dass der Boden bedeckt war von Flocken, die wie Schnee aussahen, weiß wie Koriandersamen. Er steckte ein paar Stücke in den Mund. »Das schmeckt wie Waffeln mit Honig.«

»*Manna*? Was ist das?«

»Das ist das Brot, das Gott euch versprochen hat. Es ist das Brot vom Himmel.« Hatten sie erwartet, dass Weizen auf sie herabregnen würde? »Erinnert euch! Sammelt nur das auf, was ihr für den Tag braucht. Nicht mehr. Der Herr prüft uns.« Aaron nahm einen Krug und ging zusammen mit seinen Söhnen, Schwiegertöchtern und Enkeln hinaus.

Mose hockte sich neben Aaron. »Füll noch einen Krug und stelle ihn vor den Herrn, als Erinnerung für spätere Generationen.«

Das Volk brach wieder auf und zog durch die Wüste und wieder begannen die Israeliten zu klagen, weil sie Durst hatten. Wurden ihre Wünsche nicht sofort erfüllt, schrien sie immer lauter und zorniger. In Refidim wuchs ihre Ungeduld ins Unermessliche.

»Warum lagern wir hier an diesem gottverlassenen Ort?«

»Hier gibt es gar kein Wasser!«

»Wo ist das Land, in dem Milch und Honig fließen, das ihr uns versprochen habt?«

»Warum hören wir auf diese Männer? Seit wir Ägypten verlassen haben, haben wir nur gelitten!«

»Wenigstens hatten wir in Ägypten zu essen und zu trinken.«

»Und wir haben in Häusern gelebt und nicht nur in Zelten!«

Aaron konnte sie mit Worten nicht beruhigen, auch konnte er ihren Zorn nicht besänftigen. Er fürchtete um

Moses Leben und um sein eigenes, denn das Volk wurde mit jedem Wunder, das der Herr tat, immer fordernder.

»Warum streitet ihr mit mir?« Mose deutete zu der Wolke. »Und warum versucht ihr den Herrn?«

»Warum hast du uns aus Ägypten geführt? Damit wir und unser Vieh verdursten?«

Aaron ärgerte sich über ihre Undankbarkeit. »Der Herr gibt euch jeden Morgen Brot!«

»Mit Würmern darin!«

Mose streckte seinen Stab aus. »Weil ihr mehr gesammelt habt, als ihr braucht!«

»Was nützt das Brot, wenn wir kein Wasser haben?«

»Ist der Herr unter uns oder nicht?«

Wie konnten sie solche Fragen stellen, wo die Wolke tagsüber über ihnen war und nachts die Feuersäule sie schützte? Jeder Tag brachte neue Klagen und Zweifel. Mose betete täglich. Und auch Aaron, wenn er nicht gezwungen war, die Ängste der Israeliten zu besänftigen und sie an das zu erinnern, was der Herr bereits getan hatte. Sie verstopften ihre Ohren. Hatten sie denn keine Augen im Kopf? Was erwartete das Volk von Mose? Einige hoben Steine auf. Aaron rief seine Söhne und gemeinsam stellten sie sich schützend um Mose. Fürchteten diese Israeliten nicht den Herrn und das, was Gott mit ihnen machen würde, wenn sie seinen Boten töteten?

»Aaron, nimm einige der Ältesten und folge mir.«

Aaron gehorchte Mose und rief die Vertreter der einzelnen Stämme zusammen, denen er vertraute. Die Wolke stieg auf der Seite des Berges herab, wo das Volk lagerte. Aaron bekam eine Gänsehaut, denn er sah einen Mann in dem Felsen stehen. Wie konnte das sein? Er kniff die Augen zusammen und sah dann erneut hin. Der Mann, falls es ein Mann war, war noch immer da. *Herr, verliere ich den Verstand? Oder ist dies eine Vision? Wer steht denn da auf dem Felsen beim Berg Gottes, wo du doch in der Wolke über uns bist?*

Die anderen sahen nichts.

»Dieser Ort soll Hader und Versuchung heißen!« Mose schlug den Felsen mit seinem Stab. »Denn hier haben die Israeliten gehadert und den Herrn versucht!« Wasser strömte aus dem Felsen wie aus einem gebrochenen Damm.

Die Ältesten rannten zurück. »Mose hat uns Wasser aus einem Felsen gegeben!«

»Mose! Mose!« Das Volk eilte an den Fluss.

Erschöpft ließ sich Mose nieder. »Gott, vergib ihnen. Sie wissen nicht, was sie sagen.«

Aaron spürte, wie schwer die Verantwortung für dieses Volk auf seinem Bruder lastete. Mose hörte das Murren der Leute und flehte Gott um Nahrung und Führung an. »Wir werden sie noch einmal darauf hinweisen, Mose. Es ist der Herr, der sie gerettet hat. Es ist der Herr, der sie versorgt. Er ist es, der ihnen Brot, Fleisch und Wasser gegeben hat.«

Mose hob den Kopf. Tränen standen ihm in den Augen. »Es ist ein starrsinniges Volk, Aaron.«

»Und das werden wir auch sein! Starrsinnig im Glauben!«

»Sie denken noch immer wie Sklaven. Sie wollen pünktlich ihre Essensration. Die Peitschen und die schwere Arbeit, das Elend ihrer Existenz in Ägypten, ihre Schreie zu Gott, sie zu retten, das alles haben sie vergessen.«

»Wir werden sie an die Plagen erinnern, an die Teilung des Roten Meeres.«

»An das süße Wasser von Mara und die Wasserströme aus dem Felsen am Berg Sinai.«

»Was immer du mir aufträgst, werde ich sagen, Mose. Ich werde die Worte, die Gott dir gibt, von den Bergen rufen.«

»*Mose!*« Dieses Mal war es ein alarmierter Schrei. »Mose!«

Aaron erhob sich mühsam. Würde es denn nie Ruhe geben? Er erkannte die Stimme. »Das ist Josua. Was ist, mein Freund? Was ist jetzt wieder passiert?«

Der junge Mann sank vor Mose auf die Knie. Keuchend, mit rotem Gesicht und schwitzend erklärte er: »Die Amalekiter –«, er schnappte nach Luft, »sie greifen bei Refidim an! Sie haben einige von denen getötet, die nicht mitgekommen sind. Alte Männer. Frauen. Die Kranken …«

»Suche einige Männer aus und ziehe ihnen entgegen. Bekämpft sie!« Mose schwankte.

Aaron stützte ihn. »Du musst dich ausruhen. Du hast den ganzen Tag noch nichts gegessen und getrunken.« Was sollte er tun, falls Mose zusammenbrach? Selbst das Volk führen? Furcht machte sich in ihm breit. »Der Herr hat dir den Auftrag gegeben, sein Volk in das Verheißene Land zu führen, Mose. Ohne Nahrung, Wasser und Ruhe kann ein Mensch nicht leben. Heute kannst du nichts mehr tun!«

»Du bist drei Jahre älter als ich, Aaron.«

»Aber du bist derjenige, den Gott berufen hat, uns zu

befreien. Du allein trägst die Last der Verantwortung für das Volk Gottes.«

»Gott wird uns befreien.« Mose sank nieder. »Geh und kämpfe gegen sie, Josua. Ruf die Israeliten zu den Waffen und kämpft gegen die Armee von Amalek.« Er seufzte erschöpft. »Morgen werde ich mit dem Stab Gottes in der Hand oben auf dem Berg stehen.«

* * *

Am Morgen stiegen Mose und Aaron auf den Berg, von dem aus man das Schlachtfeld überblicken konnte. Hur begleitete sie. Mose hob die Hände und Josua und die Israeliten stießen Schlachtrufe aus und gingen zum Angriff über. Aaron sah, wie sie vorstürmten und die Amalekiter niedermähten. Doch nach einer Weile wendete sich das Blatt. Aaron sah seinen Bruder an. Er sollte den Herrn anrufen. Mose hatte die Arme sinken lassen. Er ruhte sich ein wenig aus und hob die Arme dann wieder. Sofort schienen die Israeliten wieder an Kraft zu gewinnen.

»Ich kann das nicht durchhalten, bis wir die Schlacht gewonnen haben.« Erschöpft ließ Mose erneut die Arme sinken.

»Komm her!« Aaron rief Hur zu sich. »Hilf mir, diesen Stein zu bewegen.« Sie rollten den Stein zu Mose hinüber. »Setz dich, mein Bruder. Wir werden deine Arme stützen!« Aaron nahm seinen rechten Arm, Hur seinen linken. Gemeinsam hielten sie sie hoch. Nach mehreren Stunden zitterten und brannten Aarons Muskeln von der Anstrengung, aber sein Herz blieb stark, während er die Schlacht unten verfolgte. Die Israeliten siegten über ihre Feinde. Bei Sonnenuntergang hatte Josua die Amalekiter geschlagen.

Unter Aufbietung aller Kräfte legte Mose Steine für einen Altar übereinander. »Er soll heißen ›Der Herr ist mein Feldzeichen‹. Die Amalekiter haben es gewagt, ihre Faust gegen den Thron des Herrn zu erheben, darum wird der Herr jetzt Krieg führen gegen Amalek von Generation zu Generation. Wir dürfen nie vergessen, was der Herr für uns getan hat!«

Im Lager angekommen, ging Mose in sein Zelt, um die Ereignisse peinlich genau auf einer Schriftrolle festzuhalten. Sie sollte aufbewahrt und Josua und künftigen Generationen vorgelesen werden.

* * *

Von Refidim zogen sie in die Wüste Sinai. Ein Botschafter kam aus Midian. Moses Schwiegervater Jitro war unterwegs zu ihnen. Er brachte Moses Frau Zippora und seine Söhne Gerschom und Elieser mit.

Miriam kam in Aarons Zelt. »Wohin ist Mose in solcher Eile aufgebrochen?«

»Sein Schwiegervater ist mit Zippora und den Jungen gekommen.«

Sie hängte sich den Wasserschlauch um. »Sie wäre besser in Midian geblieben.«

»Eine Frau gehört zu ihrem Mann und Söhne gehören zu ihrem Vater.«

»Hat Mose Zeit für eine Frau, wo das Volk ständig nach seinem Urteilsspruch verlangt? Wie viel Zeit hast du für deine Söhne?«

Aaron aß jeden Abend mit seiner Familie zu Abend. Er betete mit seinen Söhnen und sie unterhielten sich über die Ereignisse des Tages und die Segnungen des Herrn. Er stand auf. Im Augenblick hatte er keine Lust, sich Miriams Beschwerden über das anzuhören, was in den kommenden Tagen geschehen könnte. Sie führte ihm den Haushalt. Das war schön und gut. Niemand wollte ihr ihre Aufgaben streitig machen. Aber unter Gottes Baldachin war Platz genug für alle.

Miriam schnaubte verächtlich. »Diese Frau spricht nicht einmal unsere Sprache.«

Aaron verkniff sich die Bemerkung, dass Miriam Zippora nicht geholfen hatte, als sie noch zusammen in Ägypten gewesen waren. Zippora würde Hebräisch lernen, wie Mose es getan hatte, und auch Moses Söhne Gerschom und Elieser würden die Sprache erlernen.

Josua kam in Aarons Zelt. »Moses Schwiegervater hat Gaben und Opfer für Gott mitgebracht. Mose bittet dich, mit allen Ältesten Israels zu kommen und mit ihnen in der Gegenwart Gottes das Brot zu teilen.«

War Josua auf einmal Moses Sprecher?

Als Aaron in Jitros Lager ankam, freute er sich an Moses strahlendem Gesicht. Schon lange war Mose nicht mehr so glücklich gewesen. Zippora konnte den Blick nicht von ihrem Mann nehmen, aber sie wirkte dünner, als Aaron sie in Erinnerung hatte. Gerschom und Elieser redeten in der Sprache ihrer Mutter auf ihn ein und wetteiferten um die Aufmerksamkeit ihres Vaters. Sie sahen mehr midianitisch als hebräisch aus. Das würde unter den veränderten Umständen anders werden. Aaron beobachtete, wie sein Bruder seine Söhne an sich drückte und liebevoll mit ihnen sprach.

Trotz der Vertrautheit und Zuneigung, die zwischen den Brüdern herrschte, war Mose ihm auch irgendwie fremd geblieben. Vierzig Jahre hatte er bei den Ägyptern gelebt, vierzig Jahre bei den Midianitern. Das trennte ihn von seinem Volk. Aaron fühlte sich unter diesen Leuten nicht richtig wohl. Sein Bruder dagegen schon. Mühelos wechselte er zwischen Midianitisch und Hebräisch. Alle verstanden ihn.

In diesem Augenblick empfand Aaron den Unterschied zwischen ihnen besonders stark. Er dachte noch immer wie ein Sklave und sah zu Mose als seinem Herrn auf, wartete auf seine Befehle. Was Mose zu dem Volk sagte, hatte er zuerst von Gott bekommen. Manchmal fragte sich Aaron, ob Mose klar war, wie Gott ihn vom Tag seiner Geburt an auf seine Rolle als Anführer vorbereitet hatte. Mose sollte nicht im Nil sterben, sondern wurde von Gott gerettet und in die Hände von Pharaos Tochter gegeben, damit der Sohn von hebräischen Sklaven als ein freier Mann in einem Palast aufwuchs und den Lebensstil des Feindes kennen lernte. Mose hatte in verschiedenen Welten gelebt, in einem Palast, in einer armen Lehmhütte und schließlich im Zelt eines Nomaden. Er lebte unter dem Baldachin Gottes, hörte die Stimme, sprach mit dem Herrn, wie Adam es im Garten Eden getan haben musste.

Aaron empfand Hochachtung vor Mose, war stolz darauf, mit ihm verwandt zu sein. Auch Aaron hörte Gottes Stimme, aber bei Mose würde es immer anders sein. Sein Bruder sprach mit dem Herrn und Gott und hörte zu, wie ein Vater seinem Kind zuhört. Gott war Moses Freund.

Als die Nacht anbrach und die Feuersäule glühte, erfüllte der Duft von Jitros Brandopfer die Luft. Während des Festes, bei dem es gebratenes Lamm, Datteln und Rosinenkuchen gab, erzählte Mose, wie der Herr sein Volk aus Ägypten geführt hatte. Es gab Brot und Olivenöl zum Eintunken, Wein im Überfluss. Nadab und Abihu ließen sich ihre Becher nachfüllen, wann immer ein Diener an ihnen vorbeiging.

So würde das Leben aussehen, wenn sie ins verheißene Land kamen. Ach, aber in Kanaan würde es noch besser sein, denn der Herr selbst hatte gesagt, es wäre ein Land, in dem Milch und Honig fließen. Wenn sie Milch haben wollten, brauchten sie große Herden von Kühen und Ziegen. Honig gab es nur, wenn Obstbäume und Weinberge mit Blüten im Land wuchsen, aus denen die Bienen ihren Nektar sammeln konnten.

Nach Jahrhunderten der Sklaverei war Israel endlich *frei*.

Aaron nahm noch ein Stück Lammfleisch und einige Datteln. An ein solches Leben würde er sich gern gewöhnen.

* * *

Aarons Kopf schmerzte von dem vielen Wein und er musste sich zwingen, am folgenden Morgen aufzustehen. Mose würde bald seine Hilfe brauchen. Das Volk forderte seinen Urteilsspruch bei den vielen kleinen zwischenmenschlichen Auseinandersetzungen. Von morgens bis abends musste vermittelt und geschlichtet werden. Die Leute ließen Mose kaum Zeit zum Essen. Bei den vielen Menschen waren Streitereien unvermeidlich. Jeden Tag gab es neue Herausforderungen, mehr Probleme. Schon die kleinste Kleinigkeit konnte zu einem hitzigen Wortgefecht führen. Die Israeliten schienen nicht so recht zu wissen, was sie mit ihrer Freiheit anfangen sollten. Immerzu stritten sie miteinander und beschwerten sich wegen allem und jedem bei Mose! Aaron war hin- und hergerissen. Einerseits wünschte er sich, dass sie selbstständig denken würden, andererseits sah er, was passierte, wenn sie es taten – es entstanden Probleme, die Mose dann schlichten musste.

An diesem Tag warteten noch mehr Leute auf Moses Schiedsspruch als am Tag zuvor. Streitereien zwischen den Stämmen. Vielleicht lag es an der Hitze. Sie schien den Frieden untereinander unmöglich zu machen. Vielleicht lag es auch an der langen Reise und der verzögerten Hoffnung. Um Aarons Geduld war es an diesem Tag schlecht bestellt. Er sehnte sich nach seinem Zelt und einer zusammengerollten Decke unter dem Kopf.

»Ist das jeden Tag so?«

Aaron hatte Jitro gar nicht bemerkt. »Jeden Tag wird es schlimmer.«

»Das ist nicht gut.«

Was maßt er sich an, das zu beurteilen? »Mose ist unser Führer. Er muss das Volk richten.«

»Kein Wunder, dass er so alt geworden ist, seit wir uns das letzte Mal gesehen haben. Das Volk laugt ihn aus!«

Zwei Männer lieferten sich in der Warteschlange ein

hitziges Wortgefecht. Sie fingen an, sich zu schubsen, und zogen auch andere in ihre Auseinandersetzung mit hinein. Aaron ließ Jitro stehen und eilte zu den Streithähnen. Zusammen mit einigen Angehörigen hoffte er, den Streit zu beenden und die Ordnung unter den Wartenden wieder herzustellen.

Die Männer wurden getrennt, aber einer war verletzt.

»Geh und lass die Wunde über deinem Auge versorgen.«

»Und damit verliere ich dann meinen Platz in der Schlange, ja? Auf keinen Fall! Ich habe gestern schon hier gewartet und vorgestern! Ich gehe nicht. Dieser Mann hat den Brautpreis für seine Schwester genommen und jetzt gibt er sie mir nicht als Frau!«

»Du willst eine Frau? Hier! Nimm meine!«

Einige lachten, aber andere wurden ärgerlich. »Ihr könnt ja vielleicht hier herumstehen und Witze reißen, aber ich komme mit einer ernsten Angelegenheit. Ich kann nicht bis zum nächsten Mond darauf warten, dass Mose die Hand dieses Mannes abhackt, weil er mir ein Schaf gestohlen hat, um es für seine Freunde zu braten!«

»Ich habe es in einem Dornengestrüpp gefunden und damit gehört es mir.«

»Dein Sohn hat es von meiner Herde fortgetrieben!«

»Willst du mich einen Lügner nennen?«

»Du bist ein Lügner und ein Dieb!«

Aarons Angehörige halfen, die beiden Streithähne zu trennen. Zornig rief Aaron um Aufmerksamkeit. »Es wäre leichter für alle, wenn ihr versuchen würdet, Frieden untereinander zu halten!« Er umklammerte seinen Stab. Manchmal waren sie wie Schafe, die Mose als ihren Hirten akzeptierten, dann wieder glichen sie eher Wölfen, die sich gegenseitig in Stücke reißen wollten.

»Jeder, der Ärger macht in der Schlange, wird in sein Zelt zurückgeschickt. Morgen kann er sich dann am Ende der Reihe anstellen!«

Die Stille war alles andere als friedlich.

Jitro schüttelte grimmig den Kopf. »Das ist nicht gut. Diese Leute sind ausgelaugt vom Warten.«

Trotz aller angenehmen Erinnerungen an den vergangenen Abend ärgerte sich Aaron darüber, dass der Midianiter sich die Freiheit nahm, sie zu kritisieren. »Vielleicht ist es nicht gut, aber so ist es nun mal. Mose hat das Ohr Gottes.«

»Es ist schon fast Abend und jetzt stehen mehr Leute hier als am Morgen.«

Aaron fand es überflüssig, ihn darauf hinzuweisen. Es war ja offensichtlich. »Du bist ein Gast. Das ist nicht dein Problem.«

»Mose ist mein Schwiegersohn. Ich würde mich freuen, wenn er seine Enkel noch erleben würde.« Er ging ins Zelt. »Mose, warum willst du alles allein machen? Die Leute stehen schon den ganzen Tag hier, um sich von dir helfen zu lassen.«

Aaron hätte Jitro am liebsten mit seinem Hirtenstab aus dem Zelt getrieben. Für wen hielt sich dieser unbeschnittene Heide überhaupt? Wie konnte er es wagen, Gottes Gesalbten infrage zu stellen?

Aber Mose antwortete ihm sehr respektvoll. »Nun, die Leute suchen bei mir Gottes Führung. Ich schlichte den Streit unter ihnen. Ich teile dem Volk Gottes Entscheidungen mit und lehre sie sein Gesetz.«

»Das ist nicht gut, mein Sohn! Du wirst dich verschleißen – und auch das Volk. Diese Aufgabe ist eine zu schwere Bürde für dich. Du kannst sie nicht ganz allein tragen. Ich möchte dir einen Rat geben und möge Gott mit dir sein.«

Mose erhob sich und bat die Anwesenden, das Zelt zu verlassen. Sie würden ihren Platz in der Reihe nicht verlieren, sondern würden als Erste an die Reihe kommen, wenn Mose wieder Gericht hielt. Er bedeutete seinen Angehörigen, alle anderen in ihre Zelte zu schicken. Das unzufriedene Murren versuchte er zu ignorieren. Aaron zog die Zeltklappe vor und setzte sich zu seinem Bruder und Jitro.

»Du bist der Vertreter des Volkes vor Gott und legst ihm ihre Fragen zur Entscheidung vor.« Jitro nahm Platz. »Du musst den Israeliten die Entscheidungen Gottes weitergeben, sie Gottes Gesetze lehren und ihnen zeigen, wie sie leben sollen. Aber such dir einige fähige, ehrliche Männer, die Gott fürchten und Bestechung hassen. Bestimme sie als Richter über Gruppen von eintausend, einhundert, fünfzig und zehn. Diese Männer können dem Volk dienen, alle normalen Fälle entscheiden. Wichtige und komplizierte Fälle sollen dir vorgelegt werden. Doch die kleineren Angelegenheiten können von ihnen geschlichtet werden. Sie werden dir helfen, die Last zu tragen, dir die Aufgabe erleichtern. Wenn du diesem Rat folgst, falls Gott dich so führt, wirst du die Last tragen können und diese Menschen werden in Frieden nach Hause gehen.«

Aaron bemerkte, dass Mose aufmerksam zuhörte und die Vorteile von Jitros Rat abwägte. War Mose schon immer so gewesen oder hatten die Umstände ihn so geformt? Der Vorschlag des Midianiters war vernünftig, aber würde Gott diesen Plan billigen?

Aaron brauchte nicht von Jitro darauf aufmerksam gemacht zu werden, dass sich die Falten in Moses Gesicht vertieften oder dass sein Haar weiß geworden war. Sein Bruder hatte abgenommen, nicht weil es nichts zu essen gab, sondern weil ihm die Zeit zum Essen fehlte. Mose mochte wichtige Angelegenheiten nicht aufschieben, doch da sich die Fälle, die ihm vorgelegt wurden, häuften, schaffte er es nicht mehr, sie alle vor Sonnenuntergang zu entscheiden. Und Aaron hatte nicht vor, Moses Richterplatz einzunehmen, wenn der Herr es ihm nicht auftrug. Doch so ging es wirklich nicht mehr weiter. Der Staub und die Hitze laugte selbst die Geduldigsten unter ihnen aus und wann immer Aaron jemanden streiten hörte, fürchtete er sich davor, was Gott mit diesem streitsüchtigen Volk tun könnte.

In den kommenden Tagen setzten sich Aaron, Mose und die Ältesten zusammen, um zu überlegen, wer als Richter geeignet war. Siebzig wurden ausgewählt, fähige Männer des Glaubens, vertrauenswürdig und darauf aus, den Vorschriften und Gesetzen zu gehorchen, die Gott ihnen durch seinen Diener Mose gegeben hatte. Jitros Vorschlag brachte Mose und Aaron etwas mehr Ruhe.

Trotzdem war Aaron froh, als der Midianiter zusammen mit seinen Dienern wieder aufbrach. Jitro war ein Priester Midians und er hatte den Herrn als größten aller Götter anerkannt. Mose forderte ihn auf, bei ihnen zu bleiben, doch Jitro beschloss, seinen eigenen Weg zu gehen. Er hatte sich geweigert, zu Israel zu gehören und damit auch den Herrn als Gott zurückgewiesen. Trotz der Liebe und des Respekts, die Mose und Jitro füreinander empfanden, gingen ihre Völker eben unterschiedliche Wege.

Manchmal sehnte sich Aaron nach dem einfachen Leben in der Sklaverei zurück. Damals hatte er nur seine Ziegelquote zu erfüllen und darauf achten müssen, nicht die Aufmerksamkeit der Zuchtmeister auf sich zu ziehen. Jetzt war er verantwortlich für das riesige Volk, das jede seiner Bewegungen verfolgte, Forderungen stellte und um seine und Moses Aufmerksamkeit buhlte. Hatte ein Tag genügend Stunden, um all die anfallende Arbeit zu tun? Nein! Gab es einen Weg, dieser Art der Knechtschaft zu entfliehen?

Ausgelaugt und ausgebrannt lag Aaron schlaflos auf seiner Matte und konnte sich nicht gegen den lästerlichen Gedanken erwehren, der sich unwillkürlich bei ihm einschlich: *Ist dies die Freiheit, die ich mir gewünscht habe? Ist dies das Leben, nach dem ich mich gesehnt habe?* Sicher, er brauchte sich nicht mehr in der Lehmgrube abzumühen. Er brauchte die Peitsche des Zuchtmeisters nicht mehr zu fürchten. Aber die Freude und die Erleichterung, die er empfunden hatte, wenn der Tod an ihm vorüberging, waren fort. Jubelnd und voller Hoffnung war er hierher in die Wüste gekommen und er hatte sich sicher gefühlt angesichts der Zukunft, die Gott ihm versprochen hatte. Jetzt machten die ständigen Quengeleien, die Klagen und Bitten des

Volkes ihm zu schaffen. An einem Tag lobten sie Gott und am nächsten jammerten und klagten sie.

Und er hatte kein Recht, sie zu verurteilen, wenn er daran dachte, was er empfunden hatte, als er sich auf die Suche nach seinem Bruder gemacht hatte. Auch er hatte sich beklagt.

Wenn das Volk das verheißene Land erreichte, dann würde er endlich Ruhe finden. Er würde im Schatten eines Baumes sitzen und den Nektar seiner eigenen Trauben trinken. Er würde Zeit haben, mit seinen Söhnen zu sprechen und sich an seinen Enkeln zu freuen. Unbelastet von Sorge würde er in der Hitze des Tages schlafen.

Die Wolke war sein Trost. Tagsüber sah er zu ihr auf und wusste, dass der Herr nahe war. Der Herr schützte sie vor der sengenden Hitze der Sonne. Nachts hielt das Feuer die Dunkelheit fern. Nur wenn er mit geschlossenen Augen, gefangen in seinen Gedanken in seinem Zelt lag und über sein eigenes Vermögen nachdachte, kam sein Glaube ins Wanken.

Im dritten Monat nach dem Auszug aus Ägypten ließ sich die Wolke über dem Sinai nieder und das Volk schlug in der Wüste vor dem Berg, wo Aaron seinen Bruder gefunden hatte, dem Berg, auf dem der Herr aus dem brennenden Busch zu Mose gesprochen hatte, sein Lager auf. Endlich waren sie an dem Ort von Moses Berufung angekommen. Heiliger Boden!

Während die Israeliten sich ausruhten, begleitete Aaron Mose zum Fuß des Berges. »Kümmere dich um die Herde, Aaron.« Mose stieg allein auf den Berg.

Aaron zögerte. Er wollte nicht zurückgehen. Er sah Mose nach und fühlte sich mehr und mehr allein, je weiter Mose sich von ihm entfernte. Mose war derjenige, der die Stimme des Herrn besonders oft und deutlich hörte. Mose war derjenige, der Aaron sagte, was er tun sollte.

Wenn nur alle Menschen die Stimme hören würden. Und ihr gehorchten.

Wie ich gehorchen muss. Aaron grub seinen Stab in den steinigen Boden. »Komm bald wieder, mein Bruder.« *Herr, wir brauchen ihn. Ich brauche ihn.* Aaron wandte sich ab und ging zum Lager zurück, um auf Mose zu warten.

Kapitel 4

»Dieses Mal sollst du mitkommen, Aaron.« Moses Worte erfüllten Aaron mit Freude. Er hatte es sich gewünscht ... »Wenn ich hochsteige vor den Herrn, wirst du aufpassen, dass das Volk nicht auf den Berg kommt. Sie dürfen ihren Weg nicht erzwingen, denn sonst wird sich der Herr gegen sie wenden.«

Das Volk. Mose dachte immerzu an das Volk und natürlich war das auch richtig so.

Mose war bereits zweimal auf dem Berg gewesen. Aaron wäre auch gern hochgestiegen und hätte den Herrn gesehen. Aber er hatte Angst zu fragen.

Mose und Aaron versammelten das Volk und gaben ihm Anweisungen. »Wascht eure Kleider und macht euch bereit für ein wichtiges Ereignis in zwei Tagen von heute an. Der Herr wird auf den Berg herabsteigen. Wenn das Schofar mit einem langen Ton erklingt, müsst ihr zum Berg kommen. Wer den Befehl missachtet, wird mit dem Tod bestraft.«

Miriam hatte Tränen in den Augen. »Denk doch nur daran, wie viele Generationen sich nach diesem Tag gesehnt haben, Aaron. Denk doch nur.« Weinend klammerte sie sich an ihn.

Seine Söhne und ihre Frauen und Kinder wuschen ihre Kleider. Aaron war zu aufgeregt, um zu essen oder zu schlafen. Wie hatte er sich danach gesehnt, die Stimme erneut zu hören, den Herrn zu hören, Gottes Gegenwart zu spüren. Er hatte versucht, dies seinen Söhnen, Schwiegertöchtern, Enkelkindern und sogar Miriam begreiflich zu machen. Aber er konnte nicht erklären, wie es war, Gottes Stimme zu hören, wo alle um ihn herum ihr gegenüber taub waren. Er hatte das Wort des Herrn von innen heraus gefühlt.

Nur Mose verstand es – Mose, dessen Gotteserfahrung viel tiefer sein musste, als Aaron sich vorstellen konnte. Er sah es im Gesicht seines Bruders, wann immer er vom Berg Gottes zurückkehrte; er bemerkte die Veränderung in Moses Augen. Für eine gewisse Zeit hatte Mose auf diesem Berg Gemeinschaft mit Gott, Mose lebte inmitten der Ewigkeit.

Jetzt würde Israel begreifen, was kein Mensch erklären konnte. Ganz Israel würde den Herrn hören!

Aaron erwachte vor Sonnenaufgang, setzte sich vor sein Zelt und wartete. Wer könnte an einem Tag wie diesem schlafen? Aber nur wenige hielten sich außerhalb ihrer Zelte auf. Mose kam heraus und ging auf ihn zu. Aaron erhob sich und umarmte ihn.

»Du zitterst.«

»Du bist der Freund Gottes, Mose. Ich bin nur dein Sprecher.«

»Auch du wurdest berufen, Israel zu befreien, mein Bruder.« Sie gingen hinaus auf die freie Fläche, um zu warten.

Die Luft veränderte sich. Blitze zuckten über den Himmel, gefolgt von einem leisen, tiefen Grollen. Vorsichtig und verängstigt spähten die Leute aus ihren Zelten. Aaron rief sie zu sich. »Kommt! Es ist an der Zeit.« Miriam, seine Söhne und ihre Frauen und Kinder kamen heraus, gewaschen und bereit. Lächelnd folgte Aaron Mose. Er forderte das Volk auf, ihnen nachzukommen.

Rauch wie von einem großen Ofen stieg auf. Der ganze Berg bebte und die Erde unter Aarons Füßen begann zu vibrieren. Sein Herz zitterte. Die Luft wurde schwer. Aarons Blut rauschte und er bekam eine Gänsehaut. Die Wolke über ihnen wirbelte wie große dunkelgraue Wellen um die Bergspitze. Ein Blitz zuckte aus der Wolke, gefolgt von einem tiefen Grollen, das Aaron in seiner Brust spürte. Noch ein Lichtblitz und noch einer. Das Grollen war so tief, dass es über ihn hinweg und durch ihn hindurchging. Aus der Wolke ertönte der Ton eines Widderhorns – lang, laut, erkennbar und doch fremd. Aaron hätte sich am liebsten die Ohren zugehalten und sich vor seiner Macht verborgen, aber er blieb hoch aufgerichtet stehen und betete: *Erbarme dich meiner. Erbarme dich meiner.* Alle großen Stürme der Erde brausten durch das Schofar, denn es wurde von ihrer aller Schöpfer geblasen.

Mose ging zum Berg. Ängstlich hielt sich Aaron in seiner Nähe. Er konnte den Blick nicht von dem anschwellenden Rauch, den Feuerblitzen, dem Strahlen inmitten der grauen, wirbelnden Wolke nehmen. Der Herr kam! Aaron sah rotes, orangenes und goldenes Licht herabsteigen. Der Rauch stieg vom Berg auf. *Der Herr ist ein verzehrendes Feuer!* Der Boden unter Aarons Füßen bebte. Kein Aschepartikel schwebte in der Luft, trotz des Feuers und des Rauches auf der Bergspitze.

Der tiefe Ton des Schofars klang anhaltend zu ihnen herüber, bis Aarons Herz zu schmerzen begann. An der Grenze, die Gott gesetzt hatte, blieb er stehen und beobachtete, wie Mose allein auf den Berg stieg, um dem

Herrn von Angesicht zu Angesicht gegenüberzutreten. Mit angehaltenem Atem und ausgestreckten Armen, damit das Volk wusste, dass es zurückbleiben musste, wartete Aaron ab. Der Berg war heiliger Boden. Über die Schulter hinweg entdeckte er Josua und Miriam, Eleasar, den kleinen Pinehas und andere. Alle standen mit ehrfürchtigem, nach oben gewandtem Blick vor dem Berg.

Und dann hörte Aaron den Herrn.

Ich bin der Herr, euer Gott, der euch aus der Sklaverei in Ägypten befreit hat.

Das Wort des Herrn ging Aaron durch und durch.

Ihr sollt keine Götter neben mir anbeten. Ihr sollt euch keine Götzen welcher Art auch immer machen, ob in der Form von Vögeln, Tieren oder Fischen. ... Ihr sollt den Namen des Herrn, eures Gottes, nicht missbrauchen. ... Ihr sollt den Sabbat heilig halten. ... Ihr sollt Vater und Mutter ehren. Dann werdet ihr ein langes, erfülltes Leben in dem Land führen, das der Herr, euer Gott, euch geben wird. ... Ihr sollt nicht töten. ... Ihr sollt nicht die Ehe brechen. ... Ihr sollt nicht stehlen. ... Ihr sollt kein falsches Zeugnis wider euren Nächsten reden. ... Ihr sollt nicht das Haus eures Nächsten begehren. Ihr sollt nicht die Frau eures Nächsten, nicht den Knecht oder die Magd, Ochse oder Esel oder irgendetwas anderes eures Nächsten begehren.

Die Stimme überschattete ihn und schien durch ihn hindurch, sie stieg auf aus seinem tiefsten Inneren und sprudelte mit ungezügelter Freude heraus. Aarons Herz sang, obwohl er erfüllt war von der Furcht des Herrn. Sein Blut rauschte wie ein reinigender Strom, der alles mitriss. Er spürte, wie das alte Leben entwich und wahres *Leben* hereinströmte. Das Wort des Herrn war in ihm, bewegend, anschwellend, blendend hell in seinem Geist. Es brannte in seinem Herzen und sprudelte über seine Lippen. Reine Ekstase erfüllte ihn, als er die Gegenwart, die Stimme in sich und um sich herum spürte. *Amen! Und amen! So sei es! So sei es!* Er wollte darin eingehüllt bleiben. *Herrsche in mir, Herr. Herrsche! Herrsche!*

Doch das Volk schrie: »Mose! Mose!«

Aaron wollte sich nicht von dem, was er gerade erlebte, abwenden. Er wollte sie anschreien, sie sollten das angebotene Geschenk doch nicht ablehnen! *Nehmt es an. Nehmt ihn an. Beendet doch nicht die Beziehung, die uns als Geburtsrecht geschenkt wurde.* Aber es war bereits zu spät.

Mose kam zurück. »Habt keine Angst, denn Gott ist gekommen, um euch seine ehrfurchtgebietende Macht zu zeigen. Von jetzt an soll eure Furcht Gottes euch daran hindern zu sündigen!«

Das Volk rannte davon. »Kommt zurück!«, rief Aaron, aber voller Angst stoben sie davon und blieben in angemessener Entfernung stehen. Sogar seine Söhne und ihre Kinder! Tränen der Enttäuschung brannten in seinen Augen. Ob er wollte oder nicht, er musste jetzt zu ihnen gehen.

»Du gibst an uns weiter, was Gott sagt, Mose. Wir werden zuhören«, riefen die Führer. »Aber Gott soll nicht direkt zu uns sprechen. Wenn er es tut, werden wir sterben!«

»Kommt und hört selbst, was der Herr zu euch sagt.«

Sie kauerten zusammen vor dem Ton und dem Wind. Sie würden ihre Köpfe nicht heben und Rauch und Feuer ansehen.

Der Donner verstummte und der Wind erstarb. Das Schofar klang nicht mehr von der Bergspitze. Die Erde wurde still.

Diese Stille machte Aaron zu schaffen. Der Augenblick war vorbei, die Gelegenheit für immer verloren. Hatten diese Menschen nicht begriffen, was ihnen angeboten worden war, was sie abgelehnt hatten? Seine Kehle war wie zugeschnürt und brannte. Seine Trauer und Enttäuschung waren zu groß.

Werde ich jemals seine Stimme wieder hören? Miriam sagte etwas zu ihm, dann zu seinen Söhnen. Aaron brachte keinen Ton über die Lippen. Unverwandt sah er hinauf zu dem Schimmer der Herrlichkeit auf dem Sinai. Er hatte dieses Feuer in sich gespürt, den Funken, der bestimmt auch in Mose brannte. Oh, wie herrlich musste es sein, täglich die Stimme Gottes zu hören, eine persönliche Beziehung zu Gott, dem Schöpfer aller Dinge, zu haben. Und wenn alle sie gehört hätten, wäre die schwere Bürde der Verantwortung für dieses

Volk von ihm und Mose genommen worden. Jeder hätte Gottes Stimme gehört. Jeder würde Gottes Wort kennen. Jeder würde begreifen und könnte sich dann entscheiden, dem Willen Gottes zu gehorchen.

Dieser Traum ergriff Besitz von ihm. Freiheit von der Verantwortung für so viele Menschenleben. Und das Volk! Es würde nicht mehr klagen! Nicht mehr murren! Jeder Mann in Israel würde im gleichen Joch stehen!

Aber der Traum verflüchtigte sich bereits wieder und die Last des Rufes Gottes lag wieder auf ihm. Aaron erinnerte sich an seine Jugendzeit, als er sich nur um sich selbst zu kümmern brauchte, keine andere Verantwortung hatte, als die Sklaventreiber und die ägyptische Sonne zu überleben.

Vor seinen tränenfeuchten Augen verschwamm das Feuer auf dem Sinai zu einem rotgoldenen Schleier. *Oh, Herr, Herr, wie sehne ich mich ... wonach?* Er fand keine Worte, keine Erklärung für das, was er empfand. Nur diesen Schmerz in seinem Inneren, den Schmerz des Verlustes und der Sehnsucht. Und er wusste, er würde nie richtig weggehen. Gott hatte sie zum Berg gerufen, um seine Stimme zu hören. Gott hatte sie berufen, sein Volk zu sein. Aber sie hatten das angebotene Geschenk abgelehnt und stattdessen einen Menschen gefordert, der sie führen sollte: Mose.

* * *

»Sei doch nicht so niedergeschlagen, Aaron.« Miriam setzte sich zu ihm und legte ihm die Hand auf den

Kopf. »Wir hatten solche Angst. Dieser Ton. Dieser Zorn.«

Hielt sie ihn für einen kleinen Jungen, der getröstet werden musste? Er erhob sich und ging von ihr weg. »Er ist der Herr! Du hast die Wolke und die Feuersäule gesehen. Meine eigene Familie ist geflohen wie eine aufgebrachte und ängstliche Schafherde!« Wie alle anderen hatten seine Söhne und ihre Frauen und Kinder nach Mose geschrien. Bedeuteten seine Worte ihnen denn gar nichts? War er noch immer ein Sklave? Alle diese Monate hatte er versucht, ihnen zu erklären, wie es war, die Stimme des Herrn zu hören, zu wissen, dass Gott sprach und nicht irgendeine Stimme in seiner Einbildung. Und was taten sie, als sie die Gelegenheit dazu hatten? Sie rannten vor Gott davon. Sie zitterten in ihren frisch gewaschenen Gewändern. Sie weinten vor Angst und schrien nach Mose, der Gottes Stimme hören und das Wort an sie weitergeben sollte.

»Du benimmst dich wie ein kleines Kind, Aaron.«

Er wandte sich zu seiner Schwester um. »Du bist nicht meine Mutter, Miriam. Und auch nicht meine Frau.«

Errötend öffnete sie den Mund, um ihm eine Erwiderung zu geben, aber er ging einfach an ihr vorbei und verließ das Zelt. Man konnte sie einfach nicht zum Schweigen bringen. Sie war wie der Wind, der immerzu wehte und im Augenblick war er nicht in der Stimmung, auf ihren Rat oder auf ihre Klagen zu hören.

Mose kam heran. »Ruf das Volk zusammen. Sie sollen sich am Fuß des Berges versammeln.«

Unter Aarons Führung kamen sie zum Berg. Josua

war bereits dort. Er stand neben Mose. Aaron ärgerte, dass nicht Gerschom und Elieser ihrem Vater dienten. Warum stand dieser junge Mann aus dem Stamm Ephraim neben Mose und nicht einer von ihren Verwandten? Von Anfang an hatte sich Josua immer in Moses Nähe aufgehalten und war ihm bei jeder Gelegenheit zu Diensten gewesen. Und Mose hatte diesen jungen Mann als seinen Diener angenommen. Selbst als Jitro Elieser, Gerschom und Zippora zu ihnen gebracht hatte, war Josua an Moses Seite geblieben. Wo steckten Moses Söhne an diesem Morgen? Aaron entdeckte sie unter dem Volk. Sie standen neben ihrer kränklichen Mutter.

»Hört das Wort des Herrn!« Die Menge verstummte und hörte auf Mose, der ihnen weitergab, was der Herr ihm aufgetragen hatte, die Gesetze, die das Volk daran hindern sollten, gegeneinander zu sündigen, die Gesetze zum Schutz der Fremden in ihrer Mitte, die dem Herrn folgten, die Gesetze in Bezug auf Besitz, den sie erwarben, Gesetze der Gerechtigkeit und Barmherzigkeit. Der Herr rief drei Feste aus, die in jedem Jahr gefeiert werden sollten: Das Fest der ungesäuerten Brote, um sie an ihre Befreiung aus Ägypten zu erinnern, das Erntefest und das Fest der letzten Ernte als Dank für die Fürsorge Gottes. Wo immer sie im Verheißenen Land lebten, alle Männer Israels sollten an einem Platz, den der Herr festsetzte, zu diesen Festen erscheinen.

Sie würden nicht mehr ihren eigenen Gesetzen folgen können.

»Der Herr sendet seinen Engel vor uns her, um uns sicher in das Land zu führen, das er für uns bereitet hat.

Wir müssen auf ihn hören und alle seine Gebote befolgen. Lehnt euch nicht gegen ihn auf, denn er wird eure Sünden nicht vergeben. Er ist der Stellvertreter Gottes – er trägt seinen Namen.«

Mit klopfendem Herzen erinnerte sich Aaron an den Mann, den er vor seinem Bruder hatte hergehen sehen. Er war kein Produkt seiner Einbildung gewesen! Auch nicht der Mann, der auf dem Felsen am Berg Sinai gestanden hatte, aus dem das Wasser geflossen war. Das war ein und derselbe gewesen, der Engel des Herrn. Er beugte sich vor und lauschte eindringlich den Worten seines Bruders.

»Wenn ihr ihm gehorcht, alle Gebote des Herrn befolgt, dann wird er unseren Feinden ein Feind sein und er wird sich gegen die stellen, die sich gegen uns stellen.« Mose breitete die Arme aus. »Wir dürfen nur dem Herrn, unserem Gott, folgen. Wenn wir das tun, wird er uns mit Nahrung und Wasser segnen und er wird uns gesund erhalten. Es wird keine Fehlgeburten oder Unfruchtbarkeit in unserem Volk geben und er wird uns ein langes, erfülltes Leben schenken. Wenn wir zum verheißenen Land kommen, müssen wir die Völker vertreiben, die dort leben, denn sie werden uns verführen, gegen den Herrn zu sündigen, denn ihre Götter sind ein Fallstrick.« Er ließ die Arme sinken. »Und was sagt ihr zum Herrn?«

Aaron rief: »Alles, was der Herr sagt, werden wir tun!« Und das Volk wiederholte seine Worte. Mehr als eine Million Stimmen erhoben sich vor dem Herrn, dem Gott Israels.

Früh am folgenden Morgen baute Mose einen Altar

vor dem Berg Gottes. Er errichtete zwölf unbehauene Steinsäulen, eine für jeden Stamm Israels. Junge israelitische Männer wurden ausgewählt, die junge Stiere als Opfergaben für den Herrn darbringen sollten. Die Hälfte des Blutes der Stiere sammelte Mose in Schalen. Mit der anderen Hälfte besprengte er den Altar. Er las das Wort vor, das der Herr in das Buch des Bundes geschrieben hatte, und das Volk bekräftigte erneut, es wolle dem Wort des Herrn folgen. Der Duft der Brandopfer lag in der Luft.

Mose wandte sich an Aaron. »Aaron, du und deine beiden Söhne Nadab und Abihu und die siebzig Führer sollen mit mir auf den Berg kommen.« Aaron freute sich über diese Aufforderung. Auf den Augenblick, wo er nicht nur das Wort des Herrn hören, sondern in seiner Gegenwart stehen würde, hatte er gewartet. Freude mischte sich mit Furcht, als er zusammen mit den Ältesten seinem Bruder auf den Berg folgte.

Der Aufstieg war nicht leicht. Der Herr selbst hatte Mose die Kraft gegeben, diesen Aufstieg bereits viermal zu machen! Aaron spürte jeden einzelnen Tag seiner dreiundachtzig Jahre, als er seinem Bruder über den unebenen Pfad folgte. Seine Muskeln schmerzten. Er musste stehen bleiben und Atem schöpfen. Oben war die wirbelnde Wolke des Herrn zu sehen, das Feuer auf der Bergspitze. Auf dem Felsplateau wartete Mose bereits auf Aaron, seine Söhne und die Ältesten. »Hier werden wir den Herrn anbeten.«

Aaron sah den Gott Israels. Unter seinen Füßen schien eine Fläche strahlender Saphire zu sein, so klar wie der Himmel. Jetzt würde Aaron bestimmt sterben.

Der Anblick ließ ihn erzittern und er fiel auf die Knie, neigte den Kopf zur Erde.

Steh auf und iss. Trink das Wasser, das ich dir gebe.

Noch nie zuvor hatte Aaron solche überströmende Freude und Dankbarkeit empfunden. Am liebsten würde er nie wieder hier weggehen. Seine Gefährten und alle, die unten auf ihn warteten, waren vergessen. Er lebte in diesem Augenblick, erfüllt und ausgefüllt von dem Anblick der Macht und Majestät Gottes. Er fühlte sich klein, aber nicht unbedeutend, einer unter vielen, aber geliebt und wertgeschätzt. Das Manna schmeckte nach Himmel; das Wasser gab ihm seine Kraft zurück.

Mose legte die Hand auf Aarons Schulter. »Der Herr hat mich auf den Berg gerufen, um mir das Gesetz für sein Volk zu geben. Bleibt hier und wartet auf unsere Rückkehr.«

»Unsere?«

»Josua wird mit mir auf den Berg steigen.«

Aaron spürte heißen Zorn in sich. Er sah an Mose vorbei den jungen Mann an. »Er kommt aus dem Stamm Ephraim. Er ist kein Levit.«

»Aaron.« Moses Stimme war leise. »Sollen wir dem Herrn nicht in allen Dingen gehorchen?«

Sein Magen krampfte sich zusammen. Seine Lippen zitterten. »Ja.« *Ich möchte mitgehen*, hätte er am liebsten gesagt. *Ich möchte an deiner Seite stehen! Warum schiebst du mich jetzt beiseite?*

Alle Neidgefühle, die ihn als kleiner Junge im Schilf vor dem Palast des Pharaos gequält hatten, waren wieder da. Ein anderer war ihm vorgezogen worden.

Mose wandte sich an die anderen. »Sollte es während meiner Abwesenheit Probleme geben, beratet euch mit Aaron und Hur, die hier bei euch sind.«

Betrübt sah Aaron Mose nach, der sich umdrehte und höher auf den Berg stieg. Josua folgte ihm. Tränen brannten ihm in den Augen. Er blinzelte sie fort und kämpfte gegen seine Eifersucht an. *Warum ausgerechnet Josua? Warum nicht ich?* Hatte er nicht Mose in der Wüste gefunden? Hatte Gott nicht ihn als Sprecher Moses ausgewählt? Aarons Kehle schnürte sich zusammen, so fest, dass er kaum noch Luft bekam. *Das ist nicht fair!*

Aaron blieb mit den anderen unten, während Josua und Mose auf den Berg stiegen. Die Last der Verantwortung für das Volk drückte ihn jetzt schwerer nieder als je zuvor.

* * *

Sechs Tage lang blieben Aaron und die anderen auf dem Berg. Die Wolke hatte den Gipfel verhüllt. Mose und Josua waren zwar in der Nähe und doch von ihnen getrennt. Am siebten Tag rief der Herr Mose aus der Wolke heraus. Aaron und die anderen hörten die Stimme wie einen leisen, grollenden Donner. Mose erhob sich und stieg noch weiter den Berg hinauf. Josua folgte ihm ein Stück, blieb dann aber wie ein Wachposten stehen, als Aarons Bruder in der Wolke verschwand. Ein lauter Donner krachte und ein loderndes Feuer blitzte strahlend vom Berggipfel. Von unten konnten sie den Aufschrei des Volkes hören.

»Aaron!«, rief Hur. »Das Volk braucht uns. Wir müssen es beruhigen.«

Aaron blieb abgewandt stehen. »Mose hat gesagt, wir sollen hier warten.«

»Die Ältesten gehen hinunter.«

»Wir sollen warten!«

»Aaron!«, rief Hur. »Sie brauchen dich!«

Aaron weinte bitterlich. *Warum? Gott, warum musste ich zurückbleiben?*

»Mose hat gesagt, sie sollen bei uns Rat suchen. Wenn sie die Grenze übertreten, wird der Herr sie strafen!«

Aaron kniff die Augen zu. »Also gut!« Seine Schultern sackten zusammen. Er wandte sich ab und machte sich an den Abstieg. Ganz bestimmt würde er tun, was der Herr von ihm erwartete.

Ein einziges Mal sah Aaron zurück. Josua stand am Rande der Wolke, die den Berg einhüllte.

* * *

Die Ältesten sammelten sich um Aaron. Sie waren verängstigt und verwirrt. »Es sind jetzt zehn Tage, Aaron! Und das Feuer brennt ununterbrochen.«

»Das Volk hält Mose für tot.«

»Würde der Herr, unser Gott, seinen Gesalbten töten?«, fragte Aaron zornig.

»Niemand kann in diesem Feuer überleben!«

»Auch Josua ist nicht zurückgekehrt.«

»Jemand sollte hochgehen und sehen, ob –«

Aaron erhob sich und funkelte seine Söhne zornig an. »Niemand darf in die Nähe des Berges kommen! Habt ihr die Grenzen vergessen, die Gott gezogen hat? Es ist heiliger Boden! Jeder, der in die Nähe kommt, wird vom Herrn sofort getötet!«

»Dann sind Mose und Josua bestimmt schon tot.«

»Mein Bruder lebt! Der Herr selbst hat ihn auf den Berg gerufen, damit er das Gesetz empfängt. Er wird wieder zu uns zurückkommen!«

Korach schüttelte den Kopf. »Du bist ein Träumer, Aaron! Sieh doch nur. Welcher Mensch kann ein solches Feuer überleben?«

»Dieses Feuer wird *dich* verzehren, wenn du dich gegen den Herrn auflehnst!«

Auf einmal redeten alle durcheinander.

Aaron rief: »Geht in eure Zelte zurück. Sammelt jeden Morgen Manna, wie euch aufgetragen wurde. Trinkt das Wasser, das der Herr euch gegeben hat. Und wartet, genau wie ich warte!« Er kehrte in sein Zelt zurück und zog die Klappe vor. Niedergeschlagen ließ er sich auf ein Kissen sinken und barg das Gesicht in den Händen. Er wollte ihre Zweifel nicht hören. Seine Zweifel waren schon groß genug. Mose hatte gesagt, er solle warten. *Ich muss warten. Gott, hilf mir zu warten!*

Seine Gedanken wanderten zu Josua, der dort neben Mose gestanden hatte. Josua, den sein Bruder erwählt hatte ...

»Denkst du nicht, du solltest ...«

Zornig funkelte er seine Schwester an.

Sie seufzte laut. »Ich habe ja nur gedacht ...« Sie hielt seinen Blick eine Weile fest, dann senkte sie den Kopf und ging wieder zurück an ihre Arbeit.

Sogar Aarons Söhne quälten ihn mit ihren Fragen. »Ich weiß nicht, warum er so lange auf dem Berg bleibt! Ich weiß nicht, ob es ihm gut geht! Ja! Er ist ein alter Mann und ich bin noch älter. Wenn ihr mich so mit Fragen bestürmt, dann bringt ihr mich vorzeitig ins Grab!«

Nach einem langen, anstrengenden Tag, an dem die Leute ihn um Rat gefragt und er Streitigkeiten geschlichtet hatte, war Aaron endlich allein. Das Volk schlief, doch er stand draußen, sah zum Berg hoch und beobachtete das verzehrende Feuer. Wie hatte Mose einen solchen Druck ausgehalten? Wie hatte er sich einen Fall nach dem anderen anhören und unparteiisch entscheiden können?

Ich kann das nicht, Mose. Du musst wieder von diesem Berg herunterkommen. Du musst zurückkommen!

War Mose tot? Bei dem Gedanken kniff er die Augen zu. Furcht stieg in ihm hoch. Hatten sie deshalb nach so vielen Tagen noch immer kein Zeichen von ihm bekommen? Und wo steckte Josua? Wartete er noch immer an dem steinigen Abhang? Seine Vorräte mussten mittlerweile aufgebraucht sein.

Das Volk war wie eine Schafherde ohne Hirten. Ihre Fragen waren wie das Blöken und Meckern der Schafe und Ziegen. Aaron würde etwas unternehmen müssen, um das Volk bei der Stange zu halten. Einige wollten nach Ägypten zurückgehen. Andere wollten ihre Herden auf die Weiden Midians treiben. Keiner war zufrieden.

Aaron konnte keinen Schlaf finden. Wie alle anderen

sammelte er Manna, doch er brachte kaum einen Bissen hinunter. Wo immer er sich aufhielt, überall wurden ihm dieselben Fragen gestellt

»Wo ist Mose?« *Auf dem Berg bei Gott.*
»Ist er am Leben?« *Bestimmt.*
»Wann kommt er zurück?« *Ich weiß es nicht! Ich weiß es doch nicht!*

* * *

Fünfunddreißig Tage vergingen, dann sechsunddreißig, siebenunddreißig. Mit jedem neuen Tag wuchsen Aarons Furcht und sein Zorn.

Im Zelt war es heiß und stickig, aber er wagte sich nicht nach draußen. Sobald er draußen auftauchte, würden die Leute Antworten von ihm fordern, die er nicht hatte. Er hatte ihr Murren und Jammern so satt. Woher sollte er wissen, was auf dem Berg passierte?

Mose! Warum bleibst du so lange?

Hatte sein Bruder eine Ahnung, was Aaron mit diesen Unzufriedenen hier unten am Fuß des Berges durchmachte? Oder sonnte er sich einfach nur in der Gegenwart des Herrn? Wenn er nicht bald etwas unternahm, dann würden diese Leute ihn steinigen und wie wilde Esel in die Wüste rennen, das war Aaron klar!

Miriam blickte ihn ernst an. »Sie rufen nach dir.«
»Ich höre es.«
»Sie scheinen böse zu sein, Vater.«
Das klingt so, als wollten sie jemanden steinigen.
»Du musst etwas unternehmen, Aaron.«

Er wandte sich zu Miriam um. »Und was würdest du vorschlagen?«

»Ich weiß es nicht, aber ihre Geduld ist zu Ende. Gib ihnen etwas zu tun.«

»Sollen sie wieder Ziegel machen? Hier, am Fuß des Berges eine Stadt bauen?«

»Aaron!« Die Ältesten standen vor seinem Zelt. »*Aaron!*« Korach war bei ihnen. Sogar Hur verlor allmählich seinen Glauben. »Aaron, wir müssen mit dir reden!«

Er kämpfte gegen die Tränen an. Sein Herz zitterte. »Gott hat uns verlassen.« Vielleicht war nur Mose Gott wichtig. Denn das Feuer brannte nach wie vor auf dem Berg. Mose war dort oben immer noch allein mit Gott. Vielleicht hatten Gott und Mose ihn und das Volk hier unten vergessen. Zitternd ließ er den Atem entweichen. Falls Mose noch am Leben war. Vierzig Tage waren vergangen. Ein achtzigjähriger Mann konnte nicht ...

Die Ältesten und das Volk sammelten sich um ihn, als er herauskam. Er fühlte sich durch ihre Ungeduld bedrängt. Sein Bruder war ihnen mittlerweile egal. Die Stämme waren eher bereit, sich aufzuteilen und in ein Dutzend Richtungen zu verschwinden, als hier am Berg auszuharren. Sie wollten die Worte: »Wartet hier, bis Mose zurückkommt«, nicht mehr hören.

»Dieser Mann Mose, der uns aus Ägypten hierhergeführt hat, ist verschwunden. Wir wissen nicht, was aus ihm geworden ist.«

Dieser Mann Mose? Sie haben das Wunder gesehen, das Gott in Ägypten getan hatte! Sie haben gesehen, wie Mose seinen Stab ausstreckte und Gott das Rote Meer teilte, damit sie trockenen Fußes hindurchziehen konnten! Und mit solcher Gleichgültigkeit sprachen sie von Moses Verschwinden? Furcht machte sich in Aaron breit. Wenn ihr Bruder, der sie vom Pharao befreit hatte, sie so wenig interessierte, wie lange würde es dauern, bis sie auch ihn verachteten?

»Du musst uns führen, Aaron.«

»Sag uns, was wir tun sollen.«

»Wir können doch nicht ewig hierbleiben und auf einen alten Mann warten, der tot ist.«

»Mach uns einige Götter, die uns führen können!«

Aaron wandte sich ab, aber auch hinter ihm standen Leute. Er sah ihnen in die Augen. Alle redeten durcheinander, schrien, stießen. Einige hoben ihre Fäuste. Er spürte die Wärme ihres übelriechenden Atems, den Sog ihrer Angst, die Macht ihres Zornes.

»*Gib ihnen etwas zu tun*«, hatte Miriam gesagt. Beschäftige sie irgendwie!

»Also gut!« Aaron schob sie zurück. Er brauchte Abstand zwischen sich und dem Volk. Wie sehnte er sich danach, dort oben auf diesem Berg zu sein. Besser tot in den Flammen Gottes, als lebend hier unten auf der Ebene mit dem Staub und dem Gesindel. Er hasste es, herumgestoßen zu werden. Er hasste ihre Forderungen und Klagen. Er hasste ihr ständiges Jammern. »Also gut!«

Nachdem alle verstummt waren, spürte er Erleichterung und auch Stolz. Sie hörten ihm zu, sahen zu ihm auf.

Ihnen etwas zu tun geben.

Ja, ich werde ihnen etwas zu tun geben. »Nehmt die

goldenen Ohrringe ab, die eure Frauen, Söhne und Töchter tragen.« Diese Männer sollten ihren Schmuck ruhig behalten. »Bringt sie zu mir.«

In Windeseile zerstreuten sie sich, um seiner Forderung nachzukommen. Aufatmend kehrte er in sein Zelt zurück. Miriam blickte ihn verwirrt an. »Was hast du vor, Aaron?«

»Ich gebe ihnen etwas zu tun!«

»Was gibst du ihnen zu tun?«

Aaron ignorierte sie, leerte einige Körbe und stellte sie nach draußen. Die Leute kamen mit Geschenken und Gaben. Schon bald waren die Körbe übervoll. Jeder Mann und jede Frau, jeder Junge und jedes Mädchen brachte ein Paar goldene Ohrringe. Alle im Lager machten mit, sogar Miriam, seine Söhne und ihre Frauen.

Und was jetzt?

Aaron zündete ein großes Feuer an und schmolz die Ohrringe ein. Es war das Gold, das Gott ihnen von den besiegten Ägyptern geschenkt hatte. *Was könnte den Gott des Universums repräsentieren? Wie würde er wohl aussehen?* Aaron blickte zum Berg hoch. Mose war dort oben und durfte Gott sehen. Und Josua war bei ihm.

Aaron stellte eine Form her und goss das geschmolzene Gold hinein. Zornig weinend formte er ein goldenes Kalb daraus. Es war hässlich und grob. Bestimmt würde das Volk, wenn es dieses Kalb sah – und dann hinauf zum Berg blickte, auf dem noch immer die Herrlichkeit des Herrn loderte – den Unterschied zwischen den falschen Statuen Ägyptens und dem lebendigen

Gott erkennen, der sich durch Menschenhände nicht gestalten ließ. Wie konnten sie das nicht erkennen?

»Dies sind eure Götter, oh Israel!«, riefen die Ältesten. »Dies sind die Götter, die euch aus Ägypten geführt haben!«

Erschaudernd blickte Aaron hinauf zu dem verzehrenden Feuer auf dem Berg Sinai. Sah Gott zu oder war er zu sehr in das Gespräch mit Mose vertieft? Verstand Gott, was hier unten passierte? *Ihr sollt keine anderen Götter neben mir anbeten.*

Furcht machte sich in Aaron breit. Er versuchte sich zu rechtfertigen. Er wollte erklären, warum er den Götzen gemacht hatte. Hatte Gott dem Volk nicht immer gegeben, was es wollte und es dann gestraft? Tat nicht Aaron jetzt dasselbe? Die Israeliten hatten Wasser gefordert. Gott hatte es ihnen gegeben. Sie hatten Essen gefordert. Gott hatte es gegeben. Und jedes Mal war die Strafe gefolgt.

Strafe.

Aaron erstarrte.

Das Volk verneigte sich vor dem Goldenen Kalb. Die Wolke und das Feuer über sich hatte es vergessen. Hatten sich die Menschen schon so an den Anblick gewöhnt, dass sie ihn gar nicht mehr wahrnahmen? Sie sangen und stöhnten und verneigten sich in Ehrfurcht vor dem Goldenen Kalb, das nicht hören, sehen oder denken konnte. Niemand sah wie er nach oben.

Nichts geschah. Die Wolke blieb und auch das Feuer brannte unvermindert weiter.

Aaron wandte den Blick vom Berg ab und beobachtete das Volk.

Eine Stunde verging, dann noch eine. Die Leute wurden müde vom Verneigen. Einer nach dem anderen erhoben sie sich und sahen Aaron an. Er spürte den sich sammelnden Sturm, das leise Summen.

Vor dem Kalb baute er einen Altar aus unbehauenen Steinen, wie Gott es gefordert hatte. »Morgen werden wir ein Fest für den Herrn feiern!« Er würde sie an das Manna erinnern, das Gott ihnen jeden Morgen neu schenkte. Dann würden sie ausgeruht sein. Morgens sah immer alles ganz anders aus.

Lachend und klatschend zerstreuten sie sich wie Kinder, die mit Eifer an die Vorbereitungen gingen. Selbst seine Söhne und ihre Frauen freuten sich auf den nächsten Tag, denn sie legten sich ihre schönen Gewänder aus Ägypten zurecht.

Als die Sonne am östlichen Horizont aufging, brachten die Ältesten dem Goldenen Kalb die Brandopfer und das Gemeinschaftsopfer dar. Nach dieser Formalität setzten sich die Leute zusammen, um zu feiern. Sie verachteten das Manna, das sanft auf sie herabregnete, und schlachteten Lämmer und Ziegen und brieten sie über dem Feuer. Auch tranken sie nicht von dem Wasser, das unaufhörlich aus dem Felsen in der Nähe des Berges Sinai sprudelte. Stattdessen tranken sie vergorene Milch. Harfe- und Leierspieler spielten ägyptische Musik.

Gesättigt und betrunken erhob sich das Volk, um dem Tanzen zu frönen. Im Laufe des Tages wurden die Israeliten immer lauter und rüpelhafter. Sie verloren alle ihre Hemmungen. Streitereien brachen aus, Kämpfe wurden ausgetragen. Die Leute sahen zu und lachten, wenn Blut vergossen wurde. Junge Frauen liefen lachend und kokettierend vor den jungen Männern davon.

Mit schamrotem Gesicht zog sich Aaron in sein Zelt zurück. Seine jüngeren Söhne Eleasar und Itamar saßen in grimmigem Schweigen zusammen. Miriam hockte mit den Frauen und Kindern im hinteren Teil des Zeltes und hielt sich die Ohren zu. »Das ist nicht, was ich beabsichtigt hatte. Das weißt du ganz genau!« Voller Ingrimm ließ sich Aaron nieder. Mit gesenktem Kopf lauschte er auf den Lärm vor seinem Zelt.

»Du musst etwas unternehmen, um dem Einhalt zu gebieten, Aaron.«

»Das Ganze war doch deine Idee.«

»Meine Idee?! Das war nicht –« Sie klappte den Mund zu.

Er barg das Gesicht in den Händen. Die Situation war außer Kontrolle geraten. Das Volk war außer Rand und Band. Wenn er jetzt gegen sie einschritt, würden sie ihn umbringen und gar nichts würde sich ändern.

Das Volk vergnügte sich, wo und wie es wollte. Nicht einmal an dem Tag, an dem sie Ägypten verlassen hatten, nachdem der Engel des Todes an ihnen vorübergegangen war, hatten sie solchen Lärm gemacht! Jetzt musste sich der Herr ihrer annehmen. Falls der Herr sich überhaupt noch an sie erinnerte ...

Ein leises Rumpeln ließ ihn erstarren. Er hielt die Luft an, bis seine Lungen brannten, dann atmete er langsam und ruhig weiter. Seine Hände zitterten.

Nadab und Abihu kamen schwankend ins Zelt. »Warum seid ihr hier drin? Die Feier findet draußen statt.«

In der Ferne ertönte die Stimme eines Mannes. Sie klang zornig und gequält und wurde immer lauter.

Aaron spürte, wie sich seine Nackenhaare aufrichteten. »Mose!« Er warf die Zeltklappe zurück und rannte nach draußen. Erleichterung durchströmte ihn. Sein Bruder war am Leben! *»Mose!«* Er drängte sich durch die Feiernden und rannte zu der Grenze am Fuß des Berges. Er konnte es kaum erwarten, seinen Bruder zu Hause willkommen zu heißen. Jetzt würde alles in Ordnung kommen. Mose würde wissen, was zu tun war.

Beim Berg angekommen, entdeckte Aaron seinen Bruder auf dem Pfad nach unten. Mit zurückgelegtem Kopf kam er jammernd und klagend angestürmt. Aaron blieb abrupt stehen. Er drehte sich um und betrachtete die Szene, die sich hinter ihm abspielte – die Ausschweifung, das schamlose Verhalten des Volkes. Als er wieder aufsah, wäre er am liebsten zurückgewichen, davongelaufen und hätte sich in seinem Zelt versteckt. Er wollte sich Asche auf den Kopf streuen. Es war ein schrecklicher Anblick, der sich Mose von oben bot.

Und auch Gott sah das alles.

Zornig brüllend schleuderte Mose zwei Steintafeln von sich. Aaron zuckte zurück. Er hatte Angst, diese schweren Tafeln könnten ihn am Kopf treffen. Aber die Tafeln zersplitterten auf dem Boden und wirbelten eine Staubwolke auf. Der Verlust schmerzte ihn und er barg sein Gesicht in den Händen.

Um ihn herum brach ein Tumult los. Die Leute stoben auseinander. Andere blieben verwirrt stehen. Alle redeten durcheinander. Einige waren zu betrunken und zu sehr gefangen in ihrer Ausschweifung, um sich darum zu kümmern, dass der Prophet Gottes zurückgekehrt war. Einige hatten die Frechheit, Mose zu begrüßen und ihn aufzufordern, mit ihnen zu feiern!

Aaron wich in die Menge zurück. Vor Scham wusste er nicht mehr aus noch ein. Er hoffte, Mose würde ihn für den Augenblick vergessen und ihn nicht öffentlich zur Rede stellen.

Sein Bruder marschierte durch die Menge hindurch und blieb vor dem Goldenen Kalb stehen. »Verbrennt es!« Auf Moses Befehl hin stieß Josua das Götzenbild um. »Schmelzt es ein, zerreibt das Gold zu Staub und verstreut es auf dem Wasser. Lasst sie davon trinken!«

Die Menge teilte sich wie das Rote Meer, als Mose auf Aaron zuging. Aaron brachte kaum den Mut auf, sich seinem eigenen Bruder zu stellen. Im Zorn hatte Mose einmal einen Ägypter erschlagen und ihn unter dem ägyptischen Sand verscharrt. Würde Mose jetzt seine Hand gegen seinen Bruder erheben und ihn niederschlagen? Moses Knöchel traten weiß hervor, so fest hielt er seinen Hirtenstab umklammert.

Aaron schloss die Augen. *Wenn er mich tötet, dann sei es so. Ich habe es verdient.*

»Was hat dir das Volk angetan?«, fragte Mose. »Wie konntest du eine so schreckliche Sünde über sie bringen?«

»Sei nicht so zornig«, erwiderte Aaron. »Du kennst doch dieses Volk und was für ein verdorbener Haufen es ist. Sie haben zu mir gesagt: ›Mach uns Götter, die uns leiten werden, denn diesem Mann Mose, der uns aus Ägypten geführt hat, muss irgendetwas zugestoßen sein.‹ Niemand wusste, was aus dir geworden war. Es waren mehr als vierzig Tage, Mose! Ich wusste nicht, ob du am Leben oder tot bist! Was hätte ich denn tun sollen?«

Die Augen seines Bruders funkelten. »Du gibst mir die Schuld.«

Entsetzt jammerte Aaron: »Nein. Ich wusste nicht, was ich tun sollte, Mose. Darum habe ich zu ihnen gesagt: ›Bringt mir eure goldenen Ohrringe.‹ Sie brachten mir das Gold und ich warf es ins Feuer – und heraus kam dieses Kalb!« Er spürte, wie er einen roten Kopf bekam und er konnte nur hoffen, dass sein Bart die verräterische Farbe seiner Lüge verdecken würde.

Doch das tat er nicht. Der Zorn erstarb in Moses Augen, aber der Blick, der ihn ersetzte, erfüllte Aaron mit einer Scham, die schlimmer war als jede Furcht, die er je empfunden hatte. Er hätte sich besser gefühlt, wenn Mose ihn mit seinem Stab geschlagen hätte. Die Leute waren außer Kontrolle und Aaron wusste, es war seine Schuld! Er hatte nicht die Kraft gehabt, seine verirrte Herde zu führen. Sobald Mose außer Sicht war, begann er schwach zu werden. Hatte sich Israel jetzt zum Gespött der Völker gemacht, die es beobachteten? Das Volk hörte nicht einmal auf Mose!

Mose wandte sich von Aaron ab und ging zurück zum Rand des Lagers. Er drehte sich zum Volk und rief: »Jeder von euch, der auf der Seite des Herrn steht, komme hierher zu mir.«

Aaron rannte zu seinem Bruder. »Was tust du, Mose?«

»Nimm deinen Platz an meiner Seite ein.«

Mose sah ihn nicht an, sondern beobachtete die

außer Rand und Band geratenen Israeliten. Aaron kannte diesen Blick und erschauderte. Aaron entdeckte seine Söhne und seine Verwandten in der Menge. Er bekam Angst um sie. »Kommt! Beeilt euch! Stellt euch zu Mose!« Seine Söhne kamen angerannt, auch seine Onkel und Cousins mit ihren Frauen und Kindern. »Beeilt euch!« Würde Feuer vom Berg herabkommen?

Elieser und Gerschom rannten zu ihrem Vater und stellten sich hinter Mose. Sogar Korach, der Aufrührer, kam. Die Leviten hielten sich wie ein Mann zu Mose. Josua aus dem Stamm Ephraim stand an der Seite seines Mentors. Sein Gesicht wurde grimmig, als Moses und Aarons Verwandten Moses Befehl einfach ignorierten.

Mose hob den Stab und wandte sich an die Leviten. »Der Herr, der Gott Israels, sagt Folgendes: ›Ein jeder gürte sein Schwert um die Lenden und gehe durch das Lager hin und her von einem Tor zum andern und erschlage seinen Bruder, Freund und Nächsten.‹«

Josua zog sein Schwert. In entsetztem Schweigen beobachtete Aaron, wie er einem Mann, der Mose verspottete, den Kopf abschlug. Blut spritzte aus dem leblos zu Boden sinkenden Körper.

Aaron bekam eine Gänsehaut. »Mose! Meine Schuld ist doch größer als die dieses bösen Volkes! Es ist meine Schuld, dass sie wie Schafe herumirren, die keinen Hirten haben.«

»Du stehst bei mir.«

»Die Schuld möge auf mich fallen.«

»Das zu entscheiden ist des Herrn Sache!«

»Vielleicht haben sie dich bei dem Lärm nicht gehört.« Die Schreie der Sterbenden setzten Aaron zu. »Hab Erbarmen! Wie kann ich sie töten, wo meine eigene Schwäche dieses Gericht über sie gebracht hat?«

»Sie haben ihre Gelegenheit zur Errettung verpasst!«

»Sprich noch mal zu ihnen, Mose. Rufe lauter!«

Moses Gesicht verfinsterte sich. »Sei still! Sie werden lernen, das Wort des Herrn zu beachten, wenn es gesprochen ist – *genau wie du.*«

Gehorchen oder sterben.

Josua und die anderen gingen durch die Menge. Ein Mann rannte mit hochrotem Kopf und Beschimpfungen von sich gebend auf Mose zu. »Nein!« Aaron zog sein Schwert und schlug den Mann nieder. Ein Zorn, wie er ihn noch nie erlebt hatte, machte sich in ihm breit.

Die ihm anvertrauten Schafe waren zu bösartigen Wölfen geworden, die wüste Beschimpfungen ausstießen. Ein Betrunkener rief Flüche zum Berg Gottes hinüber. Aaron brachte ihn für immer zum Schweigen. Der Geruch von Blut und Tod drang ihm in die Nase. Sein Herz klopfte. Ein anderer Mann lachte hysterisch. Aaron schwang sein Schwert und schlug dem Mann den Kopf ab.

Schreckensschreie erfüllten das Lager. Frauen und Kinder stoben auseinander. Männer rannten von Panik erfüllt durcheinander. Wer sich erhob, wurde niedergemäht. Zusammen mit den Leviten ging Aaron durch das Lager und tötete jeden, der sich gegen den Herrn stellte. Diejenigen, die den Herrn um Erbarmen anflehten und sich lang auf den Boden warfen, ließ er am Leben.

Die Schlacht war schnell zu Ende.

Stille senkte sich über das Lager.

Aaron wurde verfolgt von dem Stöhnen und dem Gestank des Blutes. Er blieb inmitten der Toten stehen. Sein Gewand war mit Blut bespritzt. Wie betäubt sah er sich um. Sein Pulsschlag verlangsamte sich. Angst quälte ihn ... und Schuldgefühle so bedrängend, dass er sie kaum ertragen konnte.

Oh Herr, warum bin ich noch am Leben? Ich war genauso schuldig wie die anderen. Noch mehr.

Sein Arm verlor an Kraft, während er das Blutbad betrachtete.

Diese Menschen brauchten einen starken Hirten und ich habe an ihnen versagt. Ich habe gegen dich gesündigt. Ich verdiene deine Gnade nicht. Ich habe gar nichts verdient!

Sein blutiges Schwert hing an seiner Seite. Schwer hob und senkte sich seine Brust.

Warum hast du mich verschont?

Schluchzend sank Aaron auf die Knie.

Den Rest des Tages verbrachten die Stämme damit, ihre Toten vor das Lager zu bringen und zu verbrennen.

Weinend saß Aaron auf der blanken Erde und warf sich Staub auf den Kopf, doch er bekam keine Antwort.

* * *

Als Aaron sein Zelt betrat, kniete Miriam neben Nadab und wischte ihm das aschfahle Gesicht. Abihu erbrach sich in eine Schüssel. Seine Schwester sah ihn an. »Wie viele?«

In ihrem Blick lag keine Anklage. »Mehr als dreitausend.« Das Zittern hatte eingesetzt; seine Beine konnten ihn nicht mehr tragen. Er ließ sich niedersinken. Sein Schwert fiel neben ihn auf den Boden. Mose hatte die Leviten gelobt und gesagt, sie seien für den Herrn abgesondert wegen dem, was sie an diesem Tag getan hatten. Sie hatten sogar einige ihrer eigenen Söhne und Brüder getötet und wurden dafür gesegnet, weil sie den Herrn, den Gott Israels, über ihre abgeirrten Gefährten gestellt hatten.

Aaron sah seine beiden älteren Söhne an. Nur mit Mühe konnte er die Tränen zurückhalten. Wenn Eleasar und Itamar sie nicht gefunden und ins Zelt gebracht hätten, bevor Mose ins Lager zurückgekommen war, dann wären sie jetzt auch tot. Nadab und Abihu waren herausgekommen und hatten an seiner Seite gekämpft; der Alkohol hatte ihren Mut gestärkt. Jetzt waren sie wieder nüchtern und ihnen wurde klar, wo sie jetzt wären, wenn ihre jüngeren Brüder sie nicht von den Feiernden weggezerrt hätten. Aaron starrte sie an. Inwiefern unterschieden sie sich von denen, die getötet worden waren? Unterschieden sie sich überhaupt von ihnen? Immerhin trugen sie seinen Namen. Sie konnten ihm nicht in die Augen sehen.

Am folgenden Morgen rief Mose das Volk zusammen. »Ihr habt eine schreckliche Sünde begangen, aber ich werde noch einmal zum Herrn auf den Berg steigen. Vielleicht kann ich Vergebung für euch erwirken.«

Umgeben von seinen Söhnen und den Ältesten stand Aaron tief betrübt in der ersten Reihe. Sein Bruder mied seinen Blick. Mose wandte sich ab und lief zurück zum Berg. Zusammen mit Josua.

Mose war erst ein paar Stunden weg, als die Plage ausbrach. An der Krankheit starben mehr Menschen, als durch das Schwert gefallen waren.

Aaron stand vor der bußfertigen Menge und beobachtete, wie Mose vom Berg herunterkam. Seine Sünde hatte so vielen Menschen den Tod gebracht, seine Schwäche hatte sie abirren lassen. Er kämpfte gegen die Tränen an und war sehr erleichtert, dass sein Bruder so bald schon wieder zurückkehrte. Mit dem Stab in der Hand kam Mose auf ihn zu. Voller Mitgefühl blickte er ihn an. Aarons Kehle wurde eng und er ließ den Kopf hängen.

Mose legte die Hand auf Aarons Schulter. »Wir sollen diesen Ort verlassen, Aaron.« Er trat zurück und wandte sich an das Volk. »Wir sollen von hier aufbrechen.«

In diesem Augenblick wurde Aaron klar, dass Mose ihn nicht mehr brauchte. Früher hatte er ihm geholfen, doch jetzt hatte er sich seines Amtes als Sprecher unwürdig erwiesen. War das der Preis für seine Sünden? Dass ihm die Gemeinschaft mit dem Menschen genommen wurde, den er am meisten auf dieser Welt liebte? Wie konnte er das ertragen?

Mose stand allein vor dem Volk. Josua hielt sich abseits und verfolgte das Geschehen. »Wir sollen in das Land ziehen, das der Herr Abraham, Isaak und Jakob versprochen hat. Vor langer Zeit hat er ihnen das Versprechen gegeben, dieses Land würde für immer ihren Nachkommen gehören. Und er wird einen Engel vor uns hersenden, der die Kanaaniter, Amoriter, Hethiter, Perisiter, Hewiter und Jebusiter austreiben wird. In diesem Land fließen Milch und Honig. Aber der Herr wird nicht mit uns ziehen ...«

Aaron zerriss seine Gewänder, fiel auf die Knie und weinte. Das war also der Preis für seine Schwäche. Das ganze Volk würde von dem Herrn abgeschnitten sein, der sie aus Ägypten befreit hatte!

»Der Herr wird nicht mit uns ziehen, denn wir sind ein starrsinniges, ungebärdiges Volk. Wenn er es täte, käme er in die Versuchung, uns unterwegs zu vernichten.«

Die Israeliten jammerten und klagten und warfen Staub auf ihre Köpfe.

Mose ließ sich nicht erweichen. »Nehmt allen Schmuck und alle Edelsteine ab, bis der Herr beschlossen hat, was er mit uns tun will!«

Sofort riss sich Aaron seine Ohrringe und goldenen Armreifen ab. Er erhob sich und ließ den Schmuck an der Grenze zum Berg Gottes liegen. Das Volk folgte seinem Beispiel.

Betrübt blieb Aaron im Lager zurück, während Mose zu dem Zelt ging, das er etwas abseits aufgestellt hatte. Falls Mose je wieder mit ihm sprach, dann wäre das mehr, als er verdient hatte. Aaron beobachtete, wie sich die Wolke von der Bergspitze vor den Eingang von Moses Zelt der Zusammenkunft setzte. Zusammen mit seinen Söhnen, Schwiegertöchtern, Enkeln und Miriam stand er im Eingang zu seinem Zelt und verneigte sich tief. Er pries Gott und dankte ihm für seinen Bruder, Gottes Botschafter und Fürsprecher des Volkes. Aaron und alle, die zu ihm gehörten, blieben vor ihren Zelten stehen, bis die Wolkensäule zum Berggipfel zurückkehrte.

Und das Volk folgte seinem Beispiel.

* * *

Als Mose nicht ins Lager zurückkehrte, nahm Aaron all seinen Mut zusammen und ging hinaus. Er fand seinen Bruder auf den Knien und damit beschäftigt, einen Stein zu behauen. Aaron kniete sich neben ihn. »Kann ich dir helfen?«

»Nein.«

Josua, der vor dem Eingang des Zeltes stand, in dem Mose mit Gott sprach, konnte ihm anscheinend ebenfalls nicht helfen. Auch als Mose ins Lager kam, blieb Josua bei dem Zelt der Zusammenkunft, wie es mittlerweile genannt wurde.

»Es tut mir Leid, Mose.« Aarons Kehle war so zugeschnürt, dass er schlucken musste, bevor er weitersprechen konnte. »Es tut mir Leid, dass ich versagt habe.« Er war nicht stark genug gewesen, um dem Herrn treu zu dienen. Er hatte seinen Bruder enttäuscht.

Moses Gesicht war ausgezehrt von den Tagen des Fastens und Betens auf dem Berggipfel, aber seine Augen leuchteten von einem inneren Feuer. »Wir alle haben versagt, mein Bruder.«

Mein Bruder. Er hatte ihm vergeben. Aarons Knie wurden weich. Mit gesenktem Kopf und tränenüberströmtem Gesicht kniete er nieder. Er spürte Moses Hand auf seinem Kopf und seinen Kuss.

»Und könnte ich dich verurteilen, wo die Tafeln, die ich auf das Volk schleuderte, von Gottes Hand geschaffen waren? Nicht zum ersten Mal habe ich mich von meinem Zorn hinreißen lassen, Aaron. Aber der Herr ist barmherzig und gnädig. Er ist langsam zum Zorn und reich an unfehlbarer Liebe und Treue. Er zeigt seine Liebe, indem er jede Sünde und Rebellion vergibt.« Mose nahm seine Hand weg. »Aber trotzdem lässt er Sünde nicht ungestraft. Wenn er das täte, würde das Volk in die Wüste auseinander laufen und tun, was in ihren Augen recht ist.« Mose umklammerte Aarons Schulter. »Jetzt geh zurück ins Lager und pass auf das Volk auf. Ich muss diese Steintafeln bis zum Morgen fertig haben und auf den Berg bringen.«

Aaron wünschte, der Herr hätte ihn irgendwie für seine Sünden bestraft. Wenn er ausgepeitscht worden wäre, hätte er sich besser gefühlt. Doch dass er auch weiterhin in der Verantwortung blieb, ließ ihm das volle Ausmaß seines Versagens bewusst werden. Josua sah ihn an, doch auch in den Augen des jungen Mannes konnte Aaron keinerlei Verurteilung erkennen.

Aaron erhob sich und ließ seinen Bruder allein. Er betete, der Herr, der Gott Israels, möge Mose Kraft geben zu tun, was der Herr befahl. Um ihrer aller willen!

Ohne den Herrn wäre das verheißene Land nur ein leerer Traum.

* * *

Eleasar kam ins Zelt gestürmt. »Vater, Mose kommt vom Berg herunter.«

Zusammen mit seinen Söhnen eilte Aaron nach draußen zur Grenzlinie, doch als er Moses weißes Haar und das strahlende Gesicht erblickte, wich er ängstlich zurück. Mose sah nicht mehr aus wie der Mann, der vor Tagen den Berg hochgestiegen war. Es war, als würde der Herr selbst über diesen Pfad kommen, das Gesetz, das er auf zwei Steintafeln geschrieben hatte, unter dem Arm.

Das Volk rannte davon.

»Kommt und hört das Wort des Herrn!«, hallte Moses Stimme über die Ebene.

Mit vor Furcht zusammengeschnürtem Magen gehorchte Aaron. Andere folgten vorsichtig, bereit, beim ersten Anzeichen von Gefahr die Flucht zu ergreifen.

Das ist mein Bruder Mose, sagte sich Aaron immer wieder, um sich Mut zu machen, vor dem Berg stehen zu bleiben. *Mein Bruder, der erwählte Prophet Gottes.* Wohnte die Schekina-Herrlichkeit Gottes jetzt in Mose? Oder war dies nur eine Widerspiegelung des Herrn? Schweißtropfen bildeten sich in seinem Nacken und liefen ihm den Rücken hinunter. Aaron rührte sich nicht. Er öffnete Herz und Geist jedem Wort, das Mose sagte und er nahm sich vor, danach zu leben, egal wie schwer es sein würde.

»Auf diesen Tafeln habe ich das Wort geschrieben, das der Herr mir gegeben hat, denn er hat einen Bund mit mir und mit Israel geschlossen.« Mose las das Gesetz vor, das Gott ihm auf dem Berg Sinai gegeben hatte. Er hatte die Worte schon einmal gesprochen, doch jetzt waren sie in Stein geschrieben und konnten als ständige Erinnerung an Gottes Ruf aufbewahrt werden.

Nachdem Mose geendet hatte, ließ er den Blick über die Menge schweifen. Keiner sagte einen Ton.

Aaron wusste, Mose wartete darauf, dass er näher trat, aber er wagte es nicht. Josua blieb an Moses Seite – als stummer, ernster Wächter. Mose sprach leise zu ihm, Josua erwiderte etwas. Mose nahm den dünnen Schal von den Schultern und legte ihn sich über das Gesicht.

Vorsichtig trat Aaron näher. »Ist zwischen uns alles in Ordnung, Mose?«

»Habe keine Angst vor mir.«

»Du bist nicht mehr derselbe, der du warst.«

»So wie auch du dich veränderst, Aaron. Wenn du das Wort Gottes annimmst und ihm gehorchst, wirst du dich unwillkürlich verändern, wenn du in seiner Gegenwart stehst.«

»Mein Gesicht glüht nicht vor heiligem Feuer, Mose. Ich werde niemals so sein wie du.«

»Wünschst du dich an meinen Platz?«

Aarons Herzschlag dröhnte ihm in den Ohren. Er beschloss, die Wahrheit zu sagen. »Das war früher so. Aber ich führte wie ein Hase und nicht wie ein Löwe.« Dass er jetzt alles beichten konnte, lag vermutlich daran, dass er das Gesicht seines Bruders nicht mehr sehen konnte. »Ich war eifersüchtig auf Josua.«

»Josua hat nie wie du die Stimme Gottes gehört, Aaron. Er ist bei mir, weil er Gott von ganzem Herzen nahe sein und ihm gehorchen möchte.«

Aaron spürte, wie sich erneut der Neid in ihm breit machte. Da war es schon wieder. Noch eine Entscheidung. Langsam ließ er den Atem entweichen. »Es gibt keinen wie ihn in ganz Israel.« Seltsam, dass er nach diesem Eingeständnis Zuneigung für den jüngeren Mann empfand und die Hoffnung, dass er fester bleiben möge als seine Ältesten.

»Josua steht mit ganzem Herzen auf Gottes Seite. Sogar ich bin wankend geworden.«

»Nicht du, Mose.«

»Auch ich.«

»Nicht so sehr wie ich.«

Mose lächelte schwach. »Wollen wir jetzt miteinander wetteifern, wessen Sünde größer ist?« Er sprach mit sanfter Stimme. »Wir sündigen alle, Aaron. Habe ich Gott nicht angefleht, einen anderen zu schicken? Auch dich hat der Herr berufen. Ich brauchte einen Sprecher. Vergiss das nie.«

»Jetzt brauchst du mich nicht mehr.«

»Du wirst gebraucht, Aaron, mehr als dir klar ist. Du wirst Gott dienen und sein Volk Israel führen.«

Bevor Aaron fragen konnte, welche Aufgabe das sein könnte, mischten sich andere ein. Nicht nur er sehnte sich nach einem persönlichen Kontakt mit dem einzigen Mann auf der Welt, der mit Gott wie mit einem Freund sprach. Mose nahe zu sein, gab ihnen das Gefühl, Gott näher zu sein. Verschleiert ging Mose unter ihnen umher, berührte hier eine Schulter, streichelte da den Kopf eines Kindes und erzählte allen liebevoll von Gott. »Wir sind berufen, ein heiliges Volk zu sein, abgesondert von Gott. Die anderen Völker werden es sehen und wissen, dass der Herr Gott ist und dass es keinen anderen Gott gibt.«

Gottes Versprechen an Abraham würde in Erfüllung gehen. Israel würde ein Segen sein für alle Völker, ein Licht für die Welt, damit alle Menschen erkennen sollten, dass es einen wahren Gott gab, den Herrn, den Gott des Himmels und der Erde.

Aaron blieb an der Seite seines Bruders, wann immer er ins Lager kam. Er genoss ihr Zusammensein und hing an seinen Lippen, als würde der Herr selbst zu ihm reden. Wenn Mose sprach, hörte Aaron durch die Worte seines Bruders die Stimme.

Mose flehte den Herrn für das Volk an und Gott blieb bei ihm. Allen war klar, dass Gott nur Mose zuliebe seine Meinung geändert hatte, denn wenn der Herr sie verlassen hätte, wäre Mose vor Kummer gestorben. Gott wusste, dass Mose das Volk mehr liebte als sein Leben.

Wann immer Mose sprach, erkannte Aaron die Kluft zwischen der Art Gottes und der Art des Menschen. *Seid heilig, wie ich heilig bin.* Jedes Gesetz zielte darauf ab, die Sünde aus ihrem Leben zu entfernen. Gott war der Töpfer, der sie wie Ton bearbeitete und zu etwas Neuem formte. Alles, was sie in Ägypten gelernt und praktiziert hatten und in den verborgenen Winkeln ihrer Zelte und Herzen noch praktizierten, würde nicht ungestraft bleiben. Gott würde keinen Kompromiss dulden.

Wenn Mose aus dem Zelt der Zusammenkunft kam, brachte er neue Gesetze mit: Gesetze gegen die Götzenanbetung Ägyptens und der Nationen um sie herum, Regeln für heilige Gaben, heilige Versammlungen, Verbrechen, auf die die Todesstrafe stand, Gesetze für die Sabbattage und Sabbatjahre, Jubelfeiern und das Ende der Sklaverei, Preise und Abgaben. Jeder Teil ihres Lebens sollte von Gott regiert sein. Wie sollten sie sich das alles merken? Die Gesetze Gottes widersprachen allem, was sie in Ägypten gekannt und praktiziert hatten.

Das Gesetz machte Aaron klar, wie tief seine Familie in die Lebensweise des Volkes um sie herum verstrickt war. Er, sein Bruder und seine Schwester waren Kinder des Inzest, denn ihr Vater hatte seine Tante, die Schwester seines eigenen Vaters, geheiratet. Der Herr sagte, die israelitischen Männer sollten außerhalb ihrer unmittelbaren Familie heiraten, doch innerhalb ihrer Stämme, um das Erbe zu erhalten, das er ihnen geben würde. Und niemals sollten sie Frauen aus anderen Völkern heiraten. Aaron fragte sich, wie Mose sich gefühlt hatte, als er das hörte, denn er hatte eine Midianiterin zur Frau genommen. Auch ihr Vorfahre Josef hatte dieses Gesetz gebrochen, denn er hatte eine Ägypterin geheiratet und Josefs Vater Israel hatte seinem Lieblingssohn einen doppelten Segen gegeben, indem er Manasse und Ephraim anerkannte.

Über alle diese Jahre hinweg hatten die Israeliten nicht gewusst, wie sie dem Herrn gefallen könnten, abgesehen davon, dass sie an seine Existenz, an sein Versprechen an Abraham, Isaak und Jakob und daran glaubten, dass er sie eines Tages aus Ägypten befreien würde. Selbst während der Jahre unter dem Schatten des Pharaos und obwohl sie viele Lebensarten ihrer Unterdrücker angenommen hatten, hatte der Herr sie gesegnet, indem er ihnen viele Nachkommen schenkte.

Nach wie vor wurden die Streitfälle vor die siebzig Ältesten gebracht. Nur die schwierigsten wurden an Mose weitergegeben. Aaron hätte gern mehr Zeit mit seinem Bruder verbracht, doch wenn Mose nicht zu Gericht saß, war er damit beschäftigt, alles aufzuschreiben, was der Herr ihm sagte, damit kein einziges Wort in Vergessenheit geriet.

»Bestimmt wird der Herr dich eine Weile ausruhen lassen.« Aaron machte sich Sorgen um die Gesundheit seines Bruders. Mose aß kaum etwas und schlief nur wenig. »Ohne dich können wir nicht überleben, Mose. Du musst dich mehr schonen.«

»Mein Leben ist in Gottes Händen, Aaron, so wie das Leben aller Israeliten und aller Menschen auf der Erde. Der Herr hat mir aufgetragen, seine Worte niederzuschreiben. Und ich werde sie niederschreiben, denn das gesprochene Wort wird so schnell vergessen und Unwissenheit wird als Ausrede vom Herrn nicht akzeptiert. Sünde bringt den Tod. Und was betrachtet Gott als Sünde? Diese Dinge muss das Volk wissen. Vor allem du.«

»Vor allem ich?« Angesichts der Größe seiner Schuld, die er begangen hatte, indem er dem Volk seinen Willen gelassen hatte und angesichts der Anzahl an Menschenleben, die diese Sünde gefordert hatte, wagte Aaron nicht zu hoffen, dass der Herr ihn noch einmal gebrauchen könnte.

Mose schrieb die letzten Buchstaben auf der Papyrusrolle zu Ende. Er legte sein Schreibwerkzeug beiseite und drehte sich um. »Wenn das Gesetz erst niedergeschrieben ist, kann es immer wieder gelesen und studiert werden. Der Herr hat die Leviten als sein Eigentum abgesondert, Aaron. Erinnere dich an die Prophezeiung Jakobs: ›Ich werde ihre Nachkommen zerstreuen in Israel.‹ Der Herr wird unsere Brüder zerstreuen unter den Stämmen. Sie werden das Gesetz lehren, damit das Volk tun kann, was richtig ist, und demütig vor unserem Gott wandelt. Der Herr hat dich zu seinem Hohenpriester berufen. Du wirst das Versöhnungsopfer vor ihn bringen und einer deiner Söhne, welcher weiß ich noch nicht, wird die Linie der Hohenpriester in den kommenden Generationen fortführen. Aber all dies muss dem Volk erklärt werden.«

Hoherpriester? »Bist du sicher, dass du richtig verstanden hast?«

Mose lächelte sanft. »Du hast deine Sünde bekannt und bereut. Bist du nicht als Erster zu mir gelaufen, als ich die rief, die für den Herrn sind? Wenn wir bekennen, vergisst der Herr unsere Fehler und unser Versagen, Aaron, aber nicht unseren Glauben. Immer ist es seine Treue, die uns wieder auf die Beine hilft.«

Als sie nach draußen gingen, erinnerte sich Aaron an Jakobs Segen, falls man es einen Segen nennen konnte: *»Die Brüder Simeon und Levi, ihre Schwerter sind mörderische Waffen. Meine Seele kommt nicht in ihren Rat und mein Herz sei nicht in ihrer Versammlung; denn in ihrem Zorn haben sie Männer gemordet und in ihrem Mutwillen haben sie Stiere gelähmt. Verflucht sei ihr Zorn, dass er so heftig ist, und ihr Grimm, dass er so grausam ist. Ich will sie versprengen in Jakob und zerstreuen in Israel.«*

Litt nicht auch Aarons Familie, einschließlich Mose, an Jähzorn? Hatte Mose nicht im Zorn einen Ägypter ermordet? Aber er konnte keine Steine auf Mose werfen. Was war mit seinen Sünden? Auch er litt unter Zornesausbrüchen! Wie leicht hatte er sein Schwert gegen sein Volk gerichtet und Schafe abgeschlachtet, die er eigentlich hätte führen sollen?

Insgeheim hatte Aaron Furcht vor dem, was die Zukunft bringen würde, wenn das Priesteramt in den Händen eines Stammes lag, der derart zum Jähzorn neigte. »Oh Mose, wenn ich das Volk lehren und führen soll, dann muss Gott mich verändern! Bitte ihn für mich. Bitte ihn, in mir ein reines Herz und einen aufrechten Geist zu schaffen!«

»Ich habe für dich gebetet. Ich werde nie damit aufhören. Und jetzt rufe alle zusammen, Aaron. Der Herr hat Arbeit für sie. Wir werden sehen, ob ihre Herzen dazu bereit sind.«

Kapitel 5

Mose erhielt Anweisungen vom Herrn, eine Stiftshütte zu bauen, eine geheiligte Wohnung, in der Gott unter seinem Volk wohnen wollte.

Die Anweisungen waren sehr präzise: Vorhänge mussten genäht und Haken gemacht werden, um sie aufzuhängen. Ein Bronzebecken für die Waschung und einen Altar für die Brandopfer sollten im Hof der Stiftshütte stehen. In der Stiftshütte selbst würde es noch einen kleineren Raum geben, das Allerheiligste, mit einem Tisch, einem Leuchter und einer Bundeslade.

Mose wurde genau erklärt, wie jedes Teil angefertigt werden sollte, und er gab alles an zwei Männer weiter, die Gott für die Beaufsichtigung der Arbeit berufen hatte: Bezalel, den Sohn Uris und Enkel von Hur und Oholiab, den Sohn Ahisamachs aus dem Stamme Dan. Als sie vortraten, bereit, den Willen Gottes zu tun, erfüllte der Herr sie mit seinem Geist und sie bekamen die Geschicklichkeit, die Fähigkeit und das nötige Fachwissen in allen erforderlichen Handwerksbereichen. Gott gab ihnen sogar die Fähigkeit, anderen die erforderlichen Fertigkeiten beizubringen! Alle, die handwerklich geschickt waren, boten ihre Hilfe an.

Das Volk freute sich zu hören, dass seine Gebete und Moses Flehen erhört worden waren. Der Herr würde bei ihnen bleiben! Sie kehrten in ihre Zelte zurück und legten alle Geschenke, die die Ägypter ihnen mit auf den Weg gegeben hatten, heraus, Geschenke, die durch die Furcht des Herrn, des Gottes Israels, motiviert worden waren. Sie gaben das Beste, was sie hatten, für den Herrn.

Aaron schämte sich, dass er Geschenke, die Gott dem Volk gegeben hatte, für das goldene Kalb verwendet hatte. Gott hatte sie vor ihrem Auszug aus Ägypten mit Reichtum überschüttet und er hatte einen Teil davon für die Anbetung eines leeren Götzen vergeudet. Das Gold war verbrannt, zermahlen und auf das Wasser gestreut worden und schließlich als Abfall in den Latrinen außerhalb des Lagers gelandet.

Aaron nahm alles Gold, das er besaß, und gab es an den Einen zurück, der es ihm geschenkt hatte. Seine Söhne, ihre Frauen und Miriam suchten ebenfalls das Beste, das sie besaßen, zusammen. Auf rot gefärbten Schaffellen wurden Gold, Juwelen, Silber und Bronzegegenstände gesammelt. Miriam füllte einen Korb mit blauem, purpurnen und dunkelrotem Garn und einen anderen mit feinem Leinen. Sie freute sich, dass sie etwas zu dem Vorhang der Stiftshütte beitragen konnte.

Andere im Lager kamen mit den Fellen von Dugongs, Krügen mit Olivenöl, Gewürzen für das Salböl und duftendem Weihrauch. Einige spendeten Onyxsteine und andere Edelsteine. Die Leute legten ihre freiwilligen Gaben in die aufgestellten Körbe. Schon bald waren die Körbe gefüllt mit Broschen, Ohrringen, Ringen und Zierrat.

Gruppen von Männern zogen hinaus in die Wüste und fällten Akazienbäume. Die besten Stücke wurden für die Lade, den Tisch, die Pfosten und die Querbalken zurückbehalten. Die Bronze wurde eingeschmolzen für das Becken mit den Füßen, für den Altar und die anderen Gegenstände. Jeder brachte etwas und jeder, der dazu in der Lage war, half mit.

Feuer wurden angefacht und Bronze, Gold und Silber geschmolzen, die Unreinheiten ausgesiebt und dann in Formen gegossen, die unter Bezalels wachsamem Blick entstanden waren. Frauen webten feine Tücher und nähten daraus Kleider für Aaron und seine Söhne, die sie bei ihrem Dienst im Heiligtum tragen sollten.

Unablässig wurden Gaben gebracht. Tag für Tag häuften sich die Geschenke in der Nähe der Arbeitsstätten. Schließlich wandten sich Bezalel und Oholiab an Mose und Aaron und sagten: »Wir haben mehr als genug Material, um die Aufgabe zu tun, die der Herr uns aufgetragen hat!«

Aaron freute sich, denn bestimmt würde der Herr daran erkennen, wie sehr das Volk ihn liebte. Er und seine Söhne, ihre Frauen und Miriam brachten jeden Tag neue Gaben. Sie konnten es nicht erwarten, Gottes Plan erfüllt zu sehen, daran teilzuhaben.

Tief bewegt sah Mose Aaron an. »Rufe die Ältesten zusammen. Sage ihnen, dass keine Gaben mehr nötig sind. Wir haben alles, was wir brauchen.«

* * *

Auf Moses Anweisung hin erstellte Aarons Sohn Itamar ein Verzeichnis von allem, was gespendet und für die Stiftshütte verwendet worden war. Fast jeder im Lager war mit irgendeinem Teil der Stiftshütte beschäftigt. Aaron war glücklich. Er freute sich auf jeden Sonnenaufgang, denn das Volk war zufrieden im Dienst für den Herrn. Ihre Hände waren beschäftigt und ihre Herzen und ihr Geist darauf ausgerichtet, die Arbeit zu tun, die Gott ihnen aufgetragen hatte.

Neun Monate nach ihrer Ankunft am Berg Sinai und zwei Wochen vor dem zweiten Passafest war die Stiftshütte fertig gestellt. Bezalel, Oholiab und das Volk brachten alles, was sie angefertigt hatten, vor Mose. Mose begutachtete das Zelt und alles Zubehör, die Geräte für das Allerheiligste und die Kleidung für die Priester. Alles war genau so gearbeitet worden, wie der Herr es ihnen aufgetragen hatte.

Mit einem Lächeln auf den Lippen segnete Mose das Volk.

Unter Moses wachsamem Blick wurde die Stiftshütte am ersten Tag des Monats aufgebaut. Die Bundeslade wurde hineingetragen und ein schwerer Vorhang aufgehängt, der sie vor den Blicken des Volkes schützen sollte. Rechts stand der Tisch mit den Schaubroten und links der Leuchter aus reinem Gold, mit sechs von der Mitte ausgehenden Armen, drei nach rechts und drei nach links. Sie endeten in wie Blüten geformten Bechern. Vor die Lade stellte Mose den goldenen Räucheraltar. Schwere Vorhänge wurden um und über das Allerheiligste gezogen.

Der Brandopferaltar wurde vor dem Eingang der Stiftshütte aufgestellt. Das mit Wasser gefüllte Becken bekam seinen Platz zwischen dem Zelt der Zusammenkunft und dem Altar. Die Vorhänge wurden um die Stiftshütte, den Altar und das Becken aufgehängt. Und ein weiterer fein gearbeiteter Vorhang hing vor dem Eingang zum Hof.

Als alles nach den Anweisungen des Herrn aufgestellt war, salbte Mose die Stiftshütte und ihre Einrichtung mit Öl. Sie sollte dem Herrn geheiligt sein. Dann salbte er den Brandopferaltar und das Becken und weihte sie dem Herrn.

Aaron und seine Söhne wurden herbeigerufen. Aaron spürte die Blicke aller auf sich gerichtet, als er den Hof betrat. Männer, Frauen und Kinder standen zu Tausenden hinter ihm, unmittelbar hinter dem Vorhang. Mose zog Aaron die Kleider aus, wusch ihn von Kopf bis Fuß und half ihm dann in eine fein gewebte Tunika und ein blaues Gewand mit Granatäpfeln aus blauem, purpurfarbenem und dunkelrotem Garn am Saum und goldenen Glöckchen dazwischen. »Wenn du das Allerheiligste betrittst, wird der Herr die Glocken hören und du wirst nicht sterben.« Mose strich Aarons Gewand glatt.

Mit ausgestreckten Armen und zusammengekrampftem Magen stand Aaron ganz still, während Mose das Efod mit den Schulterstücken, zwei in Gold gefasste Onyxsteine, auf denen die Namen der Söhne Israels standen, an dem Gewand befestigte. »Du wirst die Namen der Söhne Israels als ein Andenken vor dem Herrn tragen.«

Auf dem Efod ruhte die rechteckige Brustplatte mit vier Reihen kostbarer, in Gold gefasster Steine: Ein Rubin, ein Topas, ein Beryl, ein Türkis, ein Saphir, ein Smaragd, ein Diamant, ein Achat, ein Amethyst, ein Chrysolit, ein Onyx und ein Jaspis. Auf jedem stand der Name eines Sohnes Israels. »Wann immer du das Heiligste betrittst, wirst du die Namen der Söhne Israels über deinem Herzen tragen.« Mose steckte Urim und Thummin in die Brusttasche über Aarons Herzen. »Diese werden den Willen des Herrn offenbaren.«

Mit geschlossenen Augen ließ sich Aaron von Mose die Kopfbedeckung aufsetzen. Er hatte gesehen, was auf der Goldplatte eingraviert stand: *Heilig dem Herrn.* Jetzt lag sie an seiner Stirn. Mose wandte sich nun Aarons Söhnen zu.

Dort im Schatten der Wolke begann Aaron zu zittern. Sein Herz klopfte. Von diesem Tag an würde er der Hohepriester Israels sein. Er sah zum Becken, dem Brandopferaltar und dem Vorhang hinüber, der die heiligen Gegenstände im Innern der Stiftshütte des Herrn abschirmte. Bestimmt würde er gleich ohnmächtig werden. Nie wieder wäre er ein gewöhnlicher Mann. Der Herr hatte ihn erhöht und ihn gleichzeitig zu seinem Diener gemacht. Wann immer er den Hof betrat, würde er die Verantwortung für das Volk tragen. Die Last auf seinen Schultern und über seinem Herzen wurde ihm schwer.

Nachdem Nadab, Abihu, Itamar und Eleasar in ihre priesterlichen Gewänder gehüllt waren, stellte sich Mose vor sie, salbte sie mit Öl und weihte sie so dem Herrn. Dann brachte er einen jungen Stier für das Sündopfer zu ihnen. Aaron dachte an seine Sünde. Er hatte das Goldene Kalb gemacht. Errötend legte er die Hand auf den Kopf des Tieres, dessen Blut für seine Sünde vergossen werden würde. Seine Söhne legten ebenfalls die Hände auf den Kopf des Tieres. Mose schnitt dem Stier die Kehle durch. Einen Teil des Blutes fing er in einer Schale auf und stellte sie auf die Hörner des Altars.

Mit dem Rest besprengte er den Fuß des Altars. Er schlachtete den Stier und legte das Fett und die Innereien, die Leber und beide Nieren als Brandopfer auf den Altar. Der Rest des Stiers würde vor dem Lager verbrannt werden.

Die zweite Gabe für Aaron und seine Söhne war der Schafbock für das Brandopfer. Wieder legten Aaron und seine Söhne die Hände auf das Tier. Mose besprengte den Altar mit dem Blut des Tieres und schnitt es dann in Stücke, wusch die Innereien und Beine und verbrannte das ganze Schaf auf dem Altar. Beim Geruch des gebratenen Fleisches zog sich Aarons Magen vor Hunger zusammen. Es war ein angenehmer Duft vor dem Herrn.

Das dritte Opfer, ein weiteres Schaf, war für die Weihung von Aaron und seinen Söhnen bestimmt. Aaron legte die Hand auf den Kopf des Tieres. Auf sein Nicken hin folgten seine Söhne seinem Beispiel. Mose schnitt dem Tier die Kehle durch und fing das Blut in einer Schale auf. Er kam zu Aaron, tauchte seinen Finger in das Blut und legte ihn an Aarons rechtes Ohr. Mose tauchte seine Finger erneut hinein und salbte Aarons rechten Daumen. Kniend tauchte er den Finger ein letztes Mal ein und strich das Blut auf die große Zehe an Aarons rechtem Fuß. Das wiederholte er bei Aarons vier Söhnen und dann besprengte er den Altar von allen Seiten.

Die Schafe für Aaron und seine Söhne wurden geschlachtet, die Stücke mit den gewaschenen Innereien gefüllt und mit einem Brotkuchen aus Öl und einer Oblate bedeckt. Mose legte das erste in Aarons Hände.

Aaron hob das Opfer vor den Herrn und gab es seinem Bruder zurück, der es schließlich auf den Altar legte. Flammen sprangen auf. Aarons Söhne streckten ebenfalls ihre Opfergaben dem Himmel entgegen und reichten sie dann an Mose weiter, der sie auf den Altar legte, und jedes Mal explodierten die Flammen um das geschlachtete Tier, verschlangen es anstelle der sündigen Männer, die es als Opfer darbrachten.

Ernst und demütig stand Aaron dabei, als Mose ihn zuerst mit dem duftenden Salböl, dann mit dem Blut des Opfers besprengte. Danach wurden seine Söhne gesalbt, vom Ältesten bis zum Jüngsten.

Aaron spürte die Veränderung. Die Wolke begann langsam zu wirbeln. Sie zeigte ein seltsames Glühen. Sein Herz begann zu rasen, als die Wolke sich zusammenzog und sich vom Berg herabbewegte. Er hörte, wie das Volk hinter sich nach Luft schnappte, den Atem anhielt und schließlich von Furcht erfüllt wieder ausstieß. Die Wolke hüllte die Stiftshütte ein. Sie schimmerte in tausend Farben und ergoss sich dann in die Kammer des Allerheiligsten und die Herrlichkeit des Herrn erfüllte die Stiftshütte.

Nicht einmal Mose konnte eintreten.

Das Volk seufzte in Ehrfurcht und Ehrerbietung auf und verneigte sich tief.

»Koch das Fleisch, das am Eingang der Stiftshütte übrig geblieben ist, und iss es dort zusammen mit Brot aus dem Korb der Weihegaben. Den Rest des Fleisches und Brotes musst du verbrennen. Verlasse nicht den Eingang der Stiftshütte. Du musst dort bleiben, Tag und Nacht, sieben Tage lang, denn sonst wirst du sterben.«

Aaron sah seinem Bruder nach. Als Mose den Eingang zum Hof erreichte, sah er ernst zurück, dann zog er die Vorhänge vor.

Aaron drehte sich zur Stiftshütte um. Er wusste, dies alles musste geschehen, um diesen Ort zu reinigen und zu heiligen. Auch er war gewaschen und mit neuen Kleidern bekleidet worden, damit er vor dem Herrn stehen konnte. Doch seine innere Erregung ließ nicht nach. Es war das Zittern der Furcht und das Wissen, dass der Herr nur wenige Meter von ihm entfernt war, nur durch Vorhänge verborgen. Und Aaron wusste, er war es nicht wert, an diesem Ort zu sein. Er war nicht rein, nicht innerlich rein. Sobald Mose außer Sicht war, wurde er schwach. War nicht seine Eifersucht auf Josua ein Makel? Hatte er nicht die Ängste des Volkes über die Gebote gestellt, die ihm gegeben worden waren? Warum sollte Gott einen Mann wie ihn zum Hohenpriester bestimmen?

Herr, ich bin unwürdig. Du allein bist treu. Ich bin nur ein Mensch. Ich habe versagt. Ich habe dein Volk nicht geführt. Dreitausend haben ihr Leben verloren, weil ich schwach war. Und du hast mein Leben verschont. Du hast mich zu deinem Hohenpriester bestimmt. Herr, solches Erbarmen übersteigt mein Fassungsvermögen. Hilf mir, deine Wege kennen zu lernen und ihnen zu folgen! Hilf mir ein Priester zu sein, der dir wohlgefällt! Lehre mich deine Wege, damit ich deinem Volk dienen kann und sie stark im Glauben halten kann. Oh Herr, Herr, hilf mir ...

Als er nicht mehr stehen konnte, kniete Aaron nieder und betete, der Herr möge ihm Kraft und Weisheit geben, das Gesetz in Erinnerung zu behalten und alles zu tun, was der Herr befahl. Als der Hunger übermächtig wurde, sprachen er und seine Söhne ein Dankgebet, kochten das Fleisch und aßen das Brot, das für sie dagelassen worden war. Schließlich konnte er die Augen nicht mehr länger offen halten. Er legte sich lang vor den Herrn und schlief mit der Stirn auf den Händen ein.

Eleasar und Itamar standen mit ausgestreckten Armen vor der Stiftshütte und beteten. Nadab und Abihu knieten nieder und setzten sich auf die Fersen, als sie müde wurden.

Jeder Tag, der verging, machte Aarons Herz weicher, bis er glaubte, die Stimme des Herrn zu hören, die flüsternd mit ihm sprach.

Ich bin der Herr, dein Gott, und es ist kein anderer.

Aaron hob den Kopf und lauschte zufrieden.

Nadab streckte sich gähnend. »Heute ist der vierte Morgen.«

Abihu saß im Schneidersitz auf dem Boden, die Hände auf die Knie gelegt. »Noch drei weitere.«

Aarons spürte, wie sich Kälte in ihm breit machte.

Am achten Tag rief Mose Aaron, seine Söhne und die Ältesten von Israel zusammen. Er gab ihnen die Anweisungen vom Herrn weiter.

Aaron nahm ein Stierkalb ohne Makel und brachte es als Sühnopfer für seine Sünden dar. Wann immer er dies tat, würde er sich daran erinnern, wie sehr er gegen den Herrn gesündigt hatte, indem er einen Götzen in Form eines Kalbes gemacht hatte, das wusste er. Würden sich auch seine Söhne daran erinnern? Ihre Söhne nach ihnen? Kaufte das Blut dieses lebendigen Kalbes ihn wirklich frei von der Sünde, diesen Götzen gemacht zu haben?

Weitere Opfer folgten. Nachdem er Sühne für sich selbst getan hatte, war er bereit für das Sündopfer, das Brandopfer und das Dankopfer für das Volk. Der Stier wehrte sich gegen das Seil und trat nach Aaron. Der Schmerz war groß, doch er kämpfte gegen die Ohnmacht an. Seine Söhne hielten das Tier ganz fest, als Aaron zum Messer griff. Als Nächstes tötete er den Widder. Der Anblick und der Geruch des Blutes und die Schreie der sterbenden Tiere erfüllten ihn mit Reue über die Sünden, die den Tod gebracht hatten. Und er dankte Gott, dass er diese armen Tiere als Stellvertreter für jeden Mann, jede Frau und jedes Kind akzeptierte. Denn alle hatten gesündigt. Niemand konnte mit einem reinen Herzen vor dem Herrn stehen.

Aarons Hände waren mit Blut beschmiert, Blut tropfte von den Ecken und Seiten des Altars. Mit schmerzenden Armen brachte er die Brust und die rechte Keule des Opfers vor dem Herrn als Schwingopfer dar. Nachdem alle Opferungen vorgenommen waren, hob Aaron, zitternd vor Erschöpfung, die Arme über das Volk und segnete es. Mose ging mit ihm in die Stiftshütte hinein. Aarons Herz klopfte zum Zerspringen. Sein Magen krampfte sich zusammen. Er war dankbar für den schweren Vorhang, der den Herrn vor seinem Blick verbarg, denn er wusste, er würde sterben, falls er Gott jemals von Angesicht sah. Selbst wenn er im Blut von Kälbern und Lämmern badete, würde dies doch seine Sünde nicht fortnehmen. Er betete für sich. Er betete für das Volk. Und dann ging er zusammen mit Mose nach draußen und segnete das Volk.

Die Luft um sie herum veränderte sich. Er hielt den Atem an – die Bewegung war ruhig, mächtig. Die herrliche Gegenwart des Herrn erschien, sodass alle sie sehen konnten. Er schnappte nach Luft und das Volk schrie von Ehrfurcht erfüllt auf, als Feuer aus der Gegenwart des Herrn hervorzüngelte und das Brandopfer und das Fett auf dem Altar verzehrte.

So sündig er auch war, so sündig dieses Volk auch war, das vor Furcht zitternd vor der Stiftshütte stand, der Herr hatte ihr Opfer angenommen!

Aaron jauchzte vor Freude. Tränen der Erleichterung liefen ihm über die Wangen, als er mit dem Gesicht nach unten vor dem Herrn niederfiel.

Und das Volk folgte seinem Beispiel.

* * *

Aarons Dienst wurde zur Routine. Tag für Tag wurden beim Morgengrauen und in der Dämmerung Opfer dargebracht. Das Brandopfer blieb über Nacht bis zum Morgen auf dem Altar liegen. Aaron trug seine schönen Leinengewänder, wenn er die Opfer darbrachte, doch bevor er die Asche des Opfers vor das Lager brachte, zog er sich um. Der Herr hatte gesagt: »Das Feuer darf niemals ausgehen.« Mit ganz besonderer Sorgfalt behielt Aaron das Feuer im Auge.

Diese Verantwortung machte ihm zu schaffen. Nachts träumte er von Feuer und Blut. Sogar wenn er rein war, konnte Aaron Rauch und Blut riechen. Er träumte davon, dass Menschen wie die Tiere schrien, weil er es versäumt hatte, seiner Pflicht nachzukommen und den Zorn des Herrn zu besänftigen. Noch mehr beunruhigte ihn, dass die Leute weiterhin sündigten. Hunderte stellten sich an, um ihre Beschwerden vor die Ältesten zu tragen und Mose war immer mit dem einen oder anderen Fall beschäftigt. Es lag in ihrer Natur zu streiten, miteinander zu wetteifern und alles zu bekämpfen, was sie in irgendeiner Weise einschränkte. Gott wagten sie nicht infrage zu stellen, seine Stellvertreter dagegen schon. Sie unterschieden sich in nichts von Adam und Eva, verlangten, was ihnen verweigert wurde, egal welcher Schaden daraus entstand.

Aaron versuchte seine Söhne zu ermutigen. »Wir müssen lebendige Beispiele der Gerechtigkeit vor dem Volk sein.«

»Niemand ist gerechter als du, Vater.«

Nadabs Kompliment schmeichelte Aaron, wenn er auch dagegen ankämpfte. Nur zu gut wusste er, wie schnell der Stolz einen Menschen zerstören konnte. War nicht der Stolz der Grund für den Untergang des Pharaos und Ägyptens gewesen? »Mose ist gerechter. Und niemand ist demütiger.«

Abihu schnaubte. »Mose sitzt immer im Zelt der Zusammenkunft und wo bist du? Du bist hier draußen und dienst dem Volk.«

»Ich habe den Eindruck, dass wir die schwerere Last

tragen.« Nadab lehnte sich gegen ein Kissen. »Wann hast du das letzte Mal erlebt, dass einer unserer Cousins einen Finger gerührt hat, um uns zu helfen?«

Eleasar sah von einer Schriftrolle auf. »Elieser und Gerschom kümmern sich um ihre Mutter.« Er sprach ruhig und mit gerunzelter Stirn.

Nadab schnaubte und goss sich noch etwas Wein ein. »Frauenarbeit.«

Miriam stand vor ihnen. »Denkst du nicht, dass du jetzt genug getrunken hast?«

Nadab sah sie an, bevor er seinen Becher ausstreckte. Abihu goss ihm nach, bevor er den Weinschlauch an seinen Haken hängte.

Aaron gefiel die Spannung im Zelt nicht. »Jeder muss den Platz einnehmen, an den er gerufen ist. Mose hört die Stimme Gottes und gibt seine Anweisungen an uns weiter. Wir führen sie aus. Uns ist eine große Ehre vom Herrn zuteil geworden, dass wir ihm dienen –«

»Ja, ja.« Nadab nickte. »Das wissen wir, Vater. Aber es ist langweilig, tagaus, tagein dasselbe zu tun und zu wissen, dass es so für den Rest unseres Lebens sein wird.«

Aaron spürte, wie Zorn in ihm hochstieg und dann in einem kalten Klumpen in seinen Magen sank. »Erinnere dich, wem wir dienen.« Er sah von Nadab zu Abihu und dann zu seinen beiden jüngeren Söhnen, die schweigend und mit gesenkten Köpfen dabeisaßen. Dachten sie dasselbe wie ihre Brüder? Aaron empfand das dringende Bedürfnis, sie zu warnen. »Ihr werdet genau das tun, was der Herr uns aufträgt. Habt ihr verstanden?«

Nadabs Blick veränderte sich. »Wir haben verstanden, Vater.« Seine Finger verkrampften sich um den Weinbecher. »Wir werden den Herrn in allem ehren, was wir tun. So wie du es immer getan hast.« Er trank seinen Wein aus und erhob sich. Abihu folgte seinem Bruder aus dem Zelt.

»Du solltest ihnen solche Reden nicht durchgehen lassen, Aaron.«

Zornig funkelte er Miriam an. »Was schlägst du vor?«

»Pack sie an den Ohren! Gib ihnen eine anständige Tracht Prügel! Tu etwas! Sie erheben sich über dich!«

Er konnte ein Dutzend Männer nennen, die viel gerechter waren als er, angefangen bei seinem Bruder und seinem Gehilfen Josua. »Sie werden zur Vernunft kommen, wenn sie darüber nachdenken.«

»Und wenn nicht?«

»Lass sein, Frau! Ich habe genug anderes um die Ohren, als mir ständig deine Nörgeleien anzuhören!«

»Nörgeleien? Als hätte ich nicht ausschließlich dein Wohl im Sinn.« Miriam riss den Vorhang zur Frauenkammer beiseite und verschwand darin.

Die Stille war alles andere als friedlich. Aaron erhob sich. »Die Arbeit wartet.« Er war dankbar, dass es an der Zeit war, in die Stiftshütte zurückzukehren. In seinem eigenen Zelt fand er keinen Frieden.

Draußen vor dem Zelt setzte Nadab sich auf. »Wir kommen gleich, Vater.« Er streckte die Hand aus, um Abihu zu helfen.

Aaron ließ Eleasar und Itamar vor sich hergehen. »Lasst euch nicht zu viel Zeit«, sagte er und marschierte davon.

Eleasar hielt sich an Aarons Seite. »Du wirst wegen ihnen etwas unternehmen müssen, Vater.«

»Findest du es angemessen, gegen deine Brüder zu sprechen?«

»Ich spreche für sie.«

Während Aaron seinen Pflichten nachkam, dachte er über das nach, was Eleasar gesagt hatte. Wo steckten Nadab und Abihu? Aaron konnte seine älteren Söhne nicht verstehen. Nirgendwo war Aaron lieber als im Hof des Herrn. In Gottes Gegenwart zu stehen, war Moses Berufung, aber dem Herrn so nahe zu sein, erfüllte Aaron mit Freude. Warum konnten seine älteren Söhne nicht auch so empfinden?

Gelächter riss Aaron aus seinen Gedanken. Wer wagte es, im Hof Gottes zu lachen? Als er sich abwandte, entdeckte er Nadab und Abihu im Eingang. Bekleidet mit ihren priesterlichen Gewändern hielten sie Räucherpfannen in den Händen. Was bildeten sie sich ein? Aaron starrte sie an und wollte sie zur Rechenschaft ziehen, als Nadab einen kleinen Beutel aus seiner Schärpe zog. Er streute ein Pulver über die brennenden Kohlen. Gelber, blauer und roter Rauch stieg auf, wie bei den ägyptischen Priestern in ihren heidnischen Tempeln.

»*Nein!*«, rief Aaron.

»Entspann dich, Vater. Wir huldigen unserem Gott.« Abihu streckte ihm seine Räucherpfanne hin und Nadab streute auch in seine Pfanne dieses Pulver aus dem Beutel.

»Wollt ihr Gottes heilige Wohnung entheiligen –«

»Entheiligen?«, gab Nadab trotzig zurück. »Sind wir

nicht Priester? Wir können Gott Ehre erweisen, wie wir wollen!« Er und Abihu traten vor.

»Hört auf!«

Ein Feuerstoß schoss an Aaron vorbei und traf seine beiden älteren Söhne in die Brust. Die Wucht schleuderte Aaron und seine beiden jüngeren Söhne zu Boden. Aaron hörte Nadab und Abihu schreien und rappelte sich hoch. Ihre unerträglichen Schmerzensschreie dauerten nur Sekunden, dann verstummten sie. An der Stelle, wo sie sich trotzig erhoben hatten, waren sie zu Boden gestürzt und zur Unkenntlichkeit verbrannt.

Mit einem Schrei fuhr Aarons Hand an sein Gewand. Eine Hand legte sich schwer auf seine Schulter und riss ihn zurück. »Nicht.« Mose sprach mit trauriger Stimme. »Trauere nicht, indem du dein Haar lose hängen lässt oder deine Kleider zerreißt. Wenn du das tust, wirst du sterben und der Herr wird zornig auf die ganze Gemeinschaft Israel sein.«

Aaron schwankte.

Mose packte seinen Arm und stützte ihn. »Aaron, hör mir zu. Die anderen Israeliten, deine Verwandten, mögen um Nadab und Abihu trauern, die der Herr durch das Feuer vernichtet hat. Aber du darfst bei Todesstrafe den Eingang der Stiftshütte nicht verlassen, denn das Salböl des Herrn ist auf dir.«

Aaron erinnerte sich an das Gesetz. Kein Priester durfte einen Leichnam anrühren.

»Das ist, was der Herr meinte, als er sagte: ›Ich erzeige mich heilig an denen, die mir nahe sind, und vor allem Volk erweise ich mich herrlich.‹«

Aaron kämpfte gegen die Tränen an, unterdrückte den

gequälten Schrei, der ihn zu ersticken drohte. *Der Herr ist heilig. Der Herr ist heilig!* Er richtete sich auf die Heiligkeit Gottes aus, beugte sich ihr. Eleasar und Itamar lagen ausgestreckt vor der Stiftshütte, das Gesicht im Staub, und beteten den Herrn an.

Mose rief Aarons Cousins Mischael und Elizaphan. »Kommt und tragt die Leichname eurer Verwandten aus dem Heiligtum an eine Stelle außerhalb des Lagers.«

Aaron sah zu, wie die verkohlten Körper seiner beiden älteren Söhne von der Stiftshütte weggetragen wurden. Er drehte sich zur Stiftshütte um und blickte nicht mehr zurück. Seine Brust schmerzte, seine Kehle brannte. Würden Nadab und Abihu wegen ihrer Sünde verworfen werden?

Die Stimme sprach, ruhig und leise.

Du und deine Nachfahren dürft niemals Wein oder ein anderes alkoholisches Getränk trinken, bevor ihr in die Stiftshütte geht.

»Aaron.« Mose sprach zu ihm. Aaron versuchte, seine Worte in sich aufzunehmen. »Aaron.« Aaron und seine jüngeren Söhne sollten bleiben, wo sie waren, und ihre Aufgaben zu Ende bringen. Sie sollten die Reste des Kornopfers und der Ziege des Sündopfers aufessen. Aaron tat, was Mose ihm gesagt hatte, aber weder er noch seine beiden Söhne brachten einen Bissen herunter. Der Geruch von verbranntem Fleisch bereitete Aaron Übelkeit und er musste die Zähne zusammenbeißen, um sich nicht zu übergeben.

Moses Gesicht war rot vor Zorn. »Warum habt ihr das Sündopfer nicht gegessen?«, fragte er. »Es ist ein heiliges Opfer! Es wurde euch anvertraut, um die Schuld der Gemeinschaft wegzunehmen und um beim Herrn Sühne für das Volk zu erwirken. Da das Blut des Tieres nicht ins Heiligste gebracht wurde, hättet ihr das Fleisch im Heiligtum essen sollen, wie ich es euch aufgetragen habe.«

Aaron stöhnte. »Heute haben meine beiden Söhne ihr Sündopfer und ihr Brandopfer dem Herrn dargebracht.« Er schluckte. »Diese Dinge sind auch mir passiert.« Er kämpfte gegen seine wachsenden Emotionen an und zitterte vor Anstrengung. Hätte es der Herr gebilligt, wenn er das Sündopfer heute gegessen hätte? Wo die Sünde ganz in der Nähe lauerte und darauf wartete, seine Familie zur Beute zu nehmen und ihre Zähne in sein geschwächtes Herz zu bohren? *Meine Söhne*, hätte er am liebsten herausgeschrien. *Meine Söhne! Hast du vergessen, dass meine Söhne heute gestorben sind?* Er wäre am Fleisch des Sündopfers erstickt und hätte das Heiligtum verschmutzt.

Nadabs Worte fielen ihm wieder ein und verfolgten ihn: »*Wir werden Gott auf unsere Weise ehren, Vater. Genau wie du.*«

Mit einem goldenen Kalb und einem Festtag mit heidnischer Feier.

Selbst nach den Sühnopfern lastete Aarons Sünde noch schwer auf ihm. *Wenn nur der Herr sie für immer ausradieren würde. Wenn nur ...*

Mitfühlend blickt Mose Aaron an und sagte nichts mehr.

* * *

Aaron war bei Mose, als Mose Hobab, Jitros Sohn, aufforderte, sie ins verheißene Land zu begleiten. »Bleibe bei uns, Hobab. Lebe bei Gottes erwähltem Volk Israel.«

Doch Hobab wollte nicht. Als er das Lager verließ, hatte Aaron das ungute Gefühl, sie würden ihn unter weniger freundlichen Umständen wieder sehen. Der Midianiter hatte die ganze Zeit ganz in der Nähe gelagert und Aaron hatte sich gefragt, ob Hobab vielleicht nur ihre Schwächen auskundschaftete und überlegte, wie er sie zu seinem Vorteil nutzen könne.

»Ich hoffe, wir sehen ihn nicht wieder.«

Moses sah ihn an und Aaron sagte nichts weiter. Sein Bruder hatte viele Jahre bei den Midianitern gelebt und empfand tiefe Zuneigung und großen Respekt für seinen Schwiegervater. Mose kannte diese Leute hoffentlich tatsächlich so gut, wie er sie zu kennen glaubte, und Aaron hoffte, dass von ihnen keine Bedrohung für das Volk ausging. Denn was würde Mose tun, wenn er auf einmal zwischen den Israeliten und der Familie seiner Frau stehen würde? Vierzig Jahre lang waren die Midianiter Mose mit Liebe und Respekt begegnet, sie hatten ihn sogar in ihre Familie aufgenommen. Die Israeliten hatten Mose nur Kummer bereitet, sie hatten rebelliert, gemurrt und ihm nichts als Ärger gemacht; und dann hatten sie ihn zu ihrem Sklaven degradiert.

Jene Tage waren überschattet von ständiger Sorge. Aaron hatte Angst um seine Gesundheit, sein Durchhaltevermögen, seine Familie. Zippora war todkrank. Das einzig Gute an ihrer Krankheit war, dass sich Miriams Verhältnis zu ihr gebessert hatte. Sie hatte jetzt ihre Pflege übernommen. Aaron quälte auch der Wunsch, alles richtig zu machen. Doch bisher war ihm ein Fehler nach dem anderen unterlaufen. Er studierte die Gesetze, die Mose niederschrieb. Sie kamen direkt von Gott. Aber manchmal, wenn er müde war, dachte er an seine toten Söhne und dann konnte er die Tränen nicht mehr zurückhalten. Er hatte sie geliebt, obwohl er um ihre Sünden wusste. Und er konnte sich des Gefühls nicht erwehren, an ihnen versagt zu haben.

Die Israeliten begannen schon wieder zu klagen. Von einem Tag auf den anderen schienen sie zu vergessen, was der Herr bereits für sie getan hatte. Sie waren wirklich wie Kinder, die bei jeder Unbequemlichkeit sofort zu quengeln anfingen. Im Augenblick stiftete das ägyptische Gesindel, das sie auf ihrer Reise begleitete, die größte Unruhe.

»Wir haben dieses Manna so satt!«

»Oh, was würde ich geben für etwas Fleisch!«

»In Ägypten hatten wir Fisch im Überfluss.«

»Und so viele Gurken und Melonen, wie wir wollten. Das war so lecker.«

»Und der Lauch, die Zwiebeln und der Knoblauch.«

»Aber jetzt ist uns der Appetit vergangen. Tag für Tag bekommen wir nichts anderes als dieses Manna!«

Schweigend sammelte Aaron seine Tagesration Manna ein. Er hockte sich auf den Boden, hob die Flocken auf und legte sie in sein Gefäß. Eleasar runzelte die Stirn. Itamar zog sich zurück.

Miriam war zornig. »Vielleicht hättet ihr in Ägypten bleiben sollen!«

Eine Frau funkelte sie an. »Das hätten wir vielleicht!«

»Fisch und Gurken«, murmelte Miriam verhalten vor sich hin. »Wir sind so froh, dass wir überhaupt genug zu essen haben. Gerade so viel, dass wir arbeiten können.«

»Ich bin es leid, jeden Tag dasselbe zu essen.«

Miriam richtete sich auf. »Du solltest dankbar sein. Du brauchst nicht einmal für dein Essen zu arbeiten.«

»Und was ist das hier? Jeden Morgen müssen wir auf dem Boden herumkriechen, um dieses Zeug einzusammeln.«

»Wenn wir nur Fleisch hätten!« Ein Israelit stimmte in die Klage mit ein.

»Oh Mama, müssen wir schon wieder Manna essen?«

»Ja, armes Kind, das musst du.«

Das Kind begann zu weinen.

»Bestimmt wären wir in Ägypten besser dran!« Der Mann sprach so laut, dass Aaron es hören musste.

Miriam funkelte ihn an. »Willst du denn gar nichts darauf erwidern, Aaron? Was wirst du mit diesem Volk machen?«

Was sollte er denn tun? Ein Feuer vom Berg herabrufen? Er dachte wieder an seine Söhne und seine Kehle schnürte sich zusammen. Mose konnte sich vor den Klagen des Volkes nicht verschließen. Aaron spürte, was die Unzufriedenheit seinem Bruder antat. »Mach nicht noch mehr Ärger, als wir sowieso schon haben, Miriam.« Er hatte das alles so satt.

»*Ich* mache Ärger! Wenn du auf mich gehört hättest bei ...«

Er erhob sich und funkelte sie an. War ihr überhaupt klar, wie grausam und gedankenlos sie manchmal sein konnte? Das Feuer in ihren Augen erlosch. »Es tut mir Leid.« Sie senkte den Kopf. Er liebte seine Schwester, aber manchmal konnte er sie nur schwer ertragen. Verärgert schnappte er sich sein Gefäß und ging davon.

Mose kam aus der Stiftshütte. Aaron ging zu ihm hin. »Du siehst müde aus.«

»Ich bin auch müde.« Mose schüttelte den Kopf. »Ich bin den Ärger so leid, dass ich den Herrn gebeten habe, mich zu töten, damit ich es hinter mir habe.«

»Sprich nicht so.« Dachte Mose vielleicht, Aaron ging es besser? Gott sollte ihn davor bewahren, dass Mose starb. Nie wieder wollte Aaron die Verantwortung für das Volk tragen.

»Du brauchst dir keine Sorgen zu machen, mein Bruder. Gott hat Nein gesagt. Der Herr hat mir aufgetragen, siebzig Männer auszuwählen, Männer, die uns als Führer im Volk bekannt sind. Sie sollen hierher vor die Stiftshütte kommen und der Geist des Herrn wird auf sie kommen und sie werden uns helfen, das Volk Gottes zu führen. Wir brauchen Hilfe.« Er lächelte. »Du bist älter als ich, mein Bruder, und man sieht dir jeden Tag deiner vierundachtzig Jahre an.«

Aaron lachte erleichtert. Zwei Männer konnten nicht die Verantwortung für sechshunderttausend Männer, dazu die Frauen und Kinder, tragen.

»Und der Herr wird uns Fleisch geben.«

»Fleisch?« *Wie? Woher?*

»Fleisch für einen ganzen Monat, bis wir platzen und kein Fleisch mehr sehen können, weil das Volk gegen den Herrn gemurrt hat.«

Achtundsechzig Männer kamen vor die Stiftshütte. Als Mose auf jeden Mann die Hände legte, kam der Geist des Herrn auf jeden neuen Führer und er sprach das Wort des Herrn wie Mose.

Josua kam angerannt. »Eldad und Medad prophezeien im Lager! Mose, mein Herr, *du musst dem ein Ende setzen!*«

»Bist du um meinetwillen eifersüchtig? Ich wünschte, jeder Einzelne aus dem Volk Gottes wäre ein Prophet und der Herr würde auf alle seinen Geist legen!«

Aaron hörte, wie ein Wind aus der Wolke über der Stiftshütte aufkam. Er spürte seine Wärme an seinem Bart und hielt seine priesterlichen Gewänder fest. Aaron kehrte zu seinen Pflichten in der Stiftshütte zurück, behielt den Himmel aber genau im Auge.

Tausende Wachteln kamen vom Meer her angeflogen. Der Wind trieb sie in einem riesigen Federball direkt ins Lager. Fast einen Meter hoch blieben sie auf dem Boden liegen. Den ganzen Tag und die ganze Nacht über sammelten die Leute die Vögel auf, drehten ihnen den Hals um und rissen ihnen die Federn aus. Sie konnten es kaum erwarten, endlich wieder Fleisch in den Mund zu stecken. Einige warteten gar nicht erst ab, bis der Vogel gebraten war, sondern bissen sofort in das Fleisch, nach dem sie sich gesehnt hatten.

Aaron hörte das Stöhnen und wusste genau, was als

Nächstes kam. Das Stöhnen verwandelte sich in Jammern. Männer und Frauen wurden krank, bevor das Fleisch auch nur aufgegessen war. Sie fielen auf die Knie und erbrachen sich. Einige starben schnell. Andere verfluchten Gott in ihrem Leid, weil er ihnen gegeben hatte, was sie gefordert hatten. Tausende taten Buße und flehten den Herrn an, ihnen zu vergeben. Aber die Wachteln kamen pausenlos angeflogen, wie der Herr versprochen hatte. Tag für Tag, bis das Volk still wurde und erfüllt war mit der Furcht des Herrn.

Nach einem Monat hob sich die Wolke von der Stiftshütte. Aaron betrat das Allerheiligste, deckte den Leuchter ab und packte den Leuchter, den Tisch mit den Schaubroten und den Weihrauchaltar ein. Das Zelt der Zusammenkunft und die Stiftshütte wurden abgebaut, eingepackt und die Sippen der Leviten trugen die Teile, die der Herr ihnen zugewiesen hatte. Auf Moses Zeichen hin bliesen zwei Männer in die Trompeten. Das Volk sammelte sich.

»Herr, steh auf!«, ertönte Moses Stimme. »Lass deine Feinde zerstreut werden und alle, die dich hassen, flüchtig werden vor dir!«

Vier Männer trugen die Bundeslade. Mose ging voraus, den Blick fest auf den Engel des Herrn gerichtet, der sie führte. Das Volk verließ den Ort, der Gräber der Begierde genannt wurde. Sie waren Tag und Nacht unterwegs, bis die Wolke bei Hazerot stehen blieb.

Mose hob die Arme. »Komm wieder, Herr, zu der Menge der Tausende in Israel!«

Die Bundeslade wurde abgestellt, die Stiftshütte um sie herum aufgebaut. Aaron stellte die heiligen Geräte an ihren Platz und seine Söhne und die Oberhäupter der Sippen Gerschon, Kohat und Merari aus dem Stamm der Leviten trieben die Pfosten in die Erde, befestigten die Vorhänge und stellten den Altar für das Brandopfer und die Bronzeschale auf.

Und das Volk ruhte sich aus.

* * *

Aaron wollte die Augen schließen und mal eine Weile an etwas anderes denken, aber Miriam war aufgebracht und gönnte ihm keine Ruhe. »Ich habe Zippora akzeptiert.« Aufgebracht und mit geröteten Wangen lief sie im Zelt umher. »Ich habe sie die ganze Zeit gepflegt. Ich habe sie versorgt. Nicht dass sie mir das in irgendeiner Weise gedankt hätte. Nie hat sie den Versuch unternommen, unsere Sprache zu erlernen. Elieser muss noch immer für sie übersetzen.«

Aaron wusste, warum sie so aufgebracht war. Auch er war erstaunt gewesen, als Mose ihm mitgeteilt hatte, er würde noch eine Frau nehmen, aber er hatte es unpassend gefunden, seine Meinung dazu zu äußern. Miriam kannte solche Hemmungen nicht, allerdings bezweifelte Aaron, dass sie schon einmal mit Mose darüber gesprochen hatte.

»Er braucht eine Frau, Miriam, jemand, der seinem Haushalt vorsteht.«

»Eine Frau? Warum braucht Mose neben Zippora eine Frau, wenn er mich hat? Ich habe seinen Haushalt versorgt, bevor diese Kuschitin in sein Zelt gekommen ist. Anfangs war er dankbar für meine Hilfe. Ich durfte sogar seine Frau pflegen! Zippora brauchte für alles Hilfe. Und jetzt, wo sie stirbt, nimmt er eine andere Frau! Warum braucht er in seinem Alter noch eine Frau? Du hättest ihm diese Heirat ausreden sollen, bevor er diese Ausländerin in sein Zelt geholt hat. Du hättest ihn davon abhalten sollen, gegen den Herrn zu sündigen!«

Hatte Mose gesündigt? »Ich war ja auch überrascht, als Mose es mir erzählt hat.«

»Nur überrascht?«

»Er ist nicht so alt, dass er nicht den Trost einer Frau braucht.« Auch Aaron wünschte sich manchmal, er könnte noch eine Frau nehmen, doch nachdem er jahrelang zwischen der Mutter seiner Söhne und Miriam vermitteln musste, hatte er beschlossen, doch lieber allein zu bleiben! Er wollte keine Zwietracht mehr.

»Mose hat sich nicht viel Zeit für Zippora genommen und jetzt hat er diese Frau.« Miriam hob frustriert die Hände. »Ich frage mich, ob er auf das hört, was der Herr sagt. Wenn er schon eine Frau haben muss – und ich verstehe nicht, warum das in seinem Alter noch sein muss – dann hätte er eine Frau aus dem Stamme Levi nehmen sollen. Hat der Herr uns nicht gesagt, wir sollten nicht außerhalb unserer Stämme heiraten? Hast du gesehen, wie fremdartig diese Kuschitin ist? Sie ist schwarz, Aaron, schwärzer als jeder Ägypter, den ich je gesehen habe.«

Auch Aaron hatte Moses Heirat zu schaffen gemacht, aber nicht aus denselben Gründen wie Miriam. Die Frau war die Sklavin eines der Ägypter gewesen, die mit dem Volk aus Ägypten ausgezogen waren. Ihre Herrin war während der Feier vor dem Goldenen Kalb gestorben, doch die Kuschitin war bei dem Volk geblieben. So weit Aaron wusste, hatte sie Ehrfurcht vor dem Herrn. Aber trotzdem ...

»Warum sitzt du hier herum und sagst nichts, Aaron? Du bist ein Diener des Herrn, nicht? Du bist sein Hoherpriester. Spricht der Herr nur durch Mose? Hat der Herr mich nicht zu der Tochter des Pharao geführt? Hat der Herr mir nicht die richtigen Worte gegeben? Und der Herr hat dich gerufen, Aaron. Du hast seine Stimme gehört und dem Volk öfter als Mose sein Wort weitergeben! So viel Mangel an Weisheit hätte ich Mose gar nicht zugetraut!«

Aaron hasste es, wenn seine Schwester so war. Er fühlte sich wieder wie ein kleiner Junge, beherrscht von der älteren Schwester, erdrückt von ihrer Persönlichkeit. Sie hatte einen eisernen Willen. »Du solltest dich doch freuen, dass du jetzt weniger Arbeit hast.«

»Freuen? Vielleicht würde ich mich freuen, wenn er nicht ausgerechnet eine *Kuschitin* geheiratet hätte. Ist es dir denn egal, dass Mose durch eine ungesunde Eheschließung Sünde auf uns bringt?«

»Was ist denn ungesund daran?«

»Das fragst du noch?« Sie deutete zornig mit dem Finger auf ihn. »Geh doch nur in sein Zelt und sieh sie dir an! Sie sollte zu ihrem Volk zurückkehren. Sie gehört nicht zu uns, und schon gar nicht sollte sie die Ehre haben, die Frau von Israels Befreier zu sein!«

Aaron überlegte, ob er tatsächlich mit Mose sprechen sollte. Auch er war entsetzt gewesen, als Mose eine kuschitische Sklavin als Frau in sein Zelt geholt hatte. Vielleicht sollte er sich mit einigen der Ältesten beraten, bevor er Mose zur Rede stellte. Was hielt das Volk von Moses Heirat? Miriam würde keinen Hehl aus ihrer Meinung machen.

Zweifel stiegen in Aaron hoch. Miriam wollte ihn wegen Nadab und Abihu warnen, aber er hatte nicht auf sie gehört. Machte er jetzt einen weiteren Fehler, indem er nicht auf seine Schwester hörte und sich gegen Moses Entscheidung, noch einmal zu heiraten, stellte?

Geht hinaus zur Stiftshütte, alle drei!

Aaron bekam eine Gänsehaut. Er hob den Kopf. Furcht vor der Stimme stieg in ihm hoch.

Miriam richtete sich auf und streckte das Kinn vor. Ihre Augen glühten. »Der Herr hat *mich* zur Stiftshütte gerufen. Und dich auch, das sehe ich an deinem Gesichtsausdruck.« Sie marschierte aus dem Zelt. Draußen in der Sonne blieb sie stehen und drehte sich zu ihm um. »Na? Kommst du jetzt oder nicht?«

Mose wartete auf sie. Er schien verwirrt. Die Wolke wirbelte über ihnen, zog sich zusammen und stieg herab.

Miriam sah auf, ihr Gesicht war gerötet und angespannt vor Aufregung. »Du wirst schon sehen, Aaron.«

Er zitterte, als die Wolkensäule vor dem Eingang zur Stiftshütte stehen blieb und aus dem Innern der Wolke die Stimme ertönte.

Hört auf mich! Selbst mit den Propheten rede ich, der Herr, nur durch Visionen und Träume.

Aber so rede ich nicht mit meinem Knecht Mose. Ihm habe ich mein ganzes Haus anvertraut. Mit ihm rede ich von Angesicht zu Angesicht, direkt und nicht in Rätseln! Er sieht den Herrn, wie er ist. Solltet ihr nicht Angst haben, ihn zu kritisieren?

Die Wolkensäule hob sich. Aaron drückte die schwere Last seiner Schuld nieder. Beschämt ließ er den Kopf hängen.

Miriam stieß einen Schrei aus. Ihr Gesicht und ihre Hände waren weiß wie bei einem totgeborenen Baby, das aus dem Schoß der Mutter kommt. Ihre Haut war halb weggefressen. Schreiend fiel sie auf die Knie und warf Staub auf ihren Kopf.

»Ohhh!«, klagte Aaron entsetzt. Mit ausgestreckten und zitternden Händen wandte er sich an Mose. »Oh, mein Herr! Bitte bestrafe uns nicht für diese Sünde, die wir so unüberlegt begangen haben.« Furcht machte sich in ihm breit.

Entsetzt rief Mose bereits zum Herrn und flehte um Erbarmen für seine alte Schwester.

Und die Stimme sprach erneut, sodass alle drei sie hören konnten:

Wenn ihr Vater ihr ins Gesicht gespuckt hätte, wäre sie nicht sieben Tage lang unrein gewesen? Verbannt sie sieben Tage aus dem Lager und danach mag sie zurückkehren.

Schluchzend warf sich Miriam vor dem Herrn auf den Boden. Ihre ausgestreckten, von Krankheit weißen Hände wurden wieder stark und braun. Sie legte ihre Hände in die Nähe von Moses Füßen, berührte ihn aber nicht. Aaron beugte sich zu ihr herab, doch Miriam fuhr ihn scharf an. »Du darfst mich nicht anfassen!« Mühsam stand sie auf und wich zurück. Die Lepra war fort, aber in ihren dunklen Augen standen Tränen und ihre Wangen waren rot vor Scham. Sie zog den Schleier vor ihr Gesicht und verneigte sich vor Mose. »Verzeih mir, Bruder. Bitte verzeih mir.«

»Oh Miriam, meine Schwester ...«

Aaron fühlte sich beschämt. Er hätte sie auffordern sollen, den Mund zu halten, aufzuhören, über andere zu reden, vor allem über Mose, den Gott erwählt hatte, um Israel zu befreien. Stattdessen hatte er sich von ihren Worten ins Wanken bringen und sich von ihr in ihrer Rebellion anstecken lassen.

Die Leute waren aus ihren Zelten gekommen und starrten sie an. Einige kamen näher, um zu sehen, was los war. »Unrein!«, rief Miriam, während sie aus dem Lager eilte. »Ich bin unrein!« Die Leute wichen zurück, als hätte sie eine ansteckende Krankheit. Einige jammerten. Kinder flohen zum Zelt ihrer Mutter. »Unrein!« Miriam rannte, stolperte beschämt, stürzte jedoch nicht zu Boden.

Aarons Kehle schnürte sich zu. War er dazu bestimmt, in allem, was er tat, gegen den Herrn zu sündigen, gegen Mose zu sündigen? Weil er nicht zugehört hatte, waren Abihu und Nadab gestorben. Dann hatte er zugehört und seine Schwester bekam Lepra, weil er sich nicht richtig verhalten hatte. Er hätte aus dem Lager verbannt werden sollen! Er hätte es doch wirklich besser wissen müssen und ihrer Eifersucht nicht noch Vorschub leisten dürfen. Stattdessen hatte er ihr nachgegeben. Er hatte es zugelassen, dass sie seine eigenen, nicht erhörten Träume vom Amt des Führers angestachelt hatte. Wann immer er versuchte, voranzuschreiten, kam eine Katastrophe nicht nur über ihn, sondern auch über die, die er liebte.

»Aaron.«

Die Freundlichkeit in der Stimme seines Bruders schmerzte Aaron noch mehr. »Warum hat Gott mich verschont, wo ich doch genauso gesündigt habe wie sie?«

»Hättest du genauso sehr getrauert, wenn die Strafe über dich gekommen wäre? Du hast ein weiches Herz, Aaron.«

»Und mein Geist ist ebenfalls weich.« Er sah seinen Bruder an. »Ich wollte mich von ihr ins Wanken bringen lassen, Mose. Meine Rolle als älterer Bruder, der hinter dem jüngeren Bruder zurücktreten muss, macht mir zu schaffen. Ich wollte diese Dinge nicht empfinden, Mose, aber ich bin auch nur ein Mensch. Der Stolz ist mein Feind.«

»Ich weiß.«

»Ich liebe dich, Mose.«

»Ich weiß.«

Aaron kniff die Augen zusammen. »Und jetzt leidet Miriam, während ich meinen priesterlichen Pflichten nachkomme.«

»Wir alle werden warten, bis ihre Zeit der Verbannung vorbei ist.«

Bevor die Feuersäule die kühle Wüstenluft erwärmte, würde das ganze Volk Israel erfahren, dass er und Miriam gesündigt hatten.

Bald war es Zeit für das Abendopfer.

Herr, Herr, erbarme dich. Meine Sünden lasten schwer auf mir.

* * *

Nach den sieben Tagen kehrte Miriam ins Lager zurück. Die Wolkensäule erhob sich und führte das Volk fort von Hazerot. Über der Wüste Paran blieb die Wolke stehen und das Volk lagerte dort bei Kadesch. Aaron, seine Söhne und die Stämme der Leviten stellten das Zelt der Zusammenkunft und die Stiftshütte auf. Die Stämme lagerten in der ihnen zugewiesenen Anordnung um das Zelt herum. Jeder kannte seinen Platz und seine Pflichten und in kürzester Zeit war das Lager aufgeschlagen.

Mose bekam Anweisungen vom Herrn und gab Aaron eine Liste von zwölf Männern, einen von jedem Stamm Israels außer dem Stamme Levi, dessen Aufgabe die Anbetung des Herrn war. Aaron schickte nach den Stammesvertretern und stand vor Mose, als die Anweisungen des Herrn gegeben wurden.

»Ihr sollt nach Kanaan gehen und das Land erkunden, das der Herr uns geben will.«

Aaron sah, wie Josuas Gesicht vor Aufregung aufleuchtete, denn er war der Vertreter des halben Stammes Ephraim, des Sohnes Josefs. Einige der anderen wirkten unsicher. Ihnen schien die zugewiesene Aufgabe Angst einzujagen. Sie konnten keine Vorräte mitnehmen, keine Karten und sie hatten keinerlei Erfahrung im Auskundschaften der Stärken und Schwächen ihrer Feinde. Die meisten waren junge Männer wie Josua, aber da war noch ein anderer, der älter war als die anderen. Ihm schien die bevorstehende Aufgabe keine Angst zu machen. Sein Name war Kaleb.

Mose ging zwischen ihnen umher und legte beim Vorbeigehen jedem die Hand auf die Schulter. In seiner Stimme schwang Zuversicht mit. »Geht nach Norden durch die Wüste Negev ins Bergland. Seht, wie das Land beschaffen ist, und findet heraus, ob das Volk, das dort lebt, stark oder schwach ist, ob es viele oder wenige sind. Wie ist das Land beschaffen, in dem sie leben? Ist es gut oder schlecht? Sind ihre Städte durch Mauern gesichert oder sind sie ungeschützt? Wie ist der Boden? Fruchtbar oder karg? Gibt es viele Bäume?«

Vor Josua blieb Mose stehen. Er nahm seine Hand und sah dem jungen Mann in die Augen. Schließlich ließ er seine Hand wieder los und wandte sich zu den anderen um. »Habt keine Angst und bringt Kostproben von den Früchten des Landes mit.«

Jeder bekam einen Wasserschlauch. Während der Zeit außerhalb des Lagers würden sie kein Manna haben. Sie würden sich von dem ernähren müssen, was das Land Kanaan zu bieten hatte.

Und das Volk wartete.

* * *

Eine Woche verging, dann eine weitere und noch eine. Ein neuer Mond kam und noch immer keine Spur von den Kundschaftern. Wie weit waren sie gegangen? Waren sie auf Widerstand gestoßen? Waren einige getötet worden? Und wenn sie nun gefangen genommen und getötet worden waren, was dann?

Aaron machte dem Volk Mut. Er forderte sie auf, Geduld zu üben, dem Herrn zu vertrauen, dass er sein Versprechen erfüllen würde. Ohne Unterlass betete er für die zwölf Kundschafter, vor allem für Josua.

Der junge Mann bedeutete Mose viel, denn sein Bruder sprach voller Zuneigung von ihm. »Ich kenne keinen anderen wie ihn, Aaron. Er ist dem Herrn geweiht. Nichts wird ihn von ihm abbringen.«

Wie traurig, dass Moses eigene Söhne und sein Bruder sich nicht mit ihm messen konnten. Aaron hatte Josua gegenüber keine Vorbehalte mehr. Er kannte seine Schwächen und spürte sein Alter. Jüngere Männer würden die Führung übernehmen, wenn das Volk seinem Erbe zugeführt werden würde.

»Sie kommen! Ich sehe sie! Die Männer kehren zurück!«

Aufgeregte Rufe schallten durch das Lager, während sich die Familienmitglieder um die zurückkehrenden Kundschafter sammelten, die beladen waren mit den Früchten des Landes Kanaans. Josua und Kaleb trugen einen Stock auf ihren Schultern, an dem Weinreben hingen! Decken wurden aufgeschlagen, aus denen hellrote Granatäpfel und dunkelrote Feigen quollen.

Josua ergriff als Erster das Wort. Er wandte sich an Mose. »Wir sind in das Land gekommen, in das du uns geschickt hast, und es ist wirklich ein wundervolles Land.«

Kaleb hob triumphierend die Hände. »Es ist ein

Land, in dem Milch und Honig fließen. Hier sind einige seiner Früchte als Beweis.«

Milch und Honig, dachte Aaron. Das bedeutete, dass es Kuh- und Ziegenherden gab, und Obstbäume, die im Frühling blühten, Wiesen mit Wildblumen und genügend Wasser.

Aber die übrigen Kundschafter hatten anderes zu berichten.

»Das Volk, das dort lebt, ist sehr stark.«

»Ihre Städte und Dörfer sind befestigt und sehr groß.«

»Wir haben auch Nachkommen Anaks dort angetroffen.«

Ein leises Raunen machte sich unter den Zuhörern breit. Die Anakiter waren Riesen, Krieger, die keine Furcht kannten und kein Erbarmen zeigten.

»Die Amalekiter leben in der Negev-Wüste.«

Kaleb wandte sich um. »Das sind Feiglinge, die von hinten angreifen und diejenigen töten, die zu schwach sind, sich selbst zu verteidigen.«

»Was ist mit den Hethitern? Das sind wilde Krieger.«

»Die Hethiter, Jebusiter und Amoriter bewohnen das Bergland.«

»Die Kanaaniter leben an der Küste des Mittelmeeres und im Jordantal.«

»Sie sind zu stark für uns.«

Kalebs Augen begannen zu funkeln. »Gibt es jemanden, der zu stark ist für den Herrn? Wir wollen sofort aufbrechen und das Land einnehmen! Wir können es gewiss erobern!«

Aaron sah Mose an, doch sein Bruder schwieg. Aaron wollte das Volk darauf hinweisen, dass der Herr ihnen das Land versprochen hatte und deshalb auch dafür sorgen würde, dass sie es eroberten. Aber er hatte die Kundschafter nicht begleitet und das Land nicht gesehen. Er war ein alter Mann, kein Krieger. Und Mose war Gottes erwählter Führer. Und so wartete Aaron gespannt auf Moses Entscheidung. Doch sein Bruder wandte sich ab und verschwand in seinem Zelt.

Mehrere Kundschafter riefen: »Wir können nicht gegen sie ziehen! Sie sind stärker als wir!«

Kalebs Gesicht war vor Zorn gerötet. »Kanaan ist das Land, das Gott uns versprochen hat! Wir brauchen es nur einzunehmen!«

»Wie kannst du da so sicher sein? Hat Gott uns nicht einen nach dem anderen getötet, seit wir Ägypten verlassen haben? An Durst und Hunger und Krankheiten!« Zehn der Kundschafter gingen davon und das Volk folgte ihnen.

Kaleb sah Aaron an. »Warum hat Mose nicht für uns gesprochen? Warum nicht du?«

»Ich ... ich bin nur sein Sprecher. Mose sucht immer den Willen Gottes und sagt mir dann, was ich sagen soll.«

»Der Herr hat uns seinen Willen doch bereits kundgetan.« Kaleb gestikulierte zornig. »Geht und nehmt das Land ein!« Kopfschüttelnd stapfte er davon.

Aaron sah Josua an. Mit zusammengesunkenen Schultern und geschlossenen Augen stand er da. »Ruhe dich aus, Josua. Vielleicht wird der Herr Mose morgen sagen, was wir tun sollen.«

»Es wird Ärger geben.« Josua sah ihn an. »Kaleb hat Recht. Das Land gehört uns. Gott hat es gesagt.«

Am Morgen hörte Aaron die Gerüchte. Das Land würde jeden verschlucken, der es betrat. Die Völker, die dort lebten, seien so groß! Es seien sogar Riesen darunter! Die Kundschafter seien sich im Vergleich zu ihnen wie Grashüpfer vorgekommen! Das Volk würde wie die Wanzen zerquetscht werden, wenn es wagte, Kanaan zu betreten!

Aber der Herr hat gesagt ...

Niemand hörte auf das, was der Herr gesagt hatte. Niemand glaubte es.

»Wir wünschten, wir wären in Ägypten gestorben oder sogar in der Wüste!«

»Warum bringt der Herr uns zu diesem Land, damit wir dann in der Schlacht umkommen?«

»Wir sind keine Krieger! Unsere Frauen und Kinder werden als Sklaven weggeführt werden!«

»Wir wollen von hier aufbrechen und nach Ägypten zurückkehren!«

»Ägypten ist zerstört. Dort gibt es nichts mehr für uns!«

»Das Volk fürchtet uns. Wir werden zur Abwechslung mal seine Herren sein!«

»Ja, wir wollen dorthin zurückkehren!«

»Dann brauchen wir einen neuen Führer.«

Aaron sah den Zorn in ihren Gesichtern, ihre geballten Fäuste. Er hatte Angst, aber weniger vor ihnen als vor dem, was Gott angesichts dieser offenen Rebellion tun würde. Mose fiel lang vor dem Volk auf den Boden und Aaron fiel neben ihm zu Boden, so nahe, dass er Mose mit seinem Körper schützen könnte, sollte das notwendig werden. Josua und Kaleb argumentierten mit dem Volk.

»Das Land, das wir ausgekundschaftet haben, ist ein wundervolles Land!«

»Wenn wir dem Herrn wohlgefällig sind, wird er uns sicher in dieses Land führen und es uns geben!«

»Es ist ein reiches Land; darin fließen Milch und Honig. Er wird es uns geben!«

»Lehnt euch nicht gegen den Herrn auf.«

»Habt keine Angst vor den Völkern, die in dem Land wohnen. Sie werden eine leichte Beute für uns sein! Sie haben keinen Schutz, aber der Herr ist mit uns!«

»Habt keine Angst vor ihnen!«

Das Volk wurde immer wütender über ihre Worte und schmähte sie. »Steinigt sie!«

»Wer bist du, dass du zu uns redest, Kaleb? Du würdest uns in den Tod führen, Josua!«

»Tötet sie!«

Schreie gellten durch die Luft. Erneut lief Aaron ein seltsamer Schauer über den Rücken und er sah auf. Die herrliche Gegenwart erhob sich über der Stiftshütte in die Luft. Mose stand auf, warf den Kopf in den Nacken und hob die Arme. Das Volk zerstreute sich, rannte zu seinen Zelten, als könnte es sich hinter Ziegenhäuten verstecken. Josua und Kaleb blieben stehen, wo sie standen. Ihre Bärte flatterten im Wind.

Mose trat vor. »Aber Herr, was werden die Ägypter denken, wenn sie davon hören? Sie haben doch deine Macht kennen gelernt, als du das Volk aus Ägypten gerettet hast.«

Oh Herr, höre sein Gebet! Aaron fiel wieder auf das Gesicht, denn das Leben dieses Volkes stand auf dem Spiel. *Herr, Herr, höre meinen Bruder.*

»Oh Herr, nein!«, rief Mose entsetzt. »Die Einwohner dieses Landes wissen, Herr, dass du für alle sichtbar in der Wolkensäule erschienen bist und über ihnen verharrst. Sie wissen, dass du bei Tage in einer Wolkensäule und in der Nacht in einer Feuersäule vor ihnen hergehst. Wenn du dieses ganze Volk tötest, werden die Völker, die von deinem Ruhm gehört haben, sagen: ›Der Herr hat es nicht geschafft, sie in das Land zu führen, das er geschworen hat, ihnen zu geben, darum hat er sie in der Wüste getötet.‹ Bitte, Herr, zeige, dass deine Macht so groß ist, wie du gesagt hast. Denn du hast gesagt: ›Gnädig und barmherzig ist der Herr, geduldig und von großer Güte. Er vergibt jede Art von Sünde und Rebellion. Doch ich, der Herr, dein Gott, bin ein eifernder Gott, der die Missetat der Väter heimsucht bis ins dritte und vierte Glied an den Kindern derer, die mich hassen.‹ Bitte vergib die Sünde dieses Volkes in deiner großen, unfehlbaren Liebe, so wie du ihnen immer vergeben hast, seit sie Ägypten verlassen haben.«

Mose schwieg. Aaron hob den Kopf so weit, dass er seinen Bruder sehen konnte, der mit ausgestreckten Armen und nach oben gewandten Händen dastand. Nach einer ganzen Weile nahm Mose die Arme herunter und stieß einen langen, tiefen Seufzer aus. Die herrliche Gegenwart kam wieder auf die Stiftshütte herab.

Aaron erhob sich langsam. »Was hat der Herr gesagt?«

Nur Kaleb und Josua standen in tiefem Entsetzen stumm dabei.

»Rufe das Volk zusammen, Aaron. Ich kann dies nur einmal über die Lippen bringen.«

Das Volk kam schweigend herbei, angespannt und ängstlich, denn alle hatten gesehen, wie sich die herrliche Gegenwart erhoben hatte und die Menschen hatten die Hitze des Zorns gespürt. Zu spät hatten sie sich daran erinnern, wie leicht Gott denen das Leben nehmen konnte, die sich gegen ihn auflehnten.

Und der Zorn des Herrn lag in Moses Stimme, als er dem Volk Gottes Worte weitersagte. »Der Herr wird genau das tun, was ihr gegen ihn gesprochen habt. Ihr alle werdet hier in dieser Wüste sterben! Weil ihr euch gegen ihn aufgelehnt habt, wird keiner von euch, die ihr zwanzig Jahre oder älter seid, in das Land kommen, das der Herr euch versprochen hat. Die einzigen Ausnahmen werden Kaleb und Josua sein.

Ihr habt gesagt, eure Kinder würden gefangen genommen. Und der Herr sagt, er wird *sie* sicher in das Land bringen und *sie* werden in den Genuss dessen kommen, was ihr verachtet habt! Was euch betrifft, eure toten Körper werden in dieser Wüste verrotten! Und eure Kinder werden wie Hirten sein, vierzig Jahre in dieser Wüste herumirren. Auf diese Weise werden *sie* für eure Untreue bezahlen, bis der letzte von euch tot in der Wüste liegt! Weil die Männer, die das Land ausgekundschaftet haben, dort vierzig Tage waren, müsst ihr vierzig Jahre in der Wüste herumziehen! Ein Jahr für jeden Tag. So werdet ihr die Konsequenzen für eure Sünde tragen. Ihr werdet erkennen, was es bedeutet, den Herrn zum Feind zu haben! Morgen sollen wir in die Wüste aufbrechen.«

Das Volk begann zu jammern.

Die zwölf Männer, die als Kundschafter in das Land gezogen waren, standen vor dem Volk. Zehn von ihnen stöhnten vor Schmerzen auf und sanken in die Knie. Von Schmerzen geplagt, wälzten sie sich auf dem Boden, wo alle sie sehen konnten, in der Nähe des Eingangs zu dem großen Zelt, in dem die Stiftshütte des Herrn untergebracht war. Nur Kaleb und Josua blieben stehen.

Aaron zog sich in sein Zelt zurück und weinte. Er hatte das Gefühl, irgendwie schon wieder versagt zu haben. Hätte es etwas geändert, wenn er sich auf Josuas und Kalebs Seite gestellt hätte? Hatte der Herr gesagt, dass auch er und Mose das Verheißene Land nicht sehen würden? Miriam und seine Söhne versuchten ihn zu trösten, doch er wandte sich ab und ging nach draußen zu Mose.

»So nahe.« Moses Stimme war von Traurigkeit erfüllt. »Sie waren dem so nahe, was sie sich erträumt hatten.«

»Die Furcht ist der Feind.«

»Die Furcht des Herrn wäre ihre größte Kraft gewesen. In ihm liegt der Sieg.«

Eleasar kam am folgenden Morgen ins Zelt gerannt. »Vater! Vater, komm schnell. Einige der Männer verlassen das Lager.«

»Sie gehen?« Aaron überlief es kalt. Lernten diese Menschen denn nie dazu?

»Sie sagen, sie würden nach Kanaan gehen. Sie sagen, es täte ihnen Leid, dass sie gesündigt haben, aber jetzt seien sie bereit, das Land einzunehmen, das Gott ihnen versprochen hat.«

Aaron eilte nach draußen, doch Mose war bereits da. Er schrie sie an, sie sollten aufhören. »Es ist zu spät! Warum missachtet ihr jetzt die Anweisungen des Herrn, in die Wüste zurückzukehren? Ihr werdet keinen Erfolg haben. Zieht nicht in das Land. Ihr werdet von euren Feinden vernichtet werden, weil der Herr nicht mit euch ist!« Josua, Kaleb und andere waren zu ihnen getreten und versuchten, ihnen den Weg zu versperren.

»Der Herr ist mit uns! Wir sind die Söhne Abrahams! Der Herr hat gesagt, das Land sei unseres!« Mit hoch erhobenen Köpfen wandten sie sich von Mose ab und zogen los zum Land Kanaan.

Mose rief ihnen eine letzte Warnung zu. »Der Herr wird nicht mit euch sein, weil ihr den Herrn verlassen habt!« Doch sie ließen sich nicht von ihrem Vorhaben abbringen. Mose seufzte. »Brecht das Lager ab. Geht euren Pflichten nach, wie der Herr euch aufgetragen hat. Wir brechen heute auf.«

Der Herr führte sie zurück an den Ort, an dem sie gedacht hatten, sie hätten Ägypten hinter sich gelassen: an das Rote Meer.

Kapitel 6

Das Volk war noch keinen Tag unterwegs, als es bereits wieder zu murren begann. Aaron sah die bösen Blicke. Wo immer er hinging, senkte sich kaltes Schweigen auf die Menschen. Sie trauten ihm nicht. Immerhin war er Moses Bruder und hatte sich bei der Entscheidung, den Weg zurückzugehen, den sie gekommen waren, auf seine Seite gestellt. Zurück zur Not. Zurück zu Furcht und Verzweiflung. Wegen ihres Ungehorsams hatte der Herr den Befehl gegeben, aber jetzt suchte das Volk einen Sündenbock.

Sie rebellierten weiter gegen den Herrn und Aaron spürte die immer schwerer werdende Last ihrer Sünden auf seinem Rücken. Er unterdrückte seine Furcht und mischte sich unter die Leute, versuchte die undankbaren Pflichten zu erfüllen, die der Herr ihm um ihretwillen aufgetragen hatte.

Die Nachzügler kamen aus Kanaan zurück. Die meisten waren getötet worden. Diejenigen, die überlebt hatten, waren bis nach Horma zurückgetrieben worden.

»Die zehn Kundschafter haben die Wahrheit gesagt! Diese Völker sind zu stark für uns!«

Aaron spürte, dass es wieder Ärger geben würde, aber er wusste einfach nicht, wie er das Herz dieser Menschen zu Gott wenden könnte. Wenn sie doch nur erkennen würden, dass allein ihre eigensinnige Weigerung an das zu glauben, was Gott gesagt hatte, ständig Unglück über sie brachte.

Wegen ihrer Sünde gingen sie nun zurück, aber

durch Mose streckte Gott seinem Volk noch immer die Hand entgegen. Aaron saß bei seinem Bruder und hörte das Wort Gottes. Es floss so klar über ihn hinweg und war so voller Liebe. Jedes Gesetz, das Gott dem Volk gab, sollte schützen, erhalten, helfen, führen und die Hoffnung des Volkes auf den Herrn richten.

Sogar die Opferungen dienten diesem einen Zweck und sollten eine Beziehung zu Gott aufbauen und stärken. Das Brandopfer sollte Sünde sühnen und Hingabe an Gott symbolisieren. Die Speisopfer sollten Gott, der für sie sorgte, Ehre und Ehrfurcht zeigen. Das Friedensopfer drückte Dankbarkeit aus für den Frieden und die Gemeinschaft, die der Herr ihnen anbot. Das Sündopfer sühnte unbeabsichtigte Sünden und erneuerte die Gemeinschaft des Sünders mit Gott und das Schuldopfer sühnte Sünden gegen Gott und andere und bot denen, die verletzt worden waren, Entschädigung.

Jedes Fest war eine Erinnerung daran, dass Gott unter ihnen wohnte. Beim Passafest gedachte das Volk der Befreiung aus Ägypten. Das siebentägige Fest der ungesäuerten Brote erinnerte sie daran, dass sie die Knechtschaft hinter sich gelassen hatten und nun ein neues Leben begannen. Das Fest der Erstlingsfrüchte rief den Israeliten in Erinnerung, wie Gott für sie sorgte. Mit dem Wochenfest (Pfingsten) am Ende der Gerstenernte und zu Beginn der Weizenernte zeigten sie ihre Freude und ihren Dank für Gottes Fürsorge. Beim Neujahrsfest sollte das Volk seiner Freude und Dankbarkeit Gott gegenüber Ausdruck verleihen und den Beginn eines neuen Jahres mit ihm als Herrn über alles feiern. Beim Versöhnungsfest wurde alle Sünde von den

Menschen und dem Volk genommen und die Gemeinschaft mit Gott erneuert, während das siebentägige Laubhüttenfest zukünftige Generationen daran erinnern sollte, wie Gott das Volk in der Wüste geführt hatte, und an das Gebot, auch in den kommenden Jahren auf den Herrn zu vertrauen.

Manchmal war Aaron der Verzweiflung nahe. Es gab so vieles zu beachten. So viele Gesetze. So viele Festtage. Jeder Tag wurde vom Herrn bestimmt. Aaron war froh darüber, aber er hatte Angst, er könnte wieder versagen, wie er bereits dreimal zuvor versagt hatte. Wie könnte er jemals das Goldene Kalb, den Tod seiner beiden Söhne und Miriams Lepra vergessen?

Ich bin schwach, Herr. Mach mich stark im Glauben wie Mose. Gib mir Ohren zu hören, und Augen, deinen Willen zu erkennen. Du hast mich zu deinem Hohenpriester über dieses Volk gesetzt. Gib mir die Weisheit und die Kraft, zu tun, was dir wohlgefällt!

Das Muster des Glaubens war ihm nur allzu bewusst. Er erlebte ein Wunder und folgte Gott in abgrundtiefer Trauer und Reue. Gott schien sich eine Zeit lang zu verbergen und die Zweifel breiteten sich wieder aus. Das Volk begann zu murren. Skepsis machte sich breit. Der Glaube schien stark zu sein, wenn er den Absichten des Volkes entsprach, doch unter der Belastung von Nöten verschwand er schnell wieder. Gottes herrliche Gegenwart zog tagsüber in der Wolke und nachts in der Feuersäule vor ihnen her und versprach, sie durch Niederlagen zum Sieg zu führen, aber das Volk wurde zornig, weil es ihm nicht schnell genug ging.

Hatte irgendein Volk jemals die Stimme Gottes aus dem Feuer gehört wie sie und es überlebt? Hatte irgendein anderer Gott ein Volk für sich gewählt, indem er es durch Versuchungen, wundersame Zeichen, Wunder, Krieg, Ehrfurcht gebietende Macht und erschreckendes Handeln rettete? Dies alles hatte der Herr vor ihren Augen getan!

Und trotzdem beklagten sie sich!

Ein größeres Wunder als die Plagen und die Teilung des Roten Meeres wäre nötig, um die Herzen dieser Menschen zu verändern. Kein äußeres Wunder wie Manna vom Himmel oder Wasser aus einem Felsen, sondern ein inneres Wunder.

Oh Herr, du hast das Gesetz auf Steintafeln geschrieben und Mose hat dein Wort auf Schriftrollen festgehalten. Wird es jemals in unsere Herzen geschrieben sein, damit wir nicht mehr gegen dich sündigen? Gestalte mich um, Herr. Verändere mich, denn ich bin erregt und müde und zornig auf alle um mich herum, auf meine Umstände. Ich hasse den Staub, den Durst, den leeren Schmerz in mir, weil du so weit entfernt scheinst.

Nicht der bevorstehende Krieg drückte Aaron so nieder, sondern die mühselige Reise in der Wüste. Jeder Tag brachte neue Herausforderungen. Jeder Tag hatte seine Last.

Wir sind diesen Weg schon einmal gegangen, Herr. Werden wir ihn jemals richtig gehen?

* * *

Aaron saß in Moses Zelt und freute sich an der Gesellschaft

seines Bruders. An diesem Tag brauchte nicht gearbeitet werden. Kein Lesen der Schriftrollen und Durchgehen der Gebote. Kein Weiterziehen. Kein Einsammeln von Manna. Aaron wartete sechs Tage lang auf diesen einen Ruhetag.

Und jetzt gab es Unruhe im Lager. Er hörte, wie sein Name gerufen wurde. »Was denn nun schon wieder?« Stöhnend erhob er sich. Es war Sabbat. Alle sollten ausruhen. Einen Tag in der Woche konnte das Volk ihn und Mose doch wenigstens in Ruhe lassen!

Mit zusammengepressten Lippen und angespannt erhob sich auch Mose.

Eine Gruppe Männer stand draußen. Ein Mann wurde von zwei anderen festgehalten. »Ich habe nichts Unrechtes getan!« Er versuchte sich loszureißen, aber die anderen ließen nicht locker.

»Dieser Mann wurde dabei angetroffen, wie er Holz gesammelt hat.«

»Wie soll ich denn ohne Holz ein Kochfeuer machen und meine Familie ernähren?«

»Du hättest gestern Holz sammeln sollen!«

»Gestern waren wir noch unterwegs, schon vergessen?«

»Heute ist Sabbat! Der Herr hat gesagt, wir sollen am Sabbat nicht arbeiten!«

»Ich habe nicht *gearbeitet*. Ich habe Holz *gesammelt*.«

Das Gesetz war eigentlich eindeutig, aber Aaron wollte nicht derjenige sein, der das Urteil über den Mann sprach. Er sah zu Mose hinüber in der Hoffnung, er hätte eine Antwort parat, die gleichzeitig gnädig sein würde. Moses Augen waren geschlossen, sein Gesicht angespannt. Seine Schultern sackten zusammen. Er sah den beschuldigten Mann an.

»Der Herr sagt, dieser Mann muss sterben. Die ganze Gemeinschaft muss ihn außerhalb des Lagers steinigen.«

Der Mann wollte sich losreißen. »Woher weißt du, was der Herr sagt? Spricht Gott zu dir, wo kein anderer von uns ihn hören kann?« Er sah die drei Männer an, die an ihm zerrten. »Ich habe nichts Unrechtes getan! Wollt ihr auf diesen alten Mann hören? Er wird euch alle umbringen!«

Aaron ging neben Mose her. Was der Herr gesagt hatte, war eindeutig. Er kannte die Zehn Gebote. *Gedenke des Sabbattages, dass du ihn heiligest. Sechs Tage sollst du arbeiten und alle deine Werke tun. Aber am siebenten ist der Sabbat des Herrn, deines Gottes.*

Das Volk sammelte sich um den Mann. »Helft mir, Brüder! Mama, lass nicht zu, dass sie mir das antun! Ich habe wirklich nichts Unrechtes getan!«

Mose hob einen Stein auf. Aaron bückte sich ebenfalls. Ihm war übel. Er wusste, er hatte größere Sünden begangen als dieser Mann. »Jetzt!«, befahl Mose. Der Mann versuchte, die Steine abzuwehren, doch sie kamen hart und schnell aus allen Richtungen. Einer traf ihn an der Schläfe, ein anderer genau zwischen die Augen. Er sank in die Knie, Blut lief ihm über das Gesicht, während er um Gnade flehte. Ein weiterer Stein brachte ihn zum Schweigen. Mit dem Gesicht zuerst fiel er in den Staub und blieb reglos liegen.

Die Leute umringten ihn. Schreiend und weinend warfen sie weitere Steine auf ihn. Sein Trotz hatte dies über ihn gebracht, seine Sünde, sein Beharren darauf, dass er tun und lassen könnte, was er wollte. Wenn sich einer abwandte, würden die anderen es auch tun, dann würden alle tun, was ihnen gefiel, vor dem Angesicht Gottes. Jeder musste mithelfen, das Urteil zu vollstrecken. Jeder musste den Preis für die Sünde kennen lernen.

Der Mann war tot und trotzdem wurden weiterhin Steine geworfen, einer von jedem Mitglied der Versammlung – Männer, Frauen, Kinder – bis der Leichnam mit Steinen bedeckt war.

Mose seufzte tief. »Wir müssen auf einen Felsen steigen.«

Der Herr hatte wieder zu ihm gesprochen. Aaron begleitete ihn und stellte sich neben ihn. Er hob die Hände und rief: »Kommt alle her. Hört das Wort des Herrn.« Er trat zur Seite. Mit düsteren Gesichtern sammelte sich das Volk vor Mose. Kinder weinten und klammerten sich an ihre Mütter. Die Männer wirkten weniger selbstsicher. Gott würde keine Sünde dulden. Das Leben war ein Wagnis geworden.

Mose breitete die Hände aus. »Der Herr sagt: ›In den kommenden Generationen sollt ihr Quasten an den Zipfeln eurer Säume machen und die Quasten an jeder Ecke mit einem blauen Band befestigen. Die Quasten sollen euch erinnern an die Gebote des Herrn und dass ihr seinen Geboten gehorchen und nicht euren eigenen Wünschen folgen und eure eigenen Wege gehen sollt, wie ihr das so gern tut. Die Quasten sollen euch helfen, daran zu denken, dass ihr alle meine Gebote halten und eurem Gott heilig sein sollt. Ich bin der Herr, euer Gott, der euch aus dem

Land Ägypten herausgeführt hat, damit ich euer Gott sei. Ich bin der Herr, euer Gott!‹«

Mit gesenktem Kopf entfernten sich die Leute.

Aaron bemerkte die Anspannung in Moses Gesicht, den Zorn und die Tränen, als das Volk schweigend davonging. Er hätte ihn so gern getröstet. »Die Leute hören das Wort Gottes, Mose. Sie verstehen es nur nicht.«

Mose schüttelte den Kopf. »Nein, Aaron. Sie verstehen es und widersetzen sich Gott trotzdem.« Er hob den Kopf und schloss die Augen. »Werden wir nicht Israel genannt? Wir sind das Volk, das mit Gott streitet!«

»Und trotzdem hat er uns erwählt.«

»Werde nicht zu stolz darauf, mein Bruder. Gott hätte diese Steine in Menschen verwandeln können und hätte vermutlich mehr Glück mit ihnen gehabt. Unsere Herzen sind hart wie Stein und wir sind eigensinniger als jedes Maultier. Nein, Aaron, Gott hat dieses Volk, das unter der Macht von Menschen stand, erwählt, um den Nationen zu zeigen, dass Gott allmächtig ist. Von ihm und durch ihn leben wir. Er verwandelt eine Menge von Sklaven in ein Volk von Freien unter Gott, damit die umliegenden Völker erkennen, dass *er Gott ist*. Und wenn sie es wissen, dann können sie wählen.«

Was denn wählen? »Willst du sagen, dass er nicht nur *unser* Gott ist?«

»Der Herr ist der *einzige* Gott. Hat er dir das in Ägypten nicht bewiesen?«

»Ja, aber ...« Bedeutete das, dass jeder zu ihm kommen und Teil Israels werden konnte?

»Alle, die mit uns durch das Rote Meer gezogen sind, gehören zu unserer Gemeinschaft, Aaron. Und der Herr hat gesagt, dass dieselben Regeln für Israeliten und Ausländer gelten sollen. Ein Gott. Ein Bund. Ein Gesetz, das für alle gilt.«

»Aber ich dachte, er wollte nur uns befreien und ein Land geben, das nur uns gehören würde. Mehr wollen wir doch nicht – einen Ort, wo wir in Frieden leben und arbeiten können.«

»Ja, Aaron, und durch das Land, das Gott uns versprochen hat, führen wichtige Handelsrouten und es ist umgeben von mächtigen Völkern. Darin leben Menschen, die stärker sind als wir. Warum will Gott uns deiner Meinung nach dort haben?«

Diese Frage war nicht dazu angetan, Aarons Last leichter zu machen. »Damit sie uns beobachten.«

»Damit sie sehen, wie Gott an uns handelt.«

Und wenn sie dann noch sagen würden, Gott sei nicht Gott, würden sie die Macht, die Himmel und Erde geschaffen hat, verleugnen und sich ihr widersetzen.

* * *

Mit jedem Tag schien es schlimmer zu werden. Eines Tages stand Aaron mit Mose vor einer zornigen Delegation, die von Korach, einem ihrer eigenen Verwandten, angeführt wurde! Korach war nicht allein gekommen, sondern hatte auch noch Datan und Abiram mitgebracht, die Ältesten des Stammes Ruben, zusammen mit weiteren zweihundertfünfzig Führern, die Aaron gut bekannt waren. Diese Männer gehörten zu dem Rat und sollten Mose einen Teil der Last der Verantwortung für das Volk abnehmen. Und jetzt wollten sie mehr Macht!

»Ihr seid zu weit gegangen!« Korach stand vor seinen Verbündeten. Er hatte sich zu ihrem Sprecher gemacht. »Jeder in Israel ist vom Herrn erwählt worden und er ist mit allen von uns. Welches Recht habt ihr, so zu tun, als wärt ihr größer als alle anderen in diesem Volk des Herrn?«

Mose fiel lang auf den Boden und Aaron warf sich neben ihn. Er wusste, was diese Leute wollten, und er war machtlos gegen sie. Noch erschreckender war der Gedanke, was der Herr angesichts ihrer Rebellion tun würde. Aaron hatte nicht die Absicht, seine Position zu verteidigen, wo er wusste, dass sein Glaube schwach und seiner Fehler so viele waren!

Korach rief den anderen zu: »Mose hat sich selbst zum König über uns und seinen Bruder zu seinem Hohenpriester gemacht! Wollen wir das?«

»Nein!« Mit funkelnden Augen erhob sich Mose aus dem Staub. »Morgen früh wird der Herr uns zeigen, wer zu ihm gehört und wer heilig ist. Der Herr wird allen Erwählten Zutritt in seine heilige Gegenwart gestatten. Du, Korach, und alle deine Anhänger, ihr müsst Folgendes tun: Nehmt Weihrauchschalen. Morgen verbrennt ihr darin Weihrauch vor dem Herrn. Dann werden wir sehen, wen der Herr als seinen Heiligen erwählt hat. Ihr Leviten seid zu weit gegangen!«

Korach schob das Kinn vor. »Warum sollten wir tun, was du sagst?«

»Jetzt hört zu, ihr Leviten! Erscheint es euch gering, dass der Gott Israels euch aus allen anderen Stämmen Israels erwählt hat, in seiner Nähe zu sein, in der Stiftshütte des Herrn zu dienen und vor dem Volk zu stehen und ihm zu dienen? Er hat diesen besonderen Dienst nur dir und den anderen Leviten übertragen, aber jetzt fordert ihr auch noch das Priesteramt! Doch eigentlich lehnt ihr euch gegen den Herrn auf! Und wer ist Aaron, dass ihr euch über ihn beklagt?«

Wer bin ich, dass ich Hoherpriester sein sollte?, fragte sich Aaron. Wann immer er versucht hatte zu führen, hatte er Unglück gebracht. Kein Wunder, dass sie ihm nicht trauten. Warum sollten sie auch?

Herr, Herr, was immer du willst, lass es geschehen.

»Datan und Abiram sollen vortreten, damit ich mit ihnen reden kann.«

»Wir weigern uns zu kommen! Reicht es nicht, dass du uns aus Ägypten geführt hast, ein Land, in dem Milch und Honig fließen, um uns hier in dieser Wüste zu töten, und dass du uns jetzt wie deine Untergebenen behandelst? Und vor allem hast du uns nicht wie versprochen in das Land gebracht, in dem Milch und Honig fließen, und hast uns auch kein Erbe an Feldern und Weinbergen gegeben. Willst du uns zum Narren halten? Wir werden nicht kommen.«

Mose hob die Arme und rief zum Herrn: »Nimm ihr Opfer nicht an! Ich habe nicht auch nur einen Esel von ihnen genommen und nie habe ich einem von ihnen etwas getan.«

»Du hast uns auch nicht gegeben, was du uns versprochen hast!«

»Es liegt nicht an mir zu geben!«

Korach spuckte vor Aaron aus.

Mose bebte vor Zorn. »Komm morgen her und stell dich mit deinen Anhängern vor den Herrn. Aaron wird auch hier sein. Jeder deiner zweihundertfünfzig Anhänger soll seine Räucherpfanne und Weihrauch mitbringen, damit ihr sie vor dem Herrn darbringen könnt. Auch Aaron wird seine Räucherpfanne mitbringen. Der Herr möge entscheiden!«

Niedergeschlagen traf Aaron seine Vorbereitungen. Hatten alle diese Männer denn vergessen, was mit Nadab und Abihu geschehen war? Dachten sie, sie könnten ihr eigenes Feuer machen und in ihrem eigenen Weihrauch stochern und der Zorn des Herrn würde nicht über sie kommen? In dieser Nacht fand er keinen Schlaf. Ihn quälten die Gedanken an das, was geschehen würde!

Am folgenden Morgen ging Aaron mit seiner Räucherpfanne hinaus. Vor dem Eingang zur Stiftshütte blieb er neben Mose stehen.

Hoch erhobenen Hauptes kam Korach anmarschiert. Die Zahl seiner Anhänger war noch angestiegen.

Die Luft wurde schwerer, wärmer, sie vibrierte vor Macht. Aaron sah, wie sich die Herrlichkeit Gottes hob. Die Schekina verströmte Licht in alle Richtungen. Aaron hörte, wie die Israeliten, die gekommen waren, um zu sehen, wen Gott erwählen würde, erschrocken zurückwichen. Aaron wusste, sie waren enttäuscht, da ihr Zorn gegen Gottes Propheten und seinen Sprecher gerichtet war. Sie standen hinter Korach.

Aaron hörte die Stimme.

Geht weg von diesen Leuten, damit ich sie auf der Stelle vernichten kann!

Genau wie bei Nadab und Abihu! Aaron schrie auf und fiel vor dem Herrn auf sein Angesicht. Er wollte nicht sehen, wie das Volk durch Feuer vernichtet wurde. Mose fiel neben ihm auf sein Angesicht und betete inbrünstig. »Oh Gott, du Gott und Quelle allen Lebens, musst du zornig sein auf das ganze Volk, wo nur ein Mann sündigt?«

Die Leute redeten nervös durcheinander, sahen hierhin und dorthin, blickten nach oben und wichen zurück.

Mühsam stand Mose wieder auf und rief: »Tretet zurück von den Zelten Korachs, Datans und Abirams!« Er breitete die Hände aus und eilte auf das Volk zu. »Schnell! Entfernt euch von den Zelten dieser bösen Männer und rührt nichts an, was ihnen gehört. Wenn ihr das tut, werdet ihr für ihre Sünden sterben!«

»Hört nicht auf ihn!«, rief Korach. »Jeder, der eine Räucherpfanne in der Hand hält, ist heilig!«

Aaron blieb auf dem Boden liegen. *Gott, vergib ihnen. Sie wissen nicht, was sie tun!*

Nichts hatte sich verändert. Das Volk war noch immer, wie es seit jeher gewesen war – hartherzig, eigensinnig, trotzig. Genau wie der Pharao, der die Qualen der Plagen vergessen hatte, sobald Gott seine Hand hob. So hatte auch dieses Volk Gottes Freundlichkeit und Fürsorge vergessen, sobald die Not kam. Genau wie Pharao sich an die ägyptische Lebensweise und seinen Stolz geklammert hatte, so klammerte sich dieses Volk an seine Sehnsucht nach einem selbstbestimmten Leben. Die Israeliten sehnten sich nach einer Rückkehr in das von Götzen verseuchte Land, das sie zu Sklaven gemacht hatte.

»Wurden wir nicht von Gott erwählt, als Rat zu führen?«, rief jemand.

»Was hat dieser alte Mann für euch getan? Wir werden Gott Ehre erweisen, indem wir euch in das Land führen werden, das Gott für uns erobert hat. Wir werden nach Ägypten zurückkehren und dieses Mal werden wir die Herren sein!«

Mose rief: »Daran werdet ihr erkennen, dass der Herr mich gesandt hat, um alle diese Dinge zu tun, die ich getan habe – denn ich habe sie nicht aus eigener Kraft getan. Wenn diese Männer eines natürlichen Todes sterben, dann hat der Herr mich nicht gesandt. Aber wenn der Herr ein Wunder tut und die Erde auftut und sie und ihr gesamtes Hab und Gut verschluckt, wenn sie lebendig in ihr Grab gehen, dann werdet ihr wissen, dass diese Männer den Herrn verachtet haben!«

Die Erde begann zu beben. Aaron spürte, wie der Boden erzitterte, als würde der Herr Staub von einer Decke schütteln. Aaron erhob sich. Er taumelte und konnte sich nur mit Mühe auf den Beinen halten. Fest umklammerte er seine Räucherpfanne. Die Steine bekamen Risse und eine Kluft tat sich auf. Schreiend und kopfüber stürzte Korach in das klaffende Loch. Seine Männer folgten ihm. Sein Zelt samt seiner Frau und seinen Konkubinen, seinen Kindern, seinen Dienern wurden verschlungen. Korachs gesamte Familie stürzte in die Kluft. Die entsetzten Schreie aus der Erde ließ das Volk auseinander stieben.

»Zurück! Verschwindet! Die Erde wird auch uns schlucken!«

Der Spalt schloss sich wieder und die schrecklichen Schmerzens- und Angstschreie wurden dumpf.

Das Feuer vom Herrn loderte auf und verbrannte die zweihundertfünfzig Männer, die Weihrauch darbrachten. Genau wie bei Nadab und Abihu blieben nur verkohlte Leichen zurück. Sie sanken, wo sie standen, zu Boden. Ihre Körper verglühten, die geschwärzten Finger umklammerten fest ihre Räucherpfannen, die mit ihnen zusammen scheppernd zu Boden fielen, und der selbst gemachte Weihrauch ergoss sich auf die Erde.

Aaron allein blieb vor dem Eingang zur Stiftshütte stehen. Auch er hielt seine Räucherpfanne in der Hand.

»Eleasar!« Mose winkte Aarons Sohn heran. »Sammle die Räucherpfannen ein und hämmere sie zu Platten für den Altar. Der Herr hat gesagt, dies wird das Volk jetzt und in der Zukunft daran erinnern, dass nur ein Nachfahre Aarons Weihrauch vor ihm verbrennen darf, sonst wird es ihm ergehen wie Korach und seinen Anhängern.«

Die ganze Nacht hindurch hörte Aaron, wie sein Sohn die Bronze bearbeitete. Er folgte dem Wort des Herrn. Spät in der Nacht betete Aaron mit tränenüberströmtem Gesicht: »Nach deinem Willen, Herr ... wie du es willst ...«

Aaron glaubte noch zu träumen, als er zornige Schreie hörte. Müde rieb er sich das Gesicht. Er träumte nicht. Er stöhnte, als er Datans und Abirams Stimme erkannte. »Mose und Aaron haben das Volk Gottes getötet!«

Würden sich diese Menschen denn nie ändern? Würden sie nie lernen?

Schnell stand er auf. Seine Söhne Eleasar und Itamar machten sich ebenfalls schnell fertig und trafen Mose vor der Stiftshütte. »Was sollen wir tun?« Das Volk kam auf sie zu.

Der Mob kam angestürmt und schleuderte ihnen Anklagen entgegen. »Ihr zwei habt das Volk des Herrn getötet.«

»Korach war ein Levit genau wie ihr und ihr habt ihn getötet!«

»Die Leviten sind Diener des Herrn!«

»Ihr habt sie getötet!«

»Ihr zwei werdet keine Ruhe geben, bis wir alle tot sind!«

Die Wolke kam herab über das Zelt der Zusammenkunft und die Schekina-Herrlichkeit glühte aus der Wolke heraus.

»Komm mit mir, Aaron.« Mose ging vor den Eingang der Stiftshütte. Aaron begleitete ihn. Zitternd hörte Aaron die Stimme. Er fiel mit ausgestreckten Armen auf sein Angesicht.

Weicht zurück von diesen Leuten, damit ich sie auf der Stelle töten kann!

Und was würden die Völker sagen, wenn der Herr sein Volk nicht in das Land bringen könnte, das er versprochen hat?

Die Leute schrien und Mose sprach. »Schnell, nimm eine Räucherpfanne und wirf brennende Kohlen vom

Altar hinein. Streue Weihrauch darüber und trage es eilends unter das Volk, um Sühne für sie zu tun. Der Zorn des Herrn ist groß – die Plage hat bereits begonnen.«

Aaron rappelte sich hoch und stürmte so schnell seine alten Beine ihn tragen konnten davon. Keuchend nahm er die Räucherpfanne und rannte damit zum Altar. Mit der goldenen Zange schob er brennende Kohlen in seine Räucherpfanne. Seine Hand zitterte. Einige Menschen starben bereits!

Tausende fielen auf ihr Angesicht, schrien zum Herrn, schrien zu Mose, schrien zu ihm. »Herr, erbarme dich unser. Erbarme dich! Rette uns, Mose. Aaron, rette uns!«

Er musste sich beeilen! Aaron streute Weihrauch auf die Kohlen und wandte sich um. Keuchend, mit klopfendem Herzen und schmerzender Brust eilte er mitten in die Menge der Männer und Frauen, die rechts und links von ihm zu Boden stürzten. Er hielt die Räucherpfanne hoch. »Herr, erbarme dich unser. Herr, vergib ihnen. Oh Gott, wir tun Buße! Höre unser Gebet!«

Datan und Abiram lagen mit schmerzverzerrtem Gesicht tot auf dem Boden. Wo immer Aaron hinsah, sanken Männer und Frauen von der Plage dahingerafft zu Boden.

Aaron stand in ihrer Mitte und rief: »Diejenigen von euch, die ihr für den Herrn seid, stellt euch hinter mich!« Die Menschenmenge bewegte sich wie eine Flutwelle auf ihn zu. Andere, die stehen blieben, begannen zu schreien und stürzten zu Boden, stöhnten vor Schmerz auf und starben. Aaron rührte sich nicht von der Stelle. Die Lebenden auf einer Seite, die Sterbenden auf der anderen. Mit zitterndem Arm hielt er die Räucherpfanne hoch und betete.

Die Plage ebbte ab.

Seine Atmung wurde langsamer. Im ganzen Lager lagen Leichen auf dem Boden, Tausende. Einige waren in der Nähe der Stelle niedergesunken, an der die zweihundertfünfzig Leviten am Tag zuvor verbrannt waren. Die Überlebenden klammerten sich weinend aneinander. Sie fragten sich, ob auch sie vom Feuer verzehrt oder an der Plage gestorben wären. Jeder Leichnam würde aus dem Lager getragen und dort verbrannt werden müssen.

Müde ging Aaron zu Mose zurück, der im Eingang der Stiftshütte stand. Aaron sah in die betrübten Gesichter der Menschen, die ihn anstarrten. Würde morgen eine neue Rebellion beginnen? Warum konnten sie nicht erkennen, dass er nicht ihr Führer war? Nicht einmal Mose führte sie. Wann würden sie begreifen, dass *der Herr* sie führte? Es war Gottes göttliche Gegenwart, die sie zu einem heiligen Volk machen würde!

Herr, Herr, ich bin so müde. Sie sehen mich und Mose an und wir sind doch nur Menschen wie sie. Du bist derjenige, der uns in die Wüste führt. Ich möchte genauso ungern gehen wie sie, aber ich weiß, dass du uns aus einem ganz besonderen Grund prüfst.

Wie lange werden wir noch gegen dich kämpfen? Wie lange werden wir uns unserem Stolz beugen? Es scheint so leicht zu sein, aufzusehen, zuzuhören und zu leben! Was ist das in unserer Natur, das uns dazu bringt, so heftig gegen dich zu kämpfen? Wir gehen unseren eigenen Weg und sterben und trotzdem lernen wir nicht. Wir sind so töricht, wir alle! Ich vor allen anderen. Jeden Tag trage ich die Schlacht in mir selbst aus.

Ach Herr, du hast mich aus der Schlammgrube geholt und das Rote Meer geteilt. Und trotzdem ... trotzdem zweifle ich. Trotzdem schlage ich eine Schlacht, die unmöglich zu gewinnen ist!

Diese Leute wollten, dass ein anderer zwischen dem Herrn und ihnen stand, einer, der würdiger war, Versöhnung zu erwirken. Er konnte ihnen deswegen keine Vorwürfe machen. Er wollte dasselbe.

Mose ergriff nun wieder das Wort. Seine Stimme klang ruhig und klar. »Jeder Führer von jedem Stamm wird mir seinen Stab bringen, auf dem sein Name geschrieben steht. Der Stab Levis wird Aarons Namen tragen. Ich werde ihn in die Stiftshütte vor die Bundeslade legen und der Stab des Mannes, den der Herr erwählt hat, wird sprießen. Wenn ihr wisst, wen Gott erwählt hat, werdet ihr hoffentlich nicht mehr gegen den Herrn murren.«

Die Stammesführer traten vor und händigten Mose ihre Stäbe aus. Ihre Namen waren in das Holz geritzt. Aaron stand an der Seite. In seiner Hand hielt er den Stab, der vor dem Pharao zur Schlange geworden war und alle anderen Schlangen der ägyptischen Zauberer verschluckt hatte. Es war der Stab, den er über den Nil ausgestreckt hatte, als der Herr das Wasser in Blut verwandelt und dann die Frösche hervorgebracht hatte. Der Herr hatte ihm gesagt, er solle mit seinem Stab auf den Boden schlagen und dann hatte der Herr die Stechmücken geschickt.

»Aaron.« Mose streckte ihm die Hand entgegen.

Morgen würden alle wissen, ob sein Stab nur ein Stück Akazienholz war, auf das er sich beim Gehen stützte, oder ein Zeichen von Autorität. Er reichte ihn Mose. Wenn Gott es wollte, dann sollte einer Hoherpriester werden, der würdiger war als er. Tatsächlich hoffte Aaron sogar, dass es so sein würde. Diese Männer begriffen nicht, welche Bürde dieses Amt war.

Am folgenden Morgen rief Mose das Volk zusammen. Er hielt jeden Stab hoch und gab ihn dem rechtmäßigen Besitzer zurück. An keinem war eine Knospe zu entdecken. Doch als er Aarons Stab hoch hielt, ging ein verblüfftes Raunen durch das Volk. Aaron starrte ihn an. Sein Stab hatte nicht nur Blätter hervorgebracht, sondern auch Knospen, Blüten und sogar Mandeln!

»Der Herr hat gesagt, Aarons Stab soll vor der Bundeslade liegen als Warnung für Rebellen! Dies sollte euren Klagen gegen den Herrn ein Ende setzen und weitere Todesfälle verhindern!« Mose brachte Aarons Stab wieder zurück in die Stiftshütte und kam mit leeren Händen heraus.

»Wir sind so gut wie tot!« Das Volk kauerte zusammen und weinte. »Wir sind am Ende!«

»Jeder, der der Stiftshütte des Herrn zu nahe kommt, wird sterben.«

»Wir sind alle dem Untergang geweiht!«

Mose betrat die Stiftshütte.

Aaron folgte ihm. Das Herz tat ihm weh vor Mitgefühl. Was konnte er sagen, was bewirken? Nur Gott wusste, was die vor ihnen liegenden Tage bringen würden. Und Aaron bezweifelte, dass es besser werden würde als bisher.

Das Volk schrie in seiner Verzweiflung. »Bete für uns, Aaron. Mose, flehe um unser Leben.«

Sogar im Schatten der Stiftshütte, als er vor dem Vorhang stand, hörte er ihr Weinen. Und er weinte mit ihnen.

»Haltet euch bereit.« Aaron behielt seine Söhne in seiner Nähe. »Wir müssen auf den Herrn warten. Sobald sich die Wolke hebt, müssen wir uns beeilen.«

Als die Sonne aufging, hob sich die Wolke und breitete sich über dem Lager aus. Er beobachtete das und bemerkte, dass sie sich bewegte. »Eleasar! Itamar! Kommt!« Sie eilten zur Stiftshütte. »Vergesst das Tuch nicht.« Seine Söhne nahmen die schwere Kiste auf und folgten ihm in die innere Kammer. Aaron nahm den Vorhang ab, legte ihn über die Bundeslade, breitete schützende Felle darüber und deckte sie dann noch mit einem festen blauen Tuch zu. Schließlich steckte er die Holzstäbe aus Akazienholz durch die goldenen Ringe.

In seiner Eile stellte Aaron sich ungeschickt an. Er atmete tief durch und versuchte sich zu beruhigen. In Gedanken ging er alle Anweisungen für den Aufbruch durch. Auf seinen Befehl hin breiteten Eleasar und Itamar ein blaues Tuch über den Tisch mit den Schaubroten und stellten die Teller, Schalen, Schüsseln und Krüge für die Trankopfer darauf. Die Schaubrote blieben darauf liegen. Alles wurde durch ein rotes Tuch abgedeckt und erneut mit Fellen geschützt. Der Leuchter wurde mit einem blauen Tuch bedeckt und zusammen mit den Dochtschneidern, Tabletts und den Krügen für das Öl verpackt. Ein blaues Tuch wurde auch über den goldenen Altar gebreitet. Sobald die Asche entfernt und angemessen entsorgt worden war, wurde der Bronzealtar und all die anderen Geräte mit einem dunkelroten Tuch abgedeckt. Nachdem jeder Gegenstand gebührend für die Reise verpackt war, nickte Aaron. »Ruft die Kohatiten herbei.« Sie waren von Gott beauftragt worden, die heiligen Gerätschaften zu tragen.

Die Gerschoniter waren verantwortlich für die Stiftshütte und das Zelt, die Planen und die Vorhänge. Die Merariter waren für die Querstangen, Pfosten, den Boden und die gesamte Ausrüstung zuständig.

Der Herr zog vor ihnen her. Mose folgte, den Stab in der Hand. Die Träger der Bundeslade folgten Mose; Aaron und seine Söhne kamen als Nächste. Hinter ihnen sammelte sich das Volk nach Stämmen.

Eleasar beobachtete die Wolke. »Was meinst du, wohin der Herr uns führen wird, Vater?«

»Wohin immer er möchte.«

Sie wanderten bis zum Spätnachmittag. Die Wolke blieb stehen. Die Bundeslade wurde abgesetzt. Aaron überwachte den Aufbau der Stiftshütte und das Aufhängen der Vorhänge. Vorsichtig wickelten er und seine Söhne jeden Gegenstand aus und stellten ihn an seinen Platz. Eleasar füllte den siebenarmigen Leuchter mit Öl und bereitete den duftenden Weihrauch vor. Bei Einbruch der Dämmerung brachte Aaron das Opfer vor dem Herrn dar.

Danach stand Aaron in der Dunkelheit vor seinem Zelt und betrachtete das karge Land bei Mondlicht. Hier gab es kaum Weideland und überhaupt kein Wasser. Bestimmt würden sie bald wieder aufbrechen.

Am Morgen hob sich die Wolke wieder und Aaron und seine Söhne machten sich schnell an die Arbeit. Tag um

Tag taten sie dies und schon bald hatten Aaron und seine Söhne eine gewisse Routine entwickelt. Das Volk stellte sich nach Stämmen auf, sobald das Schofar ertönte.

Eines Tages erhob sich Aaron in der Erwartung, die Stiftshütte zum Aufbruch abzubrechen, doch die Wolke blieb. Ein Tag verging, dann noch einer.

Aaron, seine Söhne und das Volk ruhten sich aus. Dann hob sich die Wolke wieder. Unterwegs erinnerte sich Aaron an ihre überschäumende Freude und den Überschwang, den sie beim Auszug aus Ägypten empfunden hatten. Jetzt war das Volk schweigsam, bedrückt, denn die Leute begannen zu erkennen, dass sie tatsächlich durch die Wüste wandern würden, bis die aufrührerische Generation gestorben war, wie Gott es ihnen angekündigt hatte.

Sie lagerten sich erneut, um sich auszuruhen.

Nach dem Abendopfer gesellte sich Aaron zu Mose. Schweigend nahmen sie das Abendessen ein. Aaron hatte den ganzen Tag in der Stiftshütte verbracht, war seinen Pflichten nachgekommen und hatte darauf geachtet, dass die anderen sich genau an Gottes Anweisungen hielten. Sein Bruder hatte sich an diesem Tag mit den schwierigen Fällen beschäftigt und sie vor den Herrn gebracht. Ihnen war nicht nach Reden zumute. Sie redeten den ganzen Tag.

Miriam servierte ihnen Mannakuchen. »Vielleicht bleiben wir eine Weile hier. Hier wächst genügend Gras für die Tiere und Wasser gibt es auch.«

Kurz nach dem Morgenopfer hob sich die Wolke wieder. Aaron schluckte seine Enttäuschung darüber hinunter und rief nach seinen Söhnen. »Kommt!

Schnell!« Seine Söhne eilten zu ihm. Die Leute rannten zu ihren Zelten und trafen ihre Reisevorbereitungen. Dieses Mal wanderten sie nur einen halben Tag, dann lagerten sie einen Monat an einem Ort.

»Sagt Gott dir das im Voraus, Vater?« Eleasar lief neben Aaron her. Er behielt die Bundeslade genau im Auge. »Gibt Gott dir irgendeinen Hinweis darauf, dass wir weiterziehen?«

»Nein. Nicht einmal Mose kennt den Tag und die Stunde.«

Itamar ließ den Kopf hängen. »Vierzig Jahre hat der Herr gesagt.«

»Wir haben die Strafe verdient, Bruder. Wenn wir auf Josua und Kaleb gehört hätten, anstatt auf die anderen, vielleicht ...«

Aaron empfand eine solch tiefe Trauer in sich, dass er kaum noch Luft bekam. Sie war so stark, dass er wusste, sie musste vom Herrn kommen. *Oh Gott, Gott, verstehen wir deine Absichten? Werden wir sie jemals verstehen?* »Es ist nicht nur eine Strafe, meine Söhne.«

Itamar sah ihn an. »Was denn dann, Vater? Diese endlose Wanderung?«

»Vorbereitung.«

Seine Söhne blickten ihn verwirrt an. Eleasar schien ihm zuzustimmen, aber Itamar schüttelte den Kopf. »Wir ziehen von einem Ort zum anderen, wie Nomaden ohne Zuhause.«

»Wir sehen nur die äußeren Absichten und denken, wir würden verstehen, aber denkt daran, meine Söhne: Gott ist gnädig und gerecht.«

Itamar schüttelte den Kopf. »Ich verstehe es nicht.«

Aaron seufzte tief. Er ging gleichmäßig weiter, den Blick fest auf die Bundeslade und Mose gerichtet. »Wir sind durch das Rote Meer gezogen, aber wir haben Ägypten mitgenommen. Wir müssen vergessen, wer wir gewesen sind, und so werden, wie Gott uns haben möchte.«

»Frei«, sagte Eleasar.

»Für mich ist das keine Freiheit.«

Aaron sah Itamar an. »Stelle den Herrn nicht infrage. Du bist frei, aber du musst Gehorsam lernen. Wir alle müssen das lernen. Als Gott uns aus Ägypten geführt hat, sind wir ein neues Volk geworden. Und die umliegenden Völker beobachten uns. Aber was haben wir mit unserer Freiheit getan, außer all die alten Verhaltensweisen mitzunehmen? Wir müssen lernen, auf den Herrn zu warten. Wo ich versagt habe, müsst ihr Erfolg haben. Ihr müsst lernen, eure Augen und Ohren offen zu halten. Ihr müsst lernen, euch in Bewegung zu setzen, wenn der Herr euch sagt, ihr sollt aufbrechen, und keine Sekunde früher. Eines Tages wird der Herr euch und eure Kinder an den Jordan bringen. Und wenn Gott sagt: ›Nehmt das Land ein‹, dann müsst ihr bereit sein, loszuziehen, es einzunehmen und zu bewahren.«

Itamar hob den Kopf. »Wir werden bereit sein.«

Die arrogante Anmaßung der Jugend. »Ich hoffe es, mein Sohn. Ich hoffe es.«

* * *

Die Jahre schlichen dahin, während die Israeliten die Wüste durchwanderten. Der Herr gab ihnen immer genug

Weideland für die Tiere. Er beschenkte das Volk mit Manna und Wasser. Ihre Schuhe und ihre Kleider nutzten sich nicht ab. Tag für Tag erhob sich Aaron von seiner Matte und sah die Gegenwart des Herrn in der Wolke. Jede Nacht, bevor er sich in sein Zelt zurückzog, um zu schlafen, sah er die Gegenwart des Herrn in der Feuersäule.

Jahr um Jahr zog das Volk durch die Wüste. Jeden Morgen und jeden Abend brachte Aaron Opfer und duftende Opfergaben dar. Er brütete über den Schriftrollen, die Mose schrieb, und las sie so lange, bis er jedes Wort auswendig kannte, das der Herr zu Mose gesprochen hatte. Als Hoherpriester musste Aaron das Gesetz besser kennen als jeder andere, das wusste Aaron.

Das Volk, das Gott aus Ägypten befreit hatte, begann zu sterben. Einige verstarben in frühem Alter. Andere wurden siebzig und achtzig Jahre alt. Aber die Generation, die aus Ägypten befreit worden war, begann zu schwinden und die Kinder wurden langsam erwachsen.

Keinen Tag ließ Aaron verstreichen, ohne seine Kinder und Enkel im Gesetz des Herrn zu unterweisen. Einige von ihnen waren noch nicht geboren gewesen, als Gott die Plagen über Ägypten hatte kommen lassen. Sie hatten nicht miterlebt, wie sich das Rote Meer teilte, und waren auch nicht trockenen Fußes hindurchgezogen. Aber sie dankten für das Manna, das sie jeden Tag zu essen hatten. Sie lobten den Herrn für das Wasser, das ihren Durst stillte. Und auf ihrer Wanderung durch die Wüste wurden sie stark und vertrauten darauf, dass der Herr ihnen alles geben würde, was sie zum Leben brauchten.

* * *

»Er fragt nach dir, Aaron.«

Aaron erhob sich langsam. Seine Gelenke waren steif, der Rücken tat ihm weh. Seine Trauer vertiefte sich, wann immer er sich zu seinem sterbenden alten Freund setzte. Es waren jetzt nur noch so wenige übrig, nur eine Hand voll von denen, die zusammen mit ihm in den Lehmgruben Ägyptens gearbeitet hatten.

Und Hur war ein guter Freund gewesen, einer von denen, denen Aaron vertrauen konnte und die sich darum bemühten, das Richtige zu tun. Er gehörte zu den letzten der ersten siebzig Männer, die auserwählt worden waren, das Volk zu richten. Die anderen neunundsechzig waren mittlerweile durch jüngere Männer ersetzt worden, die sich wegen ihrer Liebe zum Gesetz und ihres Gehorsams für dieses Amt qualifiziert hatten.

Hur lag in seinem Zelt auf einer Matte. Seine Kinder und Enkel hatten sich um ihn geschart. Einige weinten leise. Andere standen schweigend und mit gesenkten Köpfen um sein Lager herum. Sein ältester Sohn saß ganz dicht bei ihm und lauschte auf die letzten Anweisungen seines Vaters.

Hur entdeckte Aaron im Zelteingang. »Mein Freund.« Seine Stimme war schwach, sein Körper von Alter und Krankheit ausgezehrt. Er flüsterte seinem Sohn etwas zu und der junge Mann zog sich zurück, machte Platz für Aaron. Hur hob schwach die Hand. »Mein Freund ...« Er drückte Aaron die Hand. »Ich gehöre zu den letzten derjenigen, die dazu verurteilt sind, in der Wüste zu sterben. Die vierzig Jahre sind beinahe vorbei.«

Seine Hand war so kalt, die Knochen so zerbrechlich. Aaron nahm seine Hand so zart, als hielte er einen Vogel darin.

»Ach Aaron. Alle diese Jahre des Umherziehens und ich empfinde noch immer die Last meiner Sünde. Es ist, als hätten die Jahre sie nicht gemindert, sondern mir die Kraft genommen, sie zu ertragen.« Seine Augen waren feucht. »Aber manchmal träume ich, ich würde an den Ufern des Jordan stehen und hinübersehen zum verheißenen Land. Mein Herz bricht bei dem Gedanken daran, es verloren zu haben. Es ist so wunderschön, ganz anders als diese Wüste, in der wir leben. Ich träume von den Weizenfeldern und den Obstbäumen, den Schaf- und Viehherden und ich hoffe, meine Söhne und ihre Söhne werden bald unter einem Olivenbaum sitzen und die Bienen summen hören.« Tränen liefen in seine weißen Haare. »Ich bin lebendiger, wenn ich schlafe, als wenn ich wach bin.«

Aaron kämpfte gegen seine Emotionen an. Er verstand, was Hur sagen wollte, verstand ihn mit jeder Faser seines Wesens. Reue für begangene Sünden. Buße. Vierzig Jahre hatte er mit den Konsequenzen leben müssen.

Hur ließ langsam den Atem entweichen. »Unsere Söhne sind anders als wir. Sie haben gelernt, sich in Bewegung zu setzen, wenn Gott weiterzieht und zu ruhen, wenn er ruht.«

Aaron schloss die Augen und schwieg.

»Du zweifelst.«

Aaron strich seinem Freund über die Hand. »Ich hoffe.«

»Hoffnung ist alles, was uns geblieben ist, mein Freund.«

Und Liebe.

Schon lange hatte Aaron die Stimme nicht mehr gehört. Dankbar schluchzte er auf. Sein Herz sehnte sich nach ihr, sonnte sich in ihr. »Liebe«, flüsterte er heiser. »Der Herr straft uns, wie wir unsere Söhne strafen, Hur. Vielleicht empfinden wir es nicht als Liebe, obwohl wir davon umgeben sind, aber es ist Liebe. Harte und wahre, unendliche Liebe.«

»Harte und wahre, unendliche Liebe.«

Aaron merkte, dass der Tod näher kam. Es war an der Zeit, sich zurückzuziehen. Er musste seinen Pflichten nachkommen; das Abendopfer wartete. Ein letztes Mal beugte er sich über ihn. »Möge das Angesicht des Herrn über dir leuchten und dir Frieden geben.«

»Und dir. Wenn du unter deinem Olivenbaum sitzt, Aaron, denke an mich ...«

Vor dem Zelt blieb Aaron stehen und ließ seine Gedanken in die Vergangenheit schweifen. Nie würde er vergessen, wie Hur mit ihm zusammen auf dem Berg gestanden und Moses linken Arm hochgehalten, während er den rechten Arm seines Bruders gestützt hatte. Unter ihnen kämpften Josua und die Israeliten gegen die Amalekiter.

Er wusste genau, wann Hur seinen letzten Atemzug tat. Kleider wurden zerrissen, Männer schluchzten und die Frauen stimmten ihren Klagegesang an. Im Laufe der Jahre waren diese Geräusche oft im Lager zu hören gewesen, aber dieses Mal brachte es ein Gefühl der Vollendung mit sich.

Ihre Wanderung würde bald zu Ende sein. Ein neuer Tag brach an.

In seinen priesterlichen Gewändern stand Aaron vor dem Vorhang zum Allerheiligsten. Er zitterte, wie er es immer tat, wenn der Herr zu ihm sprach. Nicht einmal nach vierzig Jahren hatte er sich an das Geräusch in ihm und um ihn herum gewöhnt, an die Stimme, die seine Sinne mit Freude und Entsetzen erfüllte.

Du, deine Söhne und deine Verwandten vom Stamme Levi, ihr werdet für jedes Vergehen gegen das Heiligtum zur Verantwortung gezogen werden. Aber nur du und deine Söhne werdet für Vergehen im Zusammenhang mit dem Priesteramt zur Verantwortung gezogen werden. Hole deine Verwandten vom Stamme Levi zusammen. Sie sollen dir und deinen Söhnen bei den heiligen Pflichten vor der Stiftshütte des Bundes helfen. Aber bei der Erfüllung der Pflichten unter deiner Aufsicht dürfen die Leviten unter keinen Umständen die heiligen Geräte oder den Altar berühren. Wenn sie es tun, werden sie und auch du sterben.

Lass es einsinken und frisch bleiben in meinem Geist, Herr. Lass nicht zu, dass ich etwas vergesse.

Ich selbst habe deine Stammesbrüder von den Leviten aus den Israeliten zu deinen besonderen Helfern erwählt.

Oh Herr, lass sie Männer sein, deren Herzen darauf ausgerichtet sind, dir zu gefallen! Von der Zeit Jakobs an haben wir Männer im Zorn getötet. Verflucht sei unser Zorn. Er ist so stark. Und wir neigen zur Grausamkeit. Oh Herr und jetzt zerstreust du uns in ganz Israel, genau wie Jakob vorhergesagt hat. Wir sind als Priester zerstreut unter deinem Volk. Mach uns zu einem heiligen Volk! Gib uns liebevolle Herzen!

Ich habe den Priestern alle heiligen Geschenke anvertraut, die mir von dem Volk Israel gebracht wurden. Diese Gaben habe ich dir und deinen Söhnen als euren regulären Anteil gegeben.

Lass mein Leben eine Gabe sein!

Deine Priester werden kein Erbe an Land oder einen Anteil an dem Besitz im Volk Israel bekommen. Ich bin euer Erbe und euer Anteil. Was den Stamme Levi, deine Verwandten, betrifft, ich werde sie für ihren Dienst in der Stiftshütte mit dem Zehnten vom ganzen Land Israel bezahlen.

Aaron ergab sich der Stimme, lauschte ihr und sog die Worte auf wie lebendiges Wasser.

Nach dem Befehl des Herrn sollte eine rötliche Kuh ohne Fehler und ohne Makel, die nie unter einem Joch gewesen war, zu Eleasar gebracht werden. Er sollte sie hinaus vor das Lager führen und dort schlachten. Aarons Sohn sollte seinen Finger in das Blut tauchen und es siebenmal in Richtung auf die Stiftshütte sprengen. Die Kuh sollte verbrannt werden, die Asche aufgesammelt und draußen vor dem Lager an eine reine Stelle geschüttet werden, damit sie dort verwahrt werde für das Reinigungswasser, für die Reinigung von der Sünde.

Es gab so vieles zu beachten: Die Feste, die Opfer, die Gesetze.

Aaron saß neben Mose und blickte hinweg über die Zelte und das flackernde Licht von vielen Tausend Lagerfeuern. »Wir sind als Einzige von der Generation, die aus Ägypten ausgezogen ist, noch übrig geblieben.« Achtunddreißig Jahre waren vergangen, seit sie Kadesch-barnea verlassen und das Zered-Tal durchzogen hatten. Die ganze Generation kämpfender Männer war gestorben, wie der Herr es angekündigt hatte. »Nur noch du, ich und Miriam.«

Gewiss würde der Herr sie jetzt endlich ins verheißene Land bringen.

* * *

Die Wolke setzte sich in Bewegung und das ganze Lager zog mit dem Herrn. Über der Wüste Zin blieb sie stehen. Bei Kadesch schlug das Volk das Lager auf.

Aaron studierte die Schriftrollen. Miriam trat hinter ihn und legte ihm die Hände auf die Schultern. »Ich liebe dich, Aaron. Ich liebe dich wie einen Sohn.«

Seit der Herr sie mit Lepra geschlagen, sie geheilt und sieben Tage zur Reinigung aus dem Lager verbannt hatte, hatte Miriam nur wenig gesprochen. Als veränderte Frau war sie wieder zurückgekommen – sie war liebevoll, geduldig und still geworden. Mit gewohnter Hingabe diente sie der Familie und behielt ihre Gedanken für sich. Ihr plötzliches Bedürfnis, ihn ihrer Liebe zu versichern, verwirrte ihn.

Sie trat vor das Zelt und setzte sich in den Eingang.

Beunruhigt erhob sich Aaron und ging ihr nach. »Miriam?«

»Es ist unser Stolz, der uns zum Verhängnis wird, Aaron.«

Aaron sah sie eindringlich an. »Soll ich nach Eleasars Frau schicken, dass sie sich um dich kümmert?« Sie wirkte so alt und erschöpft, ihre dunklen Augen waren weich und feucht.

»Komm näher, Aaron.« Sie nahm sein Gesicht in die Hände und sah ihm in die Augen. »Ich habe schlimme Fehler begangen.«

»Ich weiß. Ich auch.« Ihre Hände waren kühl, ihre Finger zitterten. Er erinnerte sich noch daran, wie kräftig und energiegeladen sie früher gewesen war. Vor langer Zeit hatte er gelernt, seiner Schwester nicht zu widersprechen. Aber jetzt war sie anders. Vor dem ganzen Volk Israel, vor Gott gedemütigt war sie seltsam zufrieden geworden, als Gott sie von dem einen, das sie nicht besiegen konnte, befreit hatte – ihrem Stolz. »Und der Herr hat uns beiden vergeben.«

»Ja.« Sie lächelte, nahm ihre Hände herunter und faltete sie in ihrem Schoß. »Wir kämpfen mit Gott und er straft uns. Wir bereuen und Gott vergibt.« Sie sah hinauf zu der Wolke, die in langsamen Kreisen über ihnen wirbelte. »Nur seine Liebe ist unendlich.«

Eine nagende Furcht breitete sich in Aaron aus. Miriam starb. Bestimmt würde doch der Herr Miriam gestatten, Kanaan zu betreten. Wenn sie nicht verschont wurde, würde dann auch er sterben, bevor sie den Jordan erreichten? Ein Leben ohne seine Schwester konnte er sich nicht vorstellen. Seit er ein kleiner Junge gewesen war, war sie immer für ihn dagewesen. Sie war ihm eine zweite Mutter gewesen, hatte mit ihm geschimpft und ihn gestraft, geführt und unterwiesen. Mit acht Jahren war sie so mutig gewesen, die Tochter des Pharao anzusprechen. Ihr schneller Verstand hatte es Mose ermöglicht, ein paar Jahre zu Hause zu verbringen, bevor er in den Palast gebracht wurde.

Er winkte Itamar heran. »Hole Mose.« Itamar warf einen Blick auf seine Tante und rannte los. Aaron nahm Miriams Hand und versuchte sie zu wärmen. »Mose ist gleich da.« Sie war einfach nur müde. Bald würde es ihr besser gehen. Ein wenig Schlaf würde sie erfrischen und dann würde sie sich wieder erheben.

»Mose kann nicht aufhalten, was Gott verordnet hat, Aaron. Bin ich nicht genauso ungehorsam gewesen wie die anderen unserer Generation, die gestorben sind? Ich gehe denselben Weg allen Fleisches hier in der Wüste.«

Und was ist mit mir?

Als der Tag in die Nacht überging, veränderte sich die Wolke, von grau zu gold und von gold zu einem feurigen Orange und Rot. Der Herr stand Wache, gab ihnen Licht und Wärme bei Nacht, so wie er ihnen Schatten während der Hitze des Tages schenkte.

»Ich habe keine Angst, Aaron. Es ist an der Zeit.«

»Rede nicht so.« Er rieb ihre Hand. »Die vierzig Jahre sind fast vorbei. Wir werden bald ins verheißene Land ziehen.«

»Oh Aaron, verstehst du denn nicht?«

Mose kam angeeilt. Aaron erhob sich. »Mose. Hilf ihr. Bitte. Sie darf nicht sterben. Wir haben es doch bald geschafft.«

»Miriam, meine Schwester ...« Mose kniete neben ihr nieder. »Hast du Schmerzen?«

Ihr Mund verzog sich. »Das ganze Leben ist ein Schmerz.«

Die Familie versammelte sich: Eleasar, Itamar und ihre Frauen und Kinder; Elieser und Gerschon kamen zu ihr. Moses kuschitische Frau näherte sich ihr. Lächelnd hob Miriam die Hand. Sie hatten schon lange Frieden geschlossen und waren Freundinnen geworden. Miriam konnte nur noch flüstern, ihre Kräfte schwanden zusehends. Die kuschitische Frau weinte und küsste Miriams Hand.

Aaron war außer sich vor Furcht. Das konnte nicht sein! Miriam durfte noch nicht sterben. War sie nicht diejenige gewesen, die das Volk mit Liedern der Befreiung angeführt hatte, mit Lobliedern für Gott?

Die Morgendämmerung brach schon beinahe an, als Miriam tief aufseufzte. Sie starb mit offenen Augen, den Blick auf die Feuersäule gerichtet, die sich jetzt in eine wirbelnde graue Wolke verwandelte. Blitze aus Sonnenlicht zuckten daraus hervor und warfen helles Licht auf den Wüstenboden.

Mit einem betrübten Aufschrei wollte Aaron nach

ihr greifen, doch Eleasar zog ihn zurück. »Du darfst sie jetzt nicht berühren, Vater.« Ein Hoherpriester durfte nicht unrein werden. Er würde seine Aufgaben als Hoherpriester des Volkes nicht mehr wahrnehmen können! Schluchzend richtete sich Aaron auf.

»Vater?« Eleasar stützte ihn.

»Es ist Zeit für das Morgenopfer.« Aaron hörte die Härte in seiner Stimme und empfand keinerlei Reue. War dies die Freundlichkeit Gottes, dass er seine Schwester so lange am Leben ließ, um sie dann so kurz vor dem Einzug ins verheißene Land sterben zu lassen?

Du vergisst unsere Sünde niemals, nicht, Herr? Niemals.

Traurig und zornig stapfte er davon, während die Frauen seiner Söhne und die Mägde den Klagegesang anstimmten.

Die Leute hörten ihn und kamen angerannt. Schon bald stimmte das ganze Volk in den Klagegesang ein.

* * *

Kaum war Miriam begraben, als das Volk wieder zu murren begann. Eine große Gruppe stand vor der Stiftshütte und machte Mose Vorwürfe. »Warum hast du das Volk des Herrn hierher geführt?«

Aaron dachte unentwegt an seine Schwester. Jeden Tag wachte er mit einem trauernden Herzen auf. Jeden Tag musste er hierher kommen und dem Herrn dienen und jeden Tag zeigten diese erwachsenen Kinder, dass sie nicht besser waren als ihre Väter und Mütter!

»Hier gibt es kein Wasser!«

»Warum hast du uns aus Ägypten geholt und uns an diesen schrecklichen Ort geführt?«

Aaron trat vor. »Was wisst ihr denn schon von Ägypten? Ihr wart nicht einmal geboren, als wir dieses Land verlassen haben!«

»Wir haben davon gehört!«

»Wir sind dem Land so nahe gekommen, dass wir das Grün am Ufer des Nils sehen konnten.«

»Was haben wir denn in dieser Wüste gehabt?«

»Hier gibt es keinen Weizen!«

»Und keine Feigen!«

»Keine Trauben und Granatäpfel.«

»Und es gibt kein Wasser!«

»Wir wünschten, wir wären zusammen mit unseren Brüdern in der Gegenwart des Herrn gestorben!«

Aaron wandte sich ab. Er war so zornig, dass er, wenn er geblieben wäre, etwas gesagt oder getan hätte, das er später bereuen würde. Hilflos sah er Mose an und hoffte, Weisheit und Geduld von ihm vermittelt zu bekommen, doch auch sein Bruder war außer sich vor Zorn. Mose fiel vor dem Eingang zur Stiftshütte auf sein Angesicht. Aaron warf sich neben ihn. Am liebsten hätte er mit den Fäusten auf den Boden getrommelt. Wie lange sollten sie dieses Volk noch führen? Dachten sie, er und Mose hätten Wasser? Wie oft musste dieses Volk noch ein Wunder miterleben, bevor es glaubte, dass er und Mose vom Herrn beauftragt waren, es zu führen?

Du bist es, der uns an diesen Ort geführt hat! Immer geben sie uns die Schuld! Ist es dein Plan, dass mein Bru-

der und ich von ihrer Hand sterben? Sie sind bereit, uns zu töten! Herr, gib ihnen Wasser.

Du und Aaron, ihr müsst den Stab nehmen und das ganze Volk zusammenrufen. Das Volk soll zusehen, wie du dem Felsen dort drüben befiehlst, Wasser zu geben. Du wirst genügend Wasser bekommen, dass das Volk und das Vieh trinken können.

Mose erhob sich und ging in die Stiftshütte. Mit Aarons Stab in der Hand kam er wieder heraus. »Ruft diese Rebellen zusammen!«

Aaron ging ihm voraus und rief den Leuten zu, sich vor dem Felsen zu versammeln. »Ihr wollt Wasser? Kommt und seht, wie es aus dem Felsen strömt!« Alle kamen mit Wasserschläuchen in der Hand angerannt. Sie murrten noch immer.

»Ja! Gebt uns Wasser!«

Mose packte den Stab mit beiden Händen und schlug auf den Felsen.

»Wasser, Mose! Gib uns Wasser, Mose!«

Mit hochrotem Kopf und funkelnden Augen schlug Mose erneut auf den Felsen, dieses Mal noch fester. Wasser spritzte heraus. Das Volk drängte sich vor, lachend vor Freude schöpften sie mit den Händen Wasser, füllten ihre Schläuche und jubelten Mose und Aaron zu. Aaron lachte mit ihnen. Seht nur, wie das Wasser floss, wenn sein Stab geschwungen wurde.

»Gesegnet seist du, Mose! Gelobt seist du, Aaron!«

Mose stand abseits von ihnen. Er hielt den Stab in der Hand und den Kopf hoch aufgerichtet.

Aaron schöpfte mit den Händen Wasser und trank. Er errötete vor Freude, als das Volk ihn und Mose hochleben ließ. Mit unverminderter Stärke strömte das Wasser aus dem Felsen und die Israeliten holten ihre Herden, um sie zu tränken. Noch nie hatte Wasser so gut geschmeckt. Er wischte sich die Tropfen aus dem Bart und grinste Mose an. »Jetzt zweifeln sie nicht mehr an uns, nicht, Bruder?«

Weil du mir nicht vertraut hast, dass du meine Heiligkeit dem Volk Israels zeigst, wirst du sie nicht in das Land führen, das ich ihnen geben werde!

Gott sprach leise, aber mit einer Endgültigkeit, die Aaron das Blut in den Adern gefrieren ließ. Der Fluch der Leviten lag auf ihm. Er war zornig geworden und hatte seinem Stolz nachgegeben. Er hatte den Befehl des Herrn vergessen. *Sprich zu dem Felsen.* Nein, das stimmte nicht. Er hatte es nicht vergessen. Er hatte gewollt, dass Mose seinen Stab nahm. Er hatte gejubelt, als das Wasser aus dem Felsen sprudelte. Er war stolz gewesen und hatte sich gefreut, als das Volk ihm Beifall geklatscht hatte.

Wie schnell war er wieder kopfüber in Sünde gefallen. Und jetzt würde er die Konsequenzen zu tragen haben, genau wie die anderen aus seiner Generation, sogar Miriam, die bereut und anderen fröhlich fast vierzig Jahre lang gedient hatte! Auch er würde seinen Fuß nicht in das Land setzen, das Gott den Israeliten versprochen hatte. Miriam war gestorben und jetzt würde auch er sterben.

Aaron ließ sich auf einen Felsbrocken sinken. Wie sehr hatte er gehofft, etwas anderes zu sein als das, was er war: Ein Sünder. Stolz, hatte Miriam gesagt. Der Stolz tötet die Menschen. Der Stolz beraubt die Menschen ihrer Zukunft und ihrer Hoffnung. Tief verzweifelt barg er sein Gesicht in den Händen. »Ich habe gegen den Herrn gesündigt.«

»Ich auch.«

Aaron sah auf. Das Gesicht seines Bruders war aschfahl. Er war gebeugt wie ein alter Mann und stützte sich schwer auf den Stab. »Nicht, wie ich gesündigt habe, Mose. Du hast den Herrn immer gelobt und ihm in aller Gerechtigkeit die Ehre erwiesen.«

»Heute nicht. Ich habe mich von meinem Zorn mitreißen lassen. Der Stolz hat mich straucheln lassen. Und jetzt werde auch ich auf dieser Seite des Jordan sterben. Der Herr hat mir gesagt, dass ich das Land, das er dem Volk versprochen hat, nicht betreten werde.«

»Nein.« Aaron weinte. »Mich trifft größere Schuld als dich, Mose. Ich habe genauso laut wie alle anderen nach Wasser geschrien. Es ist richtig, dass mir eigenes Land verwehrt wird. Ich bin ein Sünder.«

»Sünde ist Sünde, Aaron. Wir wollen nicht darüber streiten, wer den anderen in dieser Hinsicht übertroffen hat. Wir sind alle Sünder. Nur durch die Gnade Gottes leben und atmen wir noch.«

»Dich hat Gott erwählt, Israel zu befreien!«

»Deine Liebe zu mir darf dich nicht blind machen, mein Bruder. *Gott* ist unser Befreier.«

Aaron hob den Kopf. »Dein Fehler soll mir zugerechnet werden. War ich nicht derjenige, der das Goldene Kalb gemacht und das Volk in die Irre hat gehen lassen? Habe ich nicht gerade versucht, einen Teil des Lobes für mich einzuheimsen?«

»Wir beide haben Gott, der das Wasser gegeben hat, die Ehre gestohlen. Ich brauchte nur zu dem Felsen zu sprechen. Und was habe ich getan? Ich habe um ihretwillen eine Show gemacht. Und nur aus dem Grund, ihre Aufmerksamkeit zu bekommen, anstatt sie daran zu erinnern, dass Gott für sie sorgt.«

»Du erinnerst sie seit Jahren immer wieder daran, Mose.«

»Es musste erneut gesagt werden.« Mose ließ sich neben ihm auf dem Felsbrocken nieder. »Aaron, ist nicht jeder von uns für seine Sünden selbst verantwortlich? Der Herr züchtigt mich, weil ich ihm nicht vertraut habe. Das Volk muss auf ihn vertrauen, auf ihn allein.«

»Es tut mir Leid.«

»Was tut dir Leid?«

»Der Herr hat mich berufen, dir zur Seite zu stehen, dir zu helfen. Und welche Hilfe bin ich dir in den vergangenen Jahren gewesen? Wenn ich ein besserer Mensch gewesen wäre, ein besserer Priester, hätte ich die Versuchung erkannt. Ich hätte dich gewarnt.«

Mose seufzte. »Ich bin zornig geworden, Aaron. Ich hatte nicht vergessen, was der Herr gesagt hatte. Ich dachte, wenn ich zu dem Felsen spreche, wäre das vielleicht nicht ... eindrücklich genug.« Seine Finger schlossen sich um Aarons Knie. »Wir dürfen uns nicht entmutigen lassen, Aaron. Straft ein Vater nicht einen Sohn, um ihn auf den Weg zu bringen, den er gehen soll?«

»Und wohin werden wir jetzt gehen, Mose? Gott hat gesagt, wir werden das verheißene Land nicht betreten. Welche Hoffnung haben wir?«

»Gott ist unsere Hoffnung.«

Aaron konnte die Tränen nicht mehr zurückhalten. Seine Kehle war wie zugeschnürt. Mühsam hob sich seine Brust. *Oh Gott, schon wieder habe ich an dir und meinem Bruder versagt. Sollte ich durchs Leben taumeln? Oh Herr, Herr, bestimmt ist Mose der demütigste aller Menschen. Bestimmt hat er es verdient, über den Jordan nach Kanaan zu kommen, und wenn nur für einen Tag.*

Ich verstehe, warum du mich ausklammerst. Ich habe es verdient, in der Wüste zu bleiben. Ich habe den Tod verdient, weil ich das verabscheuungswürdige Goldene Kalb gemacht habe! Erinnere ich mich nicht jedes Mal daran, wenn ich einen Stier opfere? Aber, oh Herr, mein Bruder ist doch immer dein treuer Diener gewesen. Er liebt dich. Kein Mensch ist demütiger als mein Bruder.

Mich trifft die Schuld. Ich bin ein solcher Narr und ein so schwacher Priester, dass ich es versäumt habe, Sünde zu erkennen, als sie herankam, um unsere Hoffnungen und Träume zu zerstören.

Sei still und erkenne, dass ich Gott bin!

Aaron schluckte. Furcht kroch in ihm hoch. Es hatte keinen Zweck, zu betteln und zu argumentieren. Und er kannte den Rest, als wäre es in sein Herz gesprochen. Das Volk musste die Strafe für Sünde kennen lernen. In den Augen Gottes waren alle Männer und Frauen gleich. Aaron hatte keine Entschuldigung. Und Mose auch nicht.

Nur Gott ist heilig und zu loben.

Gemeinsam kehrten sie zur Stiftshütte zurück. Mose ging hinein. Mit schwerem Herzen blieb Aaron vor dem Vorhang stehen. Er konnte Mose leise reden hören. Die Worte waren unverständlich, doch seine Seelenqual war deutlich zu spüren. Aaron senkte den Kopf. Der Schmerz in seiner Brust wurde unerträglich.

Meine Schuld, Herr. Meine Schuld. Was für ein Hoherpriester bin ich, der bei jeder Gelegenheit versagt und Sünde nicht erkennt, wenn sie vor ihm steht? Vergib mir, Herr. Meine Sünden sind immer vor mir. Ich habe getan, was böse ist in deinen Augen. Du hast mich gerecht gerichtet. Ach, wenn du mich nur reinigen würdest, damit ich rein sein kann wie ein neugeborenes Kind. Wenn du mich nur rein waschen würdest von meinen Sünden und mich mit erneuerter Freude das Versprechen deiner Erlösung hören lassen würdest!

Er wischte sich schnell die Tränen ab, damit sie nicht auf die Brustplatte seines priesterlichen Gewandes fielen. *Ich muss rein sein. Ich muss rein sein!*

Ach, Gott Abrahams, Isaaks und Jakobs. Du Gott aller Schöpfung. Wie werde ich jemals rein sein, Herr? Ich bin äußerlich rein, aber innerlich fühle ich mich wie ein Grab voller alter Knochen. Ich bin voller Sünde. Und heute ist sie übergeflossen wie aus einem faulen Topf. Selbst wenn ich das Sühnopfer darbringe, fühle ich die Sünde in mir. Ich kämpfe dagegen an, Herr, aber sie ist trotzdem da.

Aaron hörte Mose weinen. Gott hatte seine Meinung nicht geändert. Das verheißene Land war für sie beide verloren. Voller Verzweiflung barg Aaron sein Gesicht in den Händen.

Mose! Armer Mose!

Oh Gott, höre mein Gebet. Wenn du mich schwach werden siehst, lass mich nicht wieder der Sünde nachgeben oder meinem Bruder Ärger machen. Lass nicht zu, dass ich mich im Stolz erhebe und das Volk in die Irre führe. Oh Gott, mir wäre es lieber, wenn du mir das Leben nähmst, als dass ich der Sünde noch einmal nachgebe!

* * *

Mose schickte Botschafter zum König von Edom und bat um Erlaubnis, sein Land zu durchqueren, um den Weg nach Kanaan abzukürzen. Mose versprach, die Israeliten würden über kein Feld und durch keinen Weinberg ziehen, sie würden auch kein Wasser von den Brunnen trinken. Sie würden sich weder nach rechts noch nach links wenden, bis sie die Handelsroute, die so genannte Königsstraße erreichten.

Der König von Edom verweigerte ihnen die Erlaubnis und drohte, wenn die Israeliten versuchten, sein

Land zu durchqueren, würde er ausziehen und sie mit dem Schwert angreifen. Mose schickte erneut Botschafter mit der Versicherung, sie würden nur über die Hauptstraße ziehen und für das Wasser, das ihre Tiere vielleicht brauchten, bezahlen. Und wieder verweigerte der König von Edom ihnen die Erlaubnis. Er schickte eine große Armee, um sicherzustellen, dass die Israeliten nicht den Versuch unternahmen, sein Verbot zu missachten.

Die Wolke setzte sich von Kadesch aus in Bewegung und Mose folgte dem Engel des Herrn an der Grenze zu Edom entlang zum Berg Hor. In tiefer Verzweiflung schritt Aaron neben seinem Bruder her. Sie schlugen ihr Lager auf und Aaron brachte das Abendopfer dar. Deprimiert legte er danach in seinem Zelt die priesterlichen Gewänder ab. Dann setzte er sich in den Eingang und starrte hinaus. Den ganzen Tag über hatte er die Kargheit des Landes ganz besonders empfunden. Und als er nun dasaß, erinnerte er sich an die Weizenfelder Ägyptens, den Hafer, das grüne Weideland Gosens.

Wir waren Sklaven, ermahnte er sich. Er dachte an die Zuchtmeister und versuchte sich zu erinnern, wie oft er die Peitsche auf seinem Rücken gespürt hatte und wie die Wüstensonne auf ihn herabgebrannt hatte.

Und das Grün ... der Geruch des Wassers und des Schlamms vom Ufer des Nils ... die Ibisse, die mit ihren Schnäbeln nach Fischen stießen ...

Langsam hob er den Kopf und sah zur Feuersäule auf. *Gott, hilf mir. Hilf mir.*

Und dann hörte er die Stimme wieder, weich und doch fest.

Aaron wartete die ganze Nacht. Am Morgen erhob er sich und legte seine priesterlichen Gewänder an. Gewaschen ging er zur Stiftshütte und brachte wie gewöhnlich das Morgenopfer dar. Mose kam zusammen mit Eleasar zu ihm. Mose atmete tief durch, brachte aber kein Wort heraus. Eleasar wirkte verwirrt.

Aaron legte die Hand auf den Arm seines Bruders. »Ich weiß, Mose. Der Herr hat auch zu mir gesprochen. Gestern, bei Sonnenuntergang.«

Eleasar sah von einem zum anderen. »Was ist passiert?«

Aaron sah seinen Sohn an. »Wir sollen auf den Berg Hor steigen.«

»Wann?«

»Sofort.« Aaron war dankbar, dass sein Sohn nicht nach dem Grund fragte. Auch fragte er nicht, ob sie den Aufstieg nicht lieber auf den Abend verschieben sollten, wenn es kühler war. Eleasar machte sich einfach auf den Weg zum Fuß des Berges.

Vielleicht gab es doch noch Hoffnung für Israel.

* * *

Der Aufstieg war schwierig, denn nur ein schmaler Weg führte nach oben. Aaron setzte verbissen einen Fuß vor den anderen, bis er erschöpft war und jeder Muskel in seinem Körper schmerzte. Während er sich weiterschleppte, betete er, der Herr möge ihm Kraft geben. Es war das erste Mal, dass der Herr ihn auf einen Berggipfel rief. Und es wäre auch das letzte Mal.

Nach langen Stunden endlich war er oben angekommen. Sein Herz klopfte zum Zerspringen, seine Lungen brannten. Er fühlte sich lebendiger als je zuvor, als er seine zitternden Hände ausstreckte und Gott dankte. Die Wolke kam näher und hob sich, sie verwandelte sich von grau in orange-gold, dann ein flammendes Rot. Aaron spürte, wie Wärme ihn durchströmte und dann verschwand. Er fühlte sich schwach. Wenn er sich niedersetzte, würde er sich nie wieder erheben, das wusste er. Aber er wollte noch etwas länger stehen bleiben.

So stand er zum ersten Mal seit Jahren allein dort oben und sah hinab auf die Ebene, auf der Tausende Zelte wie kleine Punkte zu erkennen waren. Jeder Stamm lagerte an der ihm zugewiesenen Stelle und in der Mitte stand die Stiftshütte. Schaf- und Rinderherden grasten am äußeren Rand des Lagers, dahinter erstreckte sich die unendliche Weite der Wüste.

Eleasar half Mose die letzten Meter nach oben, dann standen die drei nebeneinander und sahen hinab auf das Volk Israel. »Du musst dich ausruhen, Vater.«

»Das werde ich.« *Für immer.*

Mose sah ihn an und brachte noch immer kein Wort heraus. Aaron ging zu ihm hin und umarmte ihn. Moses Schultern bebten. Aaron drückte ihn noch fester an sich und flüsterte: »Oh, mein Bruder, ich wünschte ich hätte dir besser zur Seite gestanden. Ich wünschte, ich wäre stärker gewesen.«

Mose klammerte sich an ihm fest. »Der Herr sieht unsere Fehler, Aaron. Er sieht unser Versagen und unsere Schwäche. Aber wichtig ist ihm allein unser Glaube. Wir beide sind gestrauchelt, Bruder. Wir sind beide gefallen. Und der Herr hat uns mit der Kraft seiner starken Hand wieder aufgeholfen und ist bei uns geblieben.« Er löste sich langsam von ihm.

Aaron lächelte. Nie hatte er einen Menschen so geliebt und respektiert wie seinen jüngeren Bruder. »Es ist nicht unser Glaube, Mose, sondern Gottes Treue.«

»Was ist los?«

Aaron wandte sich seinem Sohn zu. »Der Herr hat gesagt, meine Zeit ist gekommen, mich zu meinen Vorfahren zu versammeln.«

Eleasar zuckte zusammen. Sein Blick flog von Aaron zu seinem Onkel. »Was meint er damit?«

»Dein Vater wird hier auf dem Berg Hor sterben.«

»Nein!«

Eine Gänsehaut überlief Aaron. »Doch, Eleasar.« Er erkannte bereits den Samen der Rebellion in den Augen seines Sohnes.

»Das kann nicht sein.«

»Stelle den Herrn nicht infrage –«

»Du musst mit uns nach Kanaan kommen, Vater!« Zornige Tränen der Verwirrung traten ihm in die Augen. »Du musst mitkommen!«

»*Sei still!*« Aaron packte seinen Sohn am Arm. »Der Herr hat zu bestimmen, wann ein Mensch lebt oder stirbt.« *Oh Gott, vergib ihm. Bitte.* Er beruhigte sich etwas. »Der Herr hat mir mehr Freundlichkeit erwiesen, als ich verdiene. Er hat dir gestattet, mitzukommen und mir beizustehen.« Bei seinem Tod würde er nicht umgeben sein von allen Mitgliedern seiner Familie, wie es bei seinem Volk Sitte war. Aber er würde nicht allein sterben.

Schluchzend neigte Eleasar den Kopf. Aaron strich

seinem Sohn über den Rücken. »Du musst stark sein in der kommenden Zeit, Eleasar. Du musst den Weg gehen, den der Herr dir zeigt, und darfst nicht davon abweichen. Klammere dich an den Herrn. Er ist unser Vater.«

Mose ließ langsam den Atem entweichen. »Zieh deine Kleidung aus, Eleasar.«

Eleasars Kopf fuhr hoch. Er starrte ihn an. »Was?«

»Wir müssen dem Befehl des Herrn gehorchen.«

Aaron war genauso überrascht wie sein Sohn. Als Eleasar ihn ansah, konnte er ihm seine stumme Frage nicht beantworten. »Tu, was dir gesagt wird.« Er wusste nur, dass er hier oben auf dem Berg sterben würde. Darüber hinaus wusste Aaron nichts.

Mose legte den Wasserschlauch ab, den er sich umgehängt hatte. Eleasar zog sich aus und Mose wusch ihn von Kopf bis Fuß. Er salbte ihn mit Öl und nahm neue Leinenunterwäsche aus einem anderen Sack. »Zieh das an.«

Und dann begriff Aaron. Sein Herz schwoll an und er dachte, es müsste jeden Augenblick vor Freude platzen. Mose sah ihn an und wortlos zog Aaron seine priesterlichen Gewänder aus. Ganz vorsichtig legte er sie auf einen flachen Stein, ein Stück nach dem anderen, bis er in seiner leinenen Unterwäsche dastand.

Mose nahm das blaue Gewand und half Eleasar, es über den Kopf zu ziehen. Die kleinen gewebten Granatäpfel und die goldenen Glocken klingelten an dem Saum. Als Nächstes legte er seinem Neffen die gestickte Tunika an, dann band er den bunten Gürtel um seine Taille. Er befestigte das blaue, purpurne, rote und goldene Efod mit den beiden Onyxsteinen, auf denen jeweils sechs Stämme Israels eingeritzt waren, an Eleasars Schultern. Für den Rest seines Lebens würde Eleasar Tag für Tag das Volk auf seinen Schultern tragen. Mose legte ihm die Brustplatte mit den zwölf Steinen für die Stämme Israels an. Er nahm Urim und Tummin und steckte sie in die Tasche über Eleasars Herzen.

Mit tränenüberströmtem Gesicht sah Aaron seinen Sohn an. Eleasar, Gottes erwählter Hoherpriester. Einmal hatte der Herr Aaron gesagt, die Linie der Hohenpriester in den kommenden Generationen würde von ihm abstammen, aber er war überzeugt gewesen, dieser großen Ehre nicht mehr wert zu sein. Wie oft hatte er gesündigt! Er hatte sich genauso verhalten wie das Volk. Er hatte gemurrt in Zeiten der Not, hatte Dinge begehrt, die er nicht hatte, gegen Mose und Gott rebelliert, nach mehr Macht und Autorität gestrebt, anderen die Schuld gegeben an den Schwierigkeiten, in die er sich durch seinen eigenen Ungehorsam gebracht hatte, und er hatte Angst gehabt, Gott in allem zu vertrauen. Und dann dieses Goldene Kalb, dieses goldene Götzenbild der Sünde.

Und doch hatte Gott sein Versprechen gehalten.

Oh Herr, Herr, du bist so gnädig zu mir. Oh Herr, du allein bist treu!

Doch mit der Freude kam auch die Traurigkeit, denn er wusste, Eleasar würde genauso kämpfen müssen, wie er gekämpft hatte. Sein Sohn würde den Rest seines Lebens damit verbringen, das Gesetz zu studieren und zu versuchen, es zu befolgen. Diese Last würde ihn niederdrücken, denn auch er würde erkennen, dass die Sünde an den geheimsten Orten seines Herzens wohnte. Er würde versuchen, ihr mit der Ferse den Kopf zu zertreten, aber auch er würde scheitern.

Aller Augen würden auf ihn gerichtet sein, alle würden auf das hören, was er sagte, beobachten, wie er lebte. Und das Volk würde erkennen, dass Eleasar nur ein Mensch war, der versuchte, ein gottesfürchtiges Leben zu führen. Jeden Morgen und jeden Abend würde er die Opfer darbringen. Er würde mit dem Geruch von Blut und Weihrauch leben. Einmal im Jahr würde er durch den Vorhang ins Allerheiligste eintreten und das Blut des Sühnopfers auf die Hörner des Altars spritzen. Und sein Sohn würde erkennen, wie Aaron es erkannt hatte, dass er es immer und immer wieder würde tun müssen. Eleasar würde die Last seiner Sünde für immer tragen müssen.

Gott, hilf uns! Herr, erbarme dich unser! Mein Sohn wird sich Mühe geben, wie ich mir Mühe gegeben habe, und er wird versagen. Du hast uns das Gesetz gegeben, damit wir ein heiliges Leben führen können. Aber Herr, du weißt, dass wir nicht heilig sind. Wir sind Staub. Wird jemals ein Tag kommen, wo wir ein Volk mit einem Geist und einem Herzen sein werden, wo wir mit einem Geist danach streben werden, dir zu gefallen? Wasche uns mit Ysop, Herr. Reinige uns von aller Ungerechtigkeit! Beschneide unsere Herzen!

Zitternd und zu schwach, noch länger stehen zu bleiben, sank Aaron zu Boden und lehnte sich gegen einen Felsen.

Ist dies der Grund für das Gesetz, Herr? Willst du uns zeigen, dass wir nicht danach leben können? Wenn wir ein Gebot brechen, sind wir Gesetzesbrecher, egal wie klein das Vergehen auch erscheint. Selbst wenn wir in den Schoß unserer Mutter zurückkehren und noch einmal von vorne anfangen würden, würden wir wieder sündigen. Wir würden neu geboren werden müssen, eine ganz neue Schöpfung werden.

Oh Herr, rette uns. Schicke uns einen Erlöser, der alles erfüllen kann, was du verlangst, der sündlos vor dem Allerheiligsten stehen kann, jemand, der unser Hoherpriester sein und das vollkommene Opfer bringen kann, jemand, der die Macht hat, uns von innen her zu verändern, damit wir leben können, ohne zu sündigen. Wir brauchen einen Hohenpriester, der unsere Schwäche versteht; einen Hohenpriester, der dieselben Versuchungen durchlebt hat wie wir und der doch nicht gesündigt hat; einen Hohenpriester, der mit Zuversicht vor dem Thron Gottes stehen kann, damit wir Gnade und Erbarmen finden, wenn wir es brauchen.

Mose setzte sich neben ihn und sprach leise mit ihm. Eleasar trat näher, doch Aaron hob die Hand und hielt ihn auf. »Nein. Um des Volkes willen ...« Aaron sah seinen inneren Kampf.

Sein Sohn wollte ihn umarmen, aber der Tod war schon zu nahe, als dass er riskieren könnte, ihn ein letztes Mal an sich zu drücken. Als Hoherpriester durfte sich Eleasar nicht verunreinigen. Händeringend blieb Eleasar in sicherer Entfernung stehen.

Noch jemand stand bei ihnen auf dem Berg. Ein Mann. Und doch kein Mensch. Aaron hatte gesehen, wie er neben Mose herging und das Volk hinaus in die Wüste geführt hatte. Auch auf dem Felsen am Berg Sinai hatte er ihn gesehen, als das Wasser für das Volk aus dem Felsen floss.

Moses Freund.

Er trug ein langes weißes Gewand mit einer goldenen Schärpe um die Brust. Seine Augen waren hell wie die Feuersäule, seine Füße so glänzend wie in einem Feuer geläuterte Bronze. Und sein Gesicht war so strahlend wie die Sonne in all ihrem Glanz. Der Mann streckte seine Hand aus.

Aaron.

Aaron tat einen letzten, tiefen Atemzug. *Ja, Herr, ja.*

Francine Rivers bei johannis

Hadassa · Eine Sklavin in Rom
480 Seiten, Bestell-Nr. 72 366

Rapha · Ephesus – An den Türen des Todes
448 Seiten, Bestell-Nr. 72 368

Atretes · Flucht nach Germanien
440 Seiten, Bestell-Nr. 72 373

Sierra · Der rote Faden des Lebens
320 Seiten, Bestell-Nr. 72 381

… der die Schuld vergibt
320 Seiten, Bestell-Nr. 72 386

Die Liebe ist stark
432 Seiten, Bestell-Nr. 72 394

Ein verzehrendes Geheimnis
272 Seiten, Bestell-Nr. 72 406

Leotas Garten
512 Seiten, Bestell-Nr. 72 414

So stark wie das Leben
544 Seiten, Bestell-Nr. 72 437

Eine Frau der Hoffnung – Tamar
176 Seiten, Bestell-Nr. 05 454

Eine Frau des Glaubens – Rahab
176 Seiten, Bestell-Nr. 05 455

Eine Frau der Liebe – Ruth
192 Seiten, Bestell-Nr. 05 456

Eine Frau, die Gnade fand – Batseba
224 Seiten, Bestell-Nr. 05 457

Eine Frau des Gehorsams – Maria
224 Seiten, Bestell-Nr. 05 458